从全球价值链到国家价值链

中国自主开放与创新之路

FROM GLOBAL VALUE CHAINS TO NATIONAL VALUE CHAINS

CHINA'S PATH OF AUTONOMOUS OPENING-UP AND INNOVATION

刘志坚 著

社会科学文献出版社
SOCIAL SCIENCES ACADEMIC PRESS (CHINA)

序

中国当下的人均 GDP 已经超过 10000 美元,按照世界银行的标准,我国已经成功跨入中等收入国家行列。我国人口规模庞大且为全球第二大经济体,拥有全球最大的国内市场。如何从巨大的本土市场规模中获取进一步的增长动能,将比较优势转化为最大国家竞争优势,这关系到中国在进入中等收入国家行列以后经济持续增长动力和增长潜力的问题。而本土市场规模,体现了一个国家集中性的内在总需求。毋庸置疑,自加入 WTO 以后,我国外向型经济的发展有效地推动了中国经济的增长。但近年来我国人均贸易依存度、人均利用外资等一系列指标变化以及贸易摩擦的频发,表明我国经济增长的外部需求动能在弱化,外部不确定性不断增加,出口导向工业化模式面临重大挑战。因此,中国经济从以外循环为主的发展思路转向以内循环为主的双循环新格局正当其时。在新环境下,更多地聚焦内需,顺应国内需求持续扩展的趋势,充分发挥本土市场规模的比较优势,成为中国经济未来发展的必然态势。

改革开放以来,中国加入国际分工体系是以两种方式来进行的。一是以行业融入国际分工体系,钢铁、化工等行业最为典型,这些行业通过进口大型成套设备的方式提升技术水平和竞争力,在产能满足国内需求之后开始出口。二是利用外商直接投资(FDI)的方式,使中国企业较快进入国际生产网络和全球价值链中某个特定节点或环节。应该指出,上述两种方式的顺利实施,都是以中国存在国内市场需求优势为前提的。集中性的需求,不仅是实现从产品的进口替代到产能出口转化的市场基础,也是吸引

从全球价值链到国家价值链：中国自主开放与创新之路

大量跨国公司进入我国投资的重要要素。这一经验事实，与克鲁格曼的本土市场效应的假说也是吻合的，而现在则是到了重塑这一国内市场优势的时候。要发挥本土市场规模这一优势，关键就在于构建国家价值链。我国本来就有比较完整的工业体系，大量产业在国内具有完整的生产网络，经过多年的发展，我国形成了各具特色的区域经济板块，为构建一个完整的国家价值链奠定了必要的基础。在巩固全球价值链的同时，依托国家价值链的需求效应巩固本土市场规模优势，是我国保持经济可持续增长的必然路径。

刘志坚博士为云南大学经济学院教师，长期从事经济学教学与科研，并主持了以"基于自主开放体系的我国国家价值链构建研究"为题的国家社会科学基金一般项目和其他课题，本书就是他在课题基础上进一步深入调研以后形成的成果。该书具有以下特点。一是拓展了相关价值链理论与国家价值链的学术研究，从区域平衡、产业协调、技术进步角度综合把握国家价值链构建的要点，不仅是多学科理论知识的融合运用，同时也为深入认识产业进化规律、经济空间演化规律以及技术进步规律等提供了更广阔的视野。二是研究结论和政策含义对当前国家宏观经济政策的制定具有重要的参考价值。国家价值链构建的基点在于培育区域经济"内源式"发展能力、产业进化与升级能力以及技术进步能力，这既是对过去"重投资数量、重引资数量、重优惠政策"的"外生式"发展道路的矫正，同时也为我国在全方位开放新阶段发展新型开放型经济提供了逻辑起点，从而具有重要的决策参考价值。特别是在国际关系复杂多变、世界经济格局巨变的背景下，最大限度降低中国经济发展的外部风险，在国家价值链基础上构筑自主开放的经济增长长效机制，显得尤为重要。

《从全球价值链到国家价值链：中国自主开放与创新之路》一书，包含着作者对我国经济发展方式转型的冷静思考和密切关注，体现了作者勤恳、严谨的研究态度。作者近年来致力于对外贸易、产业链构建等方面的研究，完成了关于中国经济比较优势动态化、数字经济发展等相关研究课题以及咨询报告，它们具有相当的学术意义和咨询价值。本书是作者的第一部学术专著，难免存在不足之处，仍然需要作者进一步探索并完善其观点和论证过程。当前中国经济正处于改革的关键时期，新发展格局需要青年学者砥砺前行，发现问题，研究问题，积极开展前瞻性研究，多出成果、出好成果。

是为序。

杨先明　云南大学教授

前　言

党的十九届五中全会提出，我国要"加快形成以国内大循环为主体，国内国际双循环相互促进的新发展格局"，这不仅是我国应对当前复杂国际政治经济形势的重大战略部署，同时也是我国作为大型经济体从外向型为主的发展思路向"自主开放，内外兼顾"发展思路转变的长期战略抉择。从"制造大国"向"制造强国"转变，中国必须增强经济发展的主动性，从被"俘获"与"压榨"的全球价值链（GVC）中突围，这已成为人们的共识，然而问题的真正解决，需要依托大国市场规模优势，加快构建由本土企业掌握产品价值链核心环节，并在本土市场获得品牌和销售终端渠道以及具备自主研发创新能力的国家价值链（NVC）体系。

当前，我国在全球价值链治理模式中存在的突出问题，一是"断链"特性下区域发展的失衡，二是生产性服务需求漏出下"脑体"的分离，三是产业链条互动不足下自主创新能力的弱化。而这从根本上可归结为我国产业自身进化升级能力的缺失，同时，与长期以来"重产业规模扩张，轻价值链构建"的政策倾向也密切相关。结果是我国依托廉价要素优势发展的外向型经济长期被西方发达国家锁定于全球价值链的低端环节，并且我国难以转变经济发展方式，陷入"全球化陷阱"。理论研究表明，在全球价值链的基础上构建相对独立的国家价值链体系可能是我国摆脱这一陷阱、重构国际竞争优势的突破口（刘志彪、张杰，2009）。

本书在国家价值链概念与内涵阐释的基础上，将我国参与全球价值链分工的三大突出问题作为国家价值链构建的着力点，包括：通过扩大本土市场需求规模，修复产业"断链"与国内经济自我循环体系，从而平衡我国东中西部区域的发展；通过本土制造业与生产性服务业的整合，实现自主发展与外资引进的平衡，解决我国国际代工企业的"脑体"分离问题；通过本土市场产品供求下产业链条的互动，促进关联技术成长与国内技术链条的延伸，并由此形成主导技术、关联技术、支持技术共生的技术链网络体系，最终增强自主创新能力。本书探讨我国国家价值链构建的目标、内容与路径选择，以及政策支持体系，充分赋予我国国家价值链构建与发展的阶段性内涵。

本书研究表明，全球价值链治理模式下产业的"断链"特性以及由此带来的价值链条间互动关系的缺失，不仅造成了我国区域经济发展失衡与自主创新能力的弱化，同时也是我国生产性服务需求漏出、产业结构难以优化升级的根本原因。而本土市场规模是中国经济崛起的根本性力量，在融入全球价值链的基础上构建相对独立、完善的国家价值链体系，是我国充分发挥要素比较优势与兼顾本土市场规模优势，实现从依附性开放向自主性开放转变，并最终取得国际竞争优势的必然路径。

刘志坚

2021 年 8 月

于云南大学经济学院

目 录

第一章 出口导向模式的终结与发展方式的转型 …………………… 001
 一 不可持续的出口导向模式迫切要求开放经济发展战略转型
  升级 ………………………………………………………… 002
 二 世界经济发展新动向要求中国开放经济模式亟须做出调整 …… 009
 三 构建国家价值链的内源性增长条件 ……………………… 013
 四 我国国家价值链构建的现实路径 ………………………… 018

第二章 价值链理论、全球价值链治理与发展中国家的选择 ……… 023
 一 价值链理论 ………………………………………………… 023
 二 全球价值链治理下发展中国家的困境 …………………… 032
 三 发展方式转型 ……………………………………………… 038

第三章 发展范式转变：从融入 GVC 到构建 NVC …………………… 043
 一 中国的发展战略选择 ……………………………………… 043
 二 从融入 GVC 到构建 NVC：我国经济体系的重构 ……… 049
 三 美国内倾性的全球化经济体系对我国国家价值链构建的
  启示 ………………………………………………………… 055

第四章 NVC 构建与中国区域平衡发展 ………………………………… 063
 一 经济活动的空间特征：集聚与扩散 ……………………… 064

二　价值链的空间分布⋯⋯⋯⋯⋯⋯⋯⋯⋯⋯⋯⋯⋯⋯⋯⋯　072
　　三　全球价值链下我国区域经济发展的"中心－外围"格局⋯⋯　080
　　四　国家价值链构建与"中心－外围"格局的打破⋯⋯⋯⋯⋯　085
　　五　区域均衡发展与我国国家价值链构建⋯⋯⋯⋯⋯⋯⋯⋯　087

第五章　NVC构建与中国产业协调发展⋯⋯⋯⋯⋯⋯⋯⋯⋯⋯⋯　103
　　一　社会分工、价值链重构与产业结构演化⋯⋯⋯⋯⋯⋯⋯　104
　　二　我国制造业与生产性服务业的协调度研究⋯⋯⋯⋯⋯⋯　114
　　三　制造业与生产性服务业的发展差异⋯⋯⋯⋯⋯⋯⋯⋯⋯　122
　　四　本地市场效应、产业结构优化升级与国家价值链构建⋯⋯　129
　　五　案例　我国装备制造业价值链体系的构建⋯⋯⋯⋯⋯⋯　136

第六章　NVC构建与中国技术进步⋯⋯⋯⋯⋯⋯⋯⋯⋯⋯⋯⋯　144
　　一　市场需求、市场规模与技术创新⋯⋯⋯⋯⋯⋯⋯⋯⋯⋯　145
　　二　市场需求规模影响技术创新的机制⋯⋯⋯⋯⋯⋯⋯⋯⋯　150
　　三　内需、研发与我国技术进步：实证分析⋯⋯⋯⋯⋯⋯⋯　154
　　四　社会分工、技术进步与创新模式：随机创新向网络状创新的
　　　　演化⋯⋯⋯⋯⋯⋯⋯⋯⋯⋯⋯⋯⋯⋯⋯⋯⋯⋯⋯⋯⋯　163
　　五　模块化分工下的技术创新⋯⋯⋯⋯⋯⋯⋯⋯⋯⋯⋯⋯　172
　　六　规模化本土市场需求、国家价值链构建与我国的技术创新⋯　178
　　七　案例　我国智能手机行业的技术创新⋯⋯⋯⋯⋯⋯⋯⋯　182

第七章　中国构建国家价值链的政策建议⋯⋯⋯⋯⋯⋯⋯⋯⋯⋯　193
　　一　中国国家价值链的构建⋯⋯⋯⋯⋯⋯⋯⋯⋯⋯⋯⋯⋯⋯　193
　　二　推进国家价值链构建的政策建议⋯⋯⋯⋯⋯⋯⋯⋯⋯⋯　196

参考文献⋯⋯⋯⋯⋯⋯⋯⋯⋯⋯⋯⋯⋯⋯⋯⋯⋯⋯⋯⋯⋯⋯⋯　205

后　　记⋯⋯⋯⋯⋯⋯⋯⋯⋯⋯⋯⋯⋯⋯⋯⋯⋯⋯⋯⋯⋯⋯⋯　227

第一章　出口导向模式的终结与发展方式的转型

自 20 世纪 80 年代始,特别是自中国加入 WTO 以来,我国紧抓全球化进程加速条件下经济发展对本国市场规模约束放松的历史机遇,利用自身相对较低的要素成本、较高的要素质量以及良好的投资环境等综合比较优势,积极参与国际分工,大力吸收外商直接投资和发展加工贸易,坚定不移地走上了"出口导向型"开放经济之路。出口导向模式在直接推动我国对外贸易与整体经济飞速增长、极大提升我国国际地位的同时,也大大促进了国内原始资本的形成与累积,带动了劳动力就业,我国成为名副其实的"世界工厂",特别是长三角、珠三角地区更是成为全球经济增长的引擎。经过 40 多年的发展与积累,中国成功成为全球第二大经济体、第一大出口国和第一大外汇储备国,中国民众的福利水平得到了极大的提高,"中国经济建设的成就无论如何强调也是不为过的"(余永定,2010)。但是,诚如马克思所言,"辩证法在对现存事物的肯定的理解中同时包含对现存事物的否定的理解",中国经济狂飙突进的过程同时也是出口导向模式"自我否定"的过程。在出口导向模式下,我国经济发展的不平衡,尤其是产业发展的不平衡、区域发展的不平衡与国际收支的不平衡,也逐渐加剧。建立在低要素价格、高资源消耗与环境破坏以及严重依赖外需市场基础上的不均衡发展以越来越快的速度增加我国的发展成本,使我国国民福利水平越来越难以有实质性的提高,并给我国未来的经济发展留下严重隐患。一个基本的共识是,作为典型的经济大国,我国奉行多年的出口导向模式的发展红利已经透支,越来越难以支撑我国经济的继续发展,我国的全球化战略亟须转型升级，发展模式也要在与世界经济的"再平衡"中实现由"出口导向型"向"大国内需型"的转变。

一 不可持续的出口导向模式迫切要求开放经济发展战略转型升级

近年来，我国参与全球化与国际分工呈现以下特征。第一，出口导向模式无法适应新的发展要求；第二，"高成本"资本获取与"低价格"富国国际融资的长期提供；第三，"简单劳作"岗位的占据与"复杂劳作"岗位的挤出；第四，本土自主创新能力弱化下"头脑"与"心脏"的缺失；第五，要素价格扭曲持续改善下发展红利的消失。这些特征既成为我国经济亟须与世界经济，尤其是西方发达国家经济"再平衡"的原因，同时也成为我国当前亟须转换开放经济发展战略以及"加快形成新的经济发展方式，着力培育开放型经济发展新优势"的重要理由。

（一）出口导向模式无法适应新的发展要求

高资源消耗、高环境投入、主要依赖劳动力等低廉要素参与国际分工的特征，决定了我国在全球价值链（Global Value Chain，GVC）治理体系中居于利润最为微薄的加工制造环节。但是，在我国经济建设超越单纯的"进口替代"与"出口导向"进入"创新驱动"发展新阶段后，出口导向模式已无法适应新的发展要求。

不可否认，出口导向模式具有特定历史条件下的鲜明时代特征甚至体现了历史发展的必然性，同时该种模式也帮助我国完成了经济"起飞"所必需的原始资本累积，极大带动了我国大量剩余劳动力的就业，从而维护了我国社会的安定团结。然而，该种模式产生的收益也在开放经济深化发展的进程中逐渐被不断提高的成本所抵消。

我国资源总量丰富，人均资源却较为匮缺，因而在以发达国家为主导的全球价值链治理模式中，我国处于资源"被俘获"国地位，成为世界物

第一章 出口导向模式的终结与发展方式的转型

质资源、能源的消耗大国。在完整的产业链条中，物质资源的占用与消耗主要发生在加工、制造、装配、生产等低端环节，而参与国际分工的比较优势决定了我国必然是西方发达国家转移低附加值、高消耗、高污染的产业链环节的主要目标国家。因此，即使假定资源消耗总量不变，甚至资源节约型技术的普及可以使资源消耗总量逐渐下降，随着西方发达国家将高能源消耗、高资源占用产业与生产环节向我国转移，位于价值链低端的我国的物质资源占用与能源消耗水平必然不断上升，也决定了我国贸易与经济增长的进程，必然体现为以物质资源占用与能源消耗为主的粗放增长方式。

与此同时，我国长期居于全球价值链低端却为西方发达国家的产业升级提供了空间。在摆脱物质资源高占用与能源高消耗生产环节后，西方发达国家可以更加专注于研发、设计、品牌以及营销等价值链高端环节，利润获取能力也进一步增强。而依靠"贴牌生产"的中国企业为满足国际市场标准与产品质量要求，更多采取直接引进国外先进技术与进口国外先进机器设备等方式扩大出口生产能力，这成为中国外贸产品出口激增而国内装备制造业却不断衰退的重要原因。

当前，中国经济建设已超越单纯的"进口替代"与"出口导向"而进入"创新驱动"发展的新阶段，继续维持该种高消耗、高污染、低利润的出口导向模式已无必要，也不能适应新时代的发展要求。根据经济发展规律，未来我国在参与经济全球化以及形成"全方位开放格局"的进程中，对经济发展要素的基本利用方式也必然发生改变：实现从"引进来"到"走出去"的转换，即中国跨国企业居全球价值链治理的顶端，通过对技术、品牌、渠道等利润丰厚的价值链高端环节的有效控制以及借助海外并购或直接在海外设厂等方式，以资本控制能力的有效提升为突破口，提高对全球经济发展要素的掌控与整合能力，实现由"粗放、低端、低效"向"集约、高端、高效"发展方式的转型；利用内部市场巨大的规模经济效应与吸引力以及各种内需平台的构建，吸收海外高级要素加入我国经济结构与产业结构高级化进程，并利用本国主导的研发与设计发展逆向外包，在全球范围内培育与发展本国的要素供应商并相应形成自身占主导权的全球要素供应链，然后再将产品销售至全球。

（二）"高成本"资本获取与"低价格"富国国际融资的长期提供

在出口导向模式下，中国成为引进外商直接投资与实际利用外国资本最多的发展中国家，但同时依靠大量劳动力投入及以资源消耗、环境破坏等为代价所换取的大量资本并未被充分利用，中国成为欧美富国间接与直接融资的长期提供者。

国家外汇管理局公布的数据显示，截至2017年12月末，我国吸收外商直接投资18090.37亿美元，占对外金融负债的比重为56.76%，同时我国外汇储备余额达31399.49亿美元，占对外金融资产的比重为45.34%。[1] 这一数据充分显示了我国对外金融负债与资产分布较为集中的结构特征，其中，对外金融负债主要集中在私人部门，以外商直接投资为主，而对外金融资产则主要集中在政府部门，以外汇储备为主（刘志彪，2012a）。该结构的融资效应主要体现为：一是通过FDI在我国发展基于低端要素的国际代工产业，在国际竞争性出口不断增加的"合成谬误"下，西方发达国家可以有效降低在价值链高端环节的投入成本；二是由于大量接受西方发达国家价值链低端环节的外包，我国减少了本土对于工厂、机械设备等固定资产的投资，降低了资本形成率；三是对欧美富国廉价商品的出口，变相维持甚至提高了其国民收入水平与福利水平，从而发达国家居民可以将收入更多投资于各类金融资产；四是欧美富国将生产要素更多投向价值链高端环节，并据此获得更高收益以支持其在资本市场的兼并、收购等资本活动；五是我国出口所获得的外汇，也并未能用于短缺资源的购买以及先进机器设备的引进，而是通过对富国国债甚至是风险更高的金融产品的购买回流欧美。

出口导向模式所产生的过多基础货币投放，导致我国国内通货膨胀的

---

[1] 资料来源：http://images.mofcom.gov.cn/hzs/201810/20181029160118046.pdf。

压力持续加大，而对欧美富国金融产品的大量购买，也导致我国以外汇形态积累的国家财富处于不断缩水的风险之中。如果说改革开放之初，我国大力发展出口贸易的目的在于以有限且紧缺的外汇资源换取必需的原材料、关键设备与技术，后来在我国外汇储备已稳居世界第一、国内流动性较为充足、经济建设"不差钱"的背景下，继续维持以出口创汇为特征的经济发展战略，是为了解决国内过剩劳动力的就业问题以及化解过剩产出[①]，那么在当前全球经济过剩、欧美需求衰退的背景下，对于该种模式的维持其实已无必要。在未来，有效利用我国庞大的内需市场，吸引国际高级生产要素以解决国内要素缺口问题，尤其是利用国际创新要素加速我国创新型经济的发展，实现增长动力的转换，成为我国进一步参与全球化进程的必然选择。

（三）"简单劳作"岗位的占据与"复杂劳作"岗位的挤出

"全球化其实是对各国就业岗位的争夺"（刘志彪，2011），基于在全球价值链低端环节的要素比较优势，我国在世界劳动力市场中占据了相当一部分因西方发达国家经济与产业调整而外溢出来的"简单劳作"岗位。但在劳动力要素的高端市场，我国却为西方发达国家创造了大量的"复杂劳作"岗位，最终沦为"头脑"在外的"世界工厂"。

中国出口导向模式的战略目的可以简单概括为"利用别国的市场和本国的低端生产要素，通过出口弥补国内市场的缺口"（刘志彪，2012b）。以外需市场为主导，本土市场对高端生产要素的需求自然弱于对低端生产要素的需求，从而一方面我国在全球价值链治理的低端环节实现了较为充分的就业，但另一方面也产生了对高端环节就业岗位的"挤出效应"，这成为我国高端制造业与生产性服务业自主创新能力不足的重要原因。更为痛心的是，西方发达国家对中国的责难却不绝于耳，他们认为正是中国强大的出口能力摧毁了其本土的就业基础与产业发展基础。特别是当经济下行时，此种声音更是此起彼伏。美国著名经济学家保罗·克鲁格曼就认为，"过去贸易盈余的国家是帮助其他国家的国家，因为它向它们提供便宜的产品，但是在如今这个失业率攀升的世界,过去的原则再也没有道理了,盈余的国家成为麻烦制造者,而不是带给别人好处",因此,"如果没有一个很好的解决方法,将来中国的盈余肯定会带来很大的贸易紧张,其他国家再也不能容忍中国有这么大的贸易盈余"。[①] 其实,对于该现象的观察,反过来则是:中国巨额出口给予了美国等发达国家以低成本维持其产业结构高级化以及实现产业结构进一步调整的机会。

当前,我国出口导向模式的主要前提已经发生了根本性改变,低廉生产要素价格的比较优势正在逐步丧失。一个共识是,中国必须恢复被扭曲的生产要素价格,促使简单依靠低廉要素投入的生产方式丧失竞争能力,并退出市场。事实上,也只有通过要素价格的不断上涨,低端产业的发展空间才能被真正压缩,才能促使高新技术产业快速发展、生产效率不断上升、创新驱动力持续增强。因此,在未来全方位的开放格局中,我国参与全球化的前提必然从生产要素的数量与价格优势向质量与生产率优势转变,同时通过利用内部市场的巨大规模优势进一步构建全球前列的世界性大市场,以吸纳国际先进人才与技术等高级发展要素,让世界先进国家也成为"中国创造"的要素供应者与需求者,并最终构建起以尖端制造业与高级生产性服务业为主导的现代产业体系,缩短我国对世界先进国家的"赶超进程"。

(四)本土自主创新能力弱化下"头脑"与"心脏"的缺失

长期以来,科技的落后使我国成为世界先进技术尤其是先进制造技术的强烈追求者,然而在出口导向模式下,加工贸易以及出口的增长不仅未能有效促进中国制造技术的整体进步,反而对本土的自主创新产生了抑制与挤出效应,使中国"世界工厂"的地位缺乏"头脑"和"心脏"的支撑。

回顾中国参与并融入全球化的历程,初期为了顺利实施"进口替代"以快速实现生产力的恢复与完整工业体系的构建,我国大量引进外资并通

---

① 保罗·克鲁格曼. 战略性贸易政策与新国际经济学 [M]. 海闻译. 中国人民大学出版社, 2000.

过出口创汇进口机械设备等资本品，从中也吸收了大量国外先进生产与管理技术。20世纪90年代中期以来，我国出口导向模式逐渐演变为通过大量引进外商直接投资吸纳国内丰裕的（劳动力）资源以增加出口，同时通过巨大市场的吸引力换取先进技术。但是，通过出口获取的巨量外汇未能购得大量发达国家先进科技，否则我国也绝不会冒着资产贬值的风险常年手握3万多亿美元的外汇储备。同时，"以市场换技术"也没能为我国带来实质性的技术沉淀与进步，至今在我国公路上行驶的仍然是"万国牌"轿车即该结论有力的证明。

更为严重的是，在此种带有浓厚"重商主义"特征且严重依赖低端生产要素的国际代工模式下，中国参与经济全球化的企业，尤其是中国的制造企业，无须投入研发、设计、品牌、营销等价值链高端环节所需的要素，而只是严格依照外部订单的要求以及外部提供的机械设备进行规模化生产，就能获取"稳定"且相对"满意"的利润率。而恰恰是这种模式，使得中国企业失去了前进的动力，同时也使得中国产业结构的高级化与协调化进程滞后，以至于"产业结构调整"沦为几十年都在高呼的口号。没有锐意进取的企业，其危害一方面在于，我国本土的设备制造工业，尤其是高端的重装备制造业，由于缺乏市场需求而被发达国家相关产业挤占，市场趋于萎缩。另一方面，这种"温水煮青蛙"的模式使中国经济逐渐患上了两种难以治愈的"恶疾"：一种是所谓的"心脏病"，即缺少核心装备的制造技术，如中国要以超高成本从少数发达国家引进飞机、大型船舶等使用的大功率涡扇发动机、燃气轮机，汽车使用的先进发动机；二是所谓的"神经病"，即单从产品生产能力来看，中国制造确实强大，但中国制造的智能化水平相对较低，尤其是软件开发与应用水平较为落后。

鉴于出口导向模式对于我国创新与技术进步的抑制与挤出，未来我国深度参与经济全球化，必然要求我国以巨大的内需市场为保障条件，在发展自主创新能力并有效结合高端要素与高端产业的基础上，吸引全球高端创新要素向国内集聚，全面加速我国创新型经济的发展。显然，这种转变至少包括以下几个要点：一是利用国内庞大市场需求规模的吸引力，在全球范围内吸收高端与创新要素，促进我国产业结构的优化升级；二是在庞大内需市场的产品质量提升以及产品的多样性提高的基础上，进一步巩固出口产品"高质低价"与差异化的竞争优势；三是发挥内需市场规模经济效应的优势，培育巨型跨国企业，占据全球价值链的顶端，提升对全球价值链的治理以及与发达国家跨国企业竞争的能力。

（五）要素价格扭曲持续改善下发展红利的丧失

作为出口导向模式第一推动力的劳动力要素价格，一直被压制在较低水平甚至被实质性降低，而近年来劳动力要素价格扭曲情况的积极改善，也意味着靠扭曲价格换来的发展红利正逐渐丧失。

从GDP收入法核算的劳动者报酬占比来看，我国劳动者报酬占GDP的比重呈现先下降后上升的"V"形走势，其中2011年拐点的占比为47.01%，之后逐年递增，于2016年实现占比过半，为51.99%，预计该比重的增加趋势还将持续。同时，居民消费的GDP占比，于2003年开始也呈现逐年递增的趋势。而相关调查显示，近年来我国劳动力工资水平持续提高，尤其是工人的工资水平上涨迅猛，我国出现了工资增长超劳动生产率增长的现象（吕光明、李莹，2017），这一现象在制造业领域尤为显著（郭丽芳，2018）。种种迹象表明，中国的"人口红利"已随劳动力供求关系的变化发生了根本性的转变，由此也必然带来劳动力工资水平的进一步上升。工资的不断上涨意味着中国参与全球化分工的比较优势被不断削弱，如果考虑到生产率差异，特别是西方发达国家生产率远超我国的现实，再考虑到诸如运输"冰山成本"以及全球供应链的复杂性，中国制造的比较优势与欧美等发达国家的比较优势实质上趋于收敛。

除劳动力要素以外，中国过去偏低的其他生产要素价格均在重估与上涨，特别是土地要素价格与资本利率水平的持续上升，叠加"全面建成社会主义现代化强国"的宏伟蓝图，以及老龄化社会即将来临、家庭抚养比不断提高条件下我国仍要快速实现社会福利水平的整体提升和均等化等目标，一场以要素价格不断上涨为基本特征的变革，必然会对我国经济产生巨大的冲击，迫使经济面对转型升级的需求和压力（刘志彪，2011）。要素价格的不断上涨，意味着依靠低端要素数量投入以获取利润的空间将被持续压缩，而未来只有依靠提高人力资本素质、推动技术进步、提升管理水平等方式，企业才能获得生存空间并持续发展壮大。

应该清醒地认识到，要素成本的不断上升会被相应的技术创新与生产效率提升所消化，这也正是未来中国经济转型升级的动力所在，而过去推动转型升级的努力之所以成效不显著，就是因为经济运行中缺乏一种内生的具有倒逼力量的动力机制。这一动力机制的形成预示着未来中国经济将步入结构调整、优化与创新驱动的快速通道，并呈现一系列显著特征：一是出口导向模式下产生的大量本土低附加值外贸企业将被国际市场所淘汰，而成本敏感型的低技术外资企业也会向要素成本较低的世界其他区域转移；二是居民可支配收入提升与消费水平升级，企业间争夺消费群体的力度将空前提高，一方面会倒逼产品制造与服务业态的升级，另一方面在投资风险加大状态下企业的投资行为会更慎重；三是在从以低端制造业为主体的产业结构体系向以高端制造业和服务业为主体的产业结构体系转换过程中，中国本土企业必然面临更加激烈的国际市场竞争，以创新要素为主导的要素投入将成为这场竞争的关键。

二 世界经济发展新动向要求中国开放经济模式亟须做出调整

在出口导向模式不可持续的同时，世界经济发展呈现一系列新特征与新动向，这些也要求我国开放经济模式做出积极应对与转变。特别是2008年国际金融危机以来，世界经济进入低速增长的转型发展期，原有世界经济增长动能的弱化、新贸易保护主义的抬头、高失业率、高龄化与高货币风险等一系列新老问题不断冲击着疲软的世界经济。可以预见，错综复杂的全球经济在各种新旧力量的综合对比与作用下，还将出现进一步的分化与整合，并形成全新的格局，而这种格局势必对中国新型开放经济的构建与发展产生更加复杂而深刻的影响。

（一）西方发达国家推进"再工业化"战略

在内部要素成本高企与全球经济高度开放的背景下，西方发达国家主导的国际分工以及跨国企业在全球的布局也在不断细化与拓展，这进一步加剧了西方发达国家的产业"空心化"状况。虽然"后工业化社会"的主要特征表现为服务业在经济体系中居主导地位，同时国际分工与金融全球化的进程也必然带来制造业萎缩、虚拟经济蓬勃发展的趋势，但是西方发达国家在布局全球生产环节、大力推动制造业转移的同时，国内服务业的结构调整与升级却停滞不前，这直接导致了其经济发展速度的下降。2008年国际金融危机的爆发，引发了西方发达国家对世界经济固有模式与国际分工格局的质疑。为摆脱经济危机的影响，促使经济增长回归正轨并增强抵御外来风险的能力，西方发达国家纷纷对其掌控的国际产业分工格局与国内产业结构进行了调整和重构；同时，席卷世界的国际金融危机也使西方发达国家意识到实体经济在经济体系中的重要意义，以及实体经济与虚拟经济比例失调的重大后果，这些国家将"重归实体经济"、推进"再工业化"等战略提上了国家经济发展的日程。

为了改善产业结构，美国政府明确提出要振兴制造业，降低金融业在美国经济中的比重，同时大力发展包括传统制造业在内的各类实体经济，将美国经济的基础构建在"岩石"而非"沙滩"上。2009年，美国总统奥巴马签署了《美国制造业促进法案》，希望重振制造业，恢复在过去10年失去的560万个制造业就业岗位；同时，美国还凭借其在网络、金融体系和科研等领域的优势，吸引大量来自中国、墨西哥等国的低成本技术移民，进一步降低美国制造业的总体成本。在美国大力推进"再工业化"战略的同时，欧盟主要经济体也明确提出了"未来工厂"计划，核心内容也是要调整、升级产业结构，大力发展制造业以防止产业"空心化"。值得注意的是，本次欧美的"再工业化"以及"未来工厂"计划等都不是向传统中低端制造业的简单回流，而是以高新技术为依托发展高附加值的制造业，重塑具有强大国际竞争力的新型工业体系，继续主导、引领全球经济格局。

（二）高福利制度与国际竞争力的持续弱化

高福利一直是西方发达国家奉行的带有光环的社会制度的显著特征，但是高福利制度带来的高劳动力要素成本也削弱了其国际竞争力，导致贸易逆差不断加大，而国际金融危机后发达国家政府债务的持续上升，将导致高福利制度更加难以为继。

国际金融危机已成为发达国家政府债务持续增加的"导火索"，国际金融危机后为刺激经济增长，弥补贸易赤字，这些西方发达国家不得不增发国债以扩大财政支出，但是这又导致了日益严重的主权债务危机。与以往不同，当前世界主要债务国多为西方发达国家而非发展中国家，债务危机成为制约这些发达国家经济发展的主要障碍。在财政负担的重压之下，西方发达国家如不采取措施改革高福利制度、削减支出、提高税收、改革劳动力市场、提高竞争力，其债务困局还将一直持续。与此同时，国际金融危机使西方企业资产与家庭财富均严重缩水，而修复资产负债表需要较长时间，如此巨大的财富损失无疑会影响私人消费，迫使居民改变储蓄与消费行为，同时企业的投资行为也将改变。此外，不同于典型的经济周期，后危机时代西方发达经济体的复苏将深受"去杠杆"影响，信贷市场的疲软仍将持续，这也会成为抑制商业投资活动的重要因素。

（三）经济下行与社会稳定压力下劳动密集型产业的争夺

充分就业是社会安定的基石，当经济处于下行的过程中，发展劳动密集型产业尤其是中低端劳动密集型产业，是西方发达国家迫不得已的选择，这甚至成为贸易保护主义与民粹主义的借口与托词。

在后危机时代，西方发达国家普遍面临周期性与结构性失业难题，经济即使复苏也体现为"无就业"的复苏，因此其对劳动密集型产业的回归也更为关注。西方发达国家的"再工业化"进程以及对于劳动密集型产业或环节的关注，预示着未来国际市场的竞争与贸易摩擦必将加剧。而发达国家的"去福利化"倾向与"无就业"复苏现象的持续，以及由此导致的低消费与低增长态势，也预示西方发达国家一段时期内的强劲需求已经终结。通过大规模出口、依靠外需拉动一国经济增长的模式已经失去了市场基础。

（四）"合成谬误"下产能的集体过剩与新兴经济体的需求危机

"合成谬误"下产能的集体过剩，国际投资的迅速萎缩，能源、贵金属等主要大宗商品价格的全面走低，使得在经济全球化浪潮中发展强劲的发展中国家，同样遭遇了严重的发展困境。遭遇需求危机的新兴经济体如何转变经济增长模式，挖掘本国内部的潜力并不断开拓、有效利用外部市场，也成为其亟须解决的问题。

经济全球化下更多的生产要素参与生产并取得相应的报酬，而参与国国民福利水平也在该过程中得到不断提升。但是，经济全球化进程同时也是国际产业竞争、劳动岗位争夺及落后产能淘汰的过程。20世纪八九十年代以来，全球化浪潮席卷世界，新兴发展中国家逐渐成为世界制造基地，而西方发达国家则成为全球主要消费市场，在西方发达国家强劲需求的带动下，广大发展中国家的产能提高并促成全球经济的繁荣。然而，2008年国际金融危机爆发后，原有的繁荣景象瞬间破灭，西方发达国家普遍陷入债务危机，被虚拟经济催生的需求也严重萎缩，发展中国家产能过剩的问题凸显出来。巨大的需求危机昭示着依靠大规模向西方发达国家出口以拉动经济增长的路径已经走到了尽头。产能过剩与需求不足的另一个体现则是国际大宗商品价格的持续走低。自2011年下半年以来，随着全球宏观经济的持续低迷，包括能源、贵金属以及其他原材料在内的国际大宗商品价格全面进入下行通道，发展中国家特别是资源主导型发展中国家又失去了经济增长的一大动力。值得注意的是，在世界经济增长动力缺乏、全球贸易与投资增长低迷的背景下，世界各国尤其是西方发达国家维持自由贸易的意愿大大降低，贸易保护主义势头加剧。更为严重的是，贸易保护主义倾向在短时间内难以扭转，这将在长期内影响国际贸易并拖累全球经济。

第一章 出口导向模式的终结与发展方式的转型

在世界经济放缓、多个国家陷入发展困境的状况下，国际投资这一全球经济增长的重要引擎也在逐渐弱化，尤其是新兴经济体投资增长率与净资本流入量均大大降低。总体来看，西方发达国家失业率高企、不良资产有待清理，同时世界金融体系的结构性问题尚未能得到根本性解决，新的监管机制和交易规则也尚未完整建立。为应对不断上升的债务风险并促使经济重回稳定增长的轨道，西方发达国家不得不在紧缩货币政策的基础上，进一步采取措施防止资本流出并鼓励资本流入。而在全球产能过剩、发达国家消费与对外投资低迷的状态下，如何发掘自身经济增长的内在动力，平衡生产与消费的关系，降低外贸依存度，并在此基础上实现产能优化与产业结构的调整，进一步开拓本国和新兴市场，成为未来发展中国家必须解决的问题。

据此，严峻的内外形势决定了维持我国长期以来奉行的发展模式已无任何出路，如何适应时代的新变化与发展的新特征，探索并创造性地提出未来我国经济发展的新模式，是新时期我国构建"全方位开放格局"的当务之急。

三 构建国家价值链的内源性增长条件

2012年，党的十八大提出，要"适应经济全球化新形势，必须实行更加积极主动的开放战略，完善互利共赢、多元平衡、安全高效的开放型经济体系"，要"加快转变对外经济发展方式，推动开放朝着优化结构、拓展深度、提高效益方向转变"，要"着力培育开放型经济发展新优势"[1]；2013年，党的十八届三中全会指出，"适应经济全球化新形势，必须推动对内对外开放相互促进、引进来和走出去更好结合，促进国际国内要素有序自由流动、资源高效配置、市场深度融合，加快培育参与和引领国际经济合作

---

[1] 参见：胡锦涛. 坚定不移沿着中国特色社会主义道路前进 为全面建成小康社会而奋斗——在中国共产党第十八次全国代表大会上的报告［J］. 理论学习，2012（12）：4-27.

竞争新优势，以开放促改革"[①]。2017年，党的十九大进一步指出，"我国社会主要矛盾已经转化为人民日益增长的美好生活需要和不平衡不充分的发展之间的矛盾"，"我国经济已由高速增长阶段转向高质量发展阶段，正处在转变发展方式、优化经济结构、转换增长动力的攻关期，建设现代化经济体系是跨越关口的迫切要求和我国发展的战略目标"[②]；2020年，党的十九届五中全会再次提出，我国要"加快形成以国内大循环为主体，国内国际双循环相互促进的新发展格局"。党的大政方针不仅是我国应对复杂国际政治经济形势的重大战略部署，同时也是我国作为大型经济体从以外向型为主的发展思路向"自主开放，内外兼顾"发展思路转变的长期战略抉择。

（一）发展重心转向与经济发展模式转变

居民收入水平、生活水平、消费水平的提升是实现经济内源性增长的关键动力。从世界经济总量平衡的角度来看，今后我国在生产上的"去产能"与西方发达国家在消费上的"去杠杆"必然产生深刻的交互影响：前者要求缩减过剩的生产能力，尤其是减少传统低附加值出口产业的产能，而后者要求增加储蓄、降低已过度的消费。中国与世界经济的再平衡，就自身可以采取的应对措施而言，实施扩大内需的策略无疑是实现去产能的最佳方略，由此我国必然选择依靠扩大内需以支撑经济发展的道路。

客观而言，像中国这样一个有着超级生产能力的经济大国，不可能长期实施以外需为导向的发展战略。对于"基于内需"经济形态的回归，是我国对经济系统运行偏差以及单一的不可持续经济行为的修正。在美国重返亚洲的战略加快实施、亚洲经济一体化由于历史等原因前景渺茫的背景下，中国需要更加迫切地实施基于内需的全球化发展战略。此外，仅注重

[①] 参见：门洪华. 推动中国对外开放进入新时代——党的十八大以来中国对外开放战略的总结与前瞻 [J]. 社会科学，2019（01）：3-13.

[②] 参见：习近平. 决胜全面建成小康社会 夺取新时代中国特色社会主义伟大胜利——在中国共产党第十九次全国代表大会上的报告 [J]. 理论学习，2017（12）：4-25.

外需而不注重内需，也无法将企业引入自主技术研发与创新的轨道。因为实践证明，国际代工只能承担全球价值链低端环节的业务，无法进行自主设计与创造。持续国际代工的结果只能是长期被锁定于全球价值链的低端环节，而价值链的高端环节则被发达国家跨国公司牢牢控制。

我国"要牢牢把握扩大内需这一战略基点"，通过"强化需求导向，推动战略性新兴产业、先进制造业健康发展"，以"加快形成新的经济发展方式，着力培育开放型经济发展新优势"，就是要实现从当前"制造大国"向"制造强国"的转变，实现从被"俘获"与"压榨"的全球价值链中的突围；就是要依托大国市场规模优势，增强经济发展的主动性，加快构建由本土企业掌握的产品价值链以及具备自主研发创新能力的国家价值链（National Value Chain，NVC）。当前，虽然世界经济遭遇了"二战"以来最为严重的金融危机，未来很长一段时期内全球都将处于国际金融危机后的调整恢复期，同时，随着传统经济增长动能的弱化，我国经济也进入了低速增长的"新常态"，但是，危机预示着转机，在巨大的发展困境中同样孕育着新的生机以支持我国国家价值链的构建。

（二）全球经济发展的新趋势与我国实现"弯道超车"的机遇

随着产业分工与贸易格局、经济力量对比以及全球治理结构等发生重大变化，中长期内全球经济发展将呈现新的趋势与特征，这将为中国发展战略转型、实现"弯道超车"提供重大机遇。

首先，尽管受国际金融危机的严重冲击，但基于工业化与城市化进程中的后发优势、区域经济一体化继续深化、消费市场需求庞大等因素，新兴经济体仍将在世界经济增长中发挥重要作用。国际金融危机作为国际地缘经济与地缘政治变迁的催化剂，已经推动了国际经济关系重心由大西洋两岸向太平洋两岸、由西方向东方、由欧洲向亚洲的转移，新兴经济体力量的增强与西方经济体的相对削弱必将导致东西方两大阵营的实力朝着均衡化的方向发展。一个多极化、多增长中心的世界经济格局正在加速形成，全球贸易、投资、信息、技术等要素正在重新组合，并在市场机制作用下向着最有效率的地方进行转移。

其次，国际金融危机为重塑国际经济新秩序提供了重大机遇，经济全球化规则的建设重点也由原有规则的修复转向新规则的构建，而新兴市场的话语权在此进程中也不断得到增强。国际金融危机后，西方发达国家强烈意识到，单靠西方经济体系已然无法全面应对全球性危机。因此，改革国际金融体系、让渡部分话语权、寻求新兴大国支持，成为发达国家普遍性的共识（陈凤英，2011）。基于日益增多的共同利益点，以金砖国家为代表的新兴经济体在世界经济和发展问题上的联系与对话不断加强与增多，正在从过去的"外围"走向"中心"。未来，新兴经济体在全球金融体系改革、全球价值链治理、反对贸易保护主义等重大议题上将发挥越来越重要的作用。

再次，经济危机往往孕育着新的科技革命，世界经济将在新旧动能转换、变革或重塑中找到新的动力。当前，全球经济正处于重大技术革命到来前的周期性底部阶段，而一旦实现关键技术的突破及产业化发展，世界经济将"触底反弹"并进入新一轮上升周期。清洁能源、新材料、互联网、物联网、人工智能、航天航海、生物医药等领域新技术的不断突破，互联网与传统产业融合推动的科技革命、思想革命、组织革命、管理革命、业态革命、商业模式革命，将使世界经济找到新的突破方向。在本轮的全球竞争中，关键性核心技术及其产业化的率先发展，是一国确立竞争先发优势、占据未来国际竞争制高点的关键。

最后，新一轮全球性产业结构的深度调整与新兴产业的崛起，预示着全球性产业再转移成为必然趋势。可以预见，在新一轮产业转移中，产业转移的规模将更大，特别表现为新兴经济体将既作为产业承接方又作为产业转移方出现在国际产业转移链中；产业转移的层次将更高，国际产业转移将进入劳动密集型、资本密集型、技术密集型产业和研究能力转移并存的新阶段；产业转移的速度将加快，新兴技术的广泛应用，将促使传统工业化生产方式向集工业化、信息化于一体的现代化生产方式转化，这将加速各国产业结构升级步伐，并明显缩短国际产业转移周期（国资委研究中心课题组等，2012）；产业转移的内容将更加广泛，不但包括分工不断深化、细化的制造业领域，同时也包括金融、保险、咨询、管理和法律等专业服务的离岸外包和跨国转移。国际产业转移大、高、快、广的新特征，不仅有利于提升我国制造业水平，巩固我国"世界工厂"的地位，同时也有利于我国加快实施"走出去"战略，在国际国内两个市场优化资源配置，促进我国产业结构的优化调整。

（三）发展阶段与发展条件改变下国家价值链构建具备坚实的基础

经过改革开放以来多年的快速发展，我国的发展阶段与内部发展条件发生了根本性的改变，并成为当前发展方式转变与国家价值链构建的基础。同时，我国发展进程中长期遗留问题的解决思路也与国家价值链形成路径相一致，这也成为国家价值链构建的重要内容。

第一，经过多年来的沉淀与积累，我国已经跨过了世界中等收入的门槛，我国的综合国力、国际声誉及影响力均实现了根本性的提高。在实现中华民族全面复兴的国家战略框架中，我国有必要重新理顺并调整生产、消费与分配的关系，以适应新时代人民群众的发展诉求，同时提高人民的收入水平与消费水平，让人民享受更多的发展红利。

第二，出口导向模式在使我国迅速改善贫困状况的同时，也导致了收入分配不公平等问题。由于居民收入在国民收入中的占比偏低，严重抑制了居民消费与内需市场的形成。恰巧，国家价值链的构建就是要依托内需市场的形成与居民消费的提升。因此，构建国家价值链与我国当前的发展"纠偏"与未来防止陷入"中等收入陷阱"、缩小城乡差距等发展目标具有内在一致性。

第三，长期以来，"以经济建设为中心"的发展模式，使得我国无法很好平衡发展速度与质量的关系，也使得发展过程中存在巨大的资源与环境隐患。国家价值链的构建更趋向于追求民生、收入、效率、效益等综合目标，这与我国发展目标也具有内在的一致性。

第四，2008年国际金融危机爆发后，中国出口导向模式推进的前提条

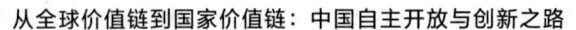

件已发生了根本性改变——从利用外需市场转向利用内需市场规模优势，这不仅是全球经济下行趋势下化解我国过剩产能的出路，也是有效利用国际金融危机吸引全球高端要素向国内聚集的重大机遇。因此，国家价值链实质上也体现了我国"全方位开放格局"的重要内容。

第五，我国社会经济主要矛盾向"人民日益增长的美好生活需要和不平衡不充分的发展之间的矛盾"的转化，不仅意味着我国发展战略目标的调整，更意味着未来我国在资本积累、收入分配等方面的政策形成机制的调整：通过政府引导市场失效领域的非均衡增长格局构建、通过市场发挥市场主体活力与创新精神以提高增长的质量，这与国家价值链的实现机制也一脉相承。

第六，一系列支持国家价值链构建的条件逐渐成熟：数量型的"人口红利"虽然趋于弱化，但质量型的"人力资本红利"正在不断累积；低成本的"模仿与学习红利"趋于消失，但高效率"创新驱动红利"正在迅速增长；多年来，区域发展的不平衡也使我国的发展更具抗风险的缓冲能力与回旋余地（刘志彪，2018）；仍有众多农村人口有待实现城镇化转移也使我国经济具有很大的发展空间。

在当前发展阶段，我国向结构调整要效益、向结构变化要速度，走出仅仅依靠要素投入与消耗维持发展速度怪圈的路径已然清晰，全面推广集约化经济发展方式的基础已形成。围绕经济结构的战略性调整，构建基于自主开放体系的国家价值链，成为迎接新时期战略机遇的不二法门。

四　我国国家价值链构建的现实路径

构建基于自主开放体系的国家价值链，不仅是一国在全球价值链中持续获取开放经济收益的基础，更是一国顺利实现内部经济循环与维护国家经济安全的重要手段。就国家价值链本身而言，"大国市场规模优势""本土企业掌握产品价值链核心环节""品牌""销售终端渠道""研发能力"等无疑构成其最关键的内容。具体到我国国家价值链的构建，还必须顺应时代的要求，重点解决目前我国在全球价值链治理模式中存在的三大突出问题："断链"特性下的区域发展失衡、制造业与生产性服务业的"脑体"分离、产业链条互动不足下的自主创新能力弱化。

（一）调整东、中、西部的经济布局以实现区域的均衡发展

在出口导向模式下，我国区域经济发展的格局突出表现为"沿海化"与"城市群化"。中国生产制造与对外出口的基地主要集中在东部沿海地区，其中，长三角、珠三角、环渤海三大城市群已经成为中国经济甚至是世界经济增长的"引擎"。三大城市群面积仅占全国国土面积的5%左右，但每年却创造了全国四成以上的GDP，同时，全国商品出口、外商直接投资也主要集中在这三大城市群。截至2017年，中国GDP过万亿元的城市达到14个，而东部沿海省份占据10席，我国沿海地区经济发展整体上远远超过了广大内陆区域。

按照发展规律，经济发展必然体现为生产要素向某一区域的集聚，进而分享要素集聚所产生的递增收益。在集聚收益大于集聚成本的状态下，这一集聚趋势就会持续下去，因此，我国区域经济发展的"沿海化"与"城市群化"有其内在的必然性。但是应该看到，我国的区域发展差距并非单纯由经济规律所决定。在出口导向模式下，地理位置、贸易与投资的"政策区域歧视"在区域经济的发展差异中起到了关键性的作用。同时，生产要素与经济活动向沿海地区的单向集中，导致了我国东、中、西三大地区收入与国民福利水平的严重不均衡。从长远看，这不仅危害我国社会稳定与民族团结，同时也不利于经济效率的保持与提升。

党的十九大在对我国社会基本矛盾的阐述中，特别提及我国"民生领域还有不少短板，脱贫攻坚任务艰巨，城乡区域发展和收入分配差距依然较大"。因此，未来我国国家价值链的构建，就是要在全方位开放格局中，重心从单纯参与全球价值链逐步向构建、完善国家价值链转移，并基于内需的持续扩大，发挥国家价值链的微观治理机制对产业布局和转移的引导与自动调节作用，最终实现中国区域经济的协调发展。

（二）协调不同产业以及产业内部的发展，建立以新兴高端制造业与现代生产性服务业为主体的产业体系

产业的均衡发展是一国国民经济安全与可持续发展的核心内容。就产业间的均衡而言，就是要打破出口导向模式下我国制造业与生产性服务业"脑体"发展脱节的困境，同时以新兴制造业与现代服务业实现对传统低技术水平与低附加值、高污染与高消耗产业的替代，降低产业发展对外部需求的依赖，解除某一具体行业对中国经济增长与经济改革进程的绑架。而就产业内部的均衡关系而言，一方面要完善市场机制体制，特别是营造良好的市场竞争环境，打破市场垄断尤其是政府的行政垄断与国有企业的市场垄断，充分发展民营经济；另一方面则是要通过自由市场竞争中的兼并、并购等多种资产重组方式，形成、培育并壮大我国居于价值链顶端的具备价值链掌控能力的大型跨国企业，从而改变过去低水平且过度竞争的格局。同时，产业的均衡发展不仅意味着产业间与产业内部的均衡发展，还意味着产业结构的高级化，即在市场信号驱动下，经济要素能从那些低端传统产业流出，持续流入高技术含量与高投资回报的新兴产业部门，并能通过竞争向高效率、高效益的企业持续集聚。

具体而言，我国要推进战略性制造产业与现代高端服务业的发展，让两者在相互协调与互动中成为国民经济增长的"驱动轮"；要淘汰高消耗、高投入、高污染的传统落后产业，使国民经济增长逐步摆脱对房地产业的依赖，并进一步促使政府预算摆脱对"土地财政"的依赖，从而形成实体经济发展的基础；要形成更加公平、公正的市场竞争环境，明确市场参与者的"权""责""利"，使市场参与者的竞争真正围绕"效率"这个核心，最终形成运转高效的产业结构微观调整机制。

未来我国国家价值链的构建，离不开产业间的协调与互动，也离不开产业内的优胜劣汰，更离不开促使产业结构更加高级化的调整机制。可见，产业协调与均衡发展是我国国家价值链构建中最重要的内容之一。

（三）转换经济增长动力，加快形成中国产业创新体系、国家创新体系与区域创新体系

在过去的出口导向模式下，我国主要利用国内相对廉价的生产要素特别是低廉的劳动力要素，建立起了劳动密集型产品的生产与出口体系，并参与国际市场竞争。而在今后，我国将整体进入相对均衡的发展时期，虽然可以利用东、中、西部区域不同发展阶段与经济梯度，通过产业转移的方式延续以往的要素低成本比较优势，但要"满足人民日益增长的美好生活需要"、不断提升国民福利水平，最终还是需要依赖技术进步，形成创新驱动的综合比较优势，使我国真正进入生产效率与经济收益不断提升的经济增长轨道。

当前，我国东部沿海地区已经基本跨越了基于要素"量"的投入而实现经济增长的发展阶段，同时也基本具备了通过要素"质"的提升以进一步推动经济增长的基本条件。因此，加快技术进步以驱动创新型经济的快速发展，并以此引领中、西部地区发展模式的逐步转变，就成为进一步实施"先富带动后富"的关键环节。在创新驱动型经济的发展过程中，我国东部沿海发达地区在全球价值链分工的地位上，将从低端的劳动密集型环节的生产制造者逐渐转变成高端设计、研发、营销等价值链核心环节的控制者；我国跨国公司在国际市场中的地位，将由弱势的国际代工者逐渐发展成为强势的市场引领者；同时，在国际技术标准的发展中，我国也将逐步由技术模仿者发展成为拥有自主技术开发能力的技术制定与维护者。可以预见，我国的世界经济地位整体上将逐渐由追赶者逐步转换为并行者甚至是领跑者。为此，我国必然要在挖掘内部需求以形成完整价值链的基础上，通过产业间的互动与产业内的竞争，持续推动产业发展与技术进步的紧密结合，加快形成产业创新体系、国家创新体系与区域创新体系，这也正是我国国家价值链构建的重要内容。

距 2008 年国际金融危机的爆发已有十余年，但一系列证据与经验表明，我国经济增长仍然在"稳外需"与"扩内需"的平衡中苦苦挣扎，我国适

应"全方位开放经济"的能力仍然明显不足。同时，理论研究表明，在全球价值链的基础上构建相对独立的国家价值链可能是我国摆脱"全球化陷阱"、重构国际竞争优势的突破口（刘志彪、张杰，2009）。从而，立足于我国已形成的发展条件与发展优势，着力解决发展进程中的关键问题，以我国国家价值链的构建为切入点，研究通过国家价值链的构建，实现从低要素成本比较优势向创新驱动竞争优势的转换，从而避免陷入"全球化陷阱"，重塑我国在国际市场的综合竞争优势；实现我国产业结构与区域经济结构的协调发展，形成"新常态"下可持续发展的能力；实现发展方式的转变，迎接全球技术变革所提供的战略机遇，走出仅依靠要素投入维持发展速度的怪圈，全面提升发展的质量与效益，最终形成有利于国家价值链整合的政策体系，将具有重要意义。

第二章　价值链理论、全球价值链治理与发展中国家的选择

价值链理论源自对垂直一体化公司竞争优势的探讨，随着探讨范围向产业拓展，相关研究分析了市场主体融入产业体系以取得竞争优势的发展方式，而价值链理论与国际分工理论的结合，更是提供了一种基于网络、国际性生产的地理和组织特征的分析方法，并揭示了全球产业治理体系的动态性。关于价值链理论的研究，基本遵循了"价值链—价值增值链—全球商品链—全球价值链"的理论主线，同时，从治理、演变与升级等角度对全球价值链进行了系统探讨和分析。积极参与国际分工、广泛融入全球价值链一度被视为发展中国家在全球化格局下实现工业化道路的有效战略，然而在发达国家主导的全球价值链治理模式下，广大发展中国家却普遍出现了被"锁定"于全球价值链低端发展环节的现象。"贫困化增长"逐渐催生了各国对发展模式的重新审视，如何从被"压榨"与"俘获"中突围，实现向全球价值链高端环节的攀升，也成为理论界所关注的重点。

一　价值链理论

（一）价值链的形成

自亚当·斯密的分工学说开始，国际分工体系先后经历了三次典型的迭代，即产业间、产业内、产品内的分工体系。伴随国际分工的演进，不仅国际分工体系与产业竞争优势的内涵发生了根本性改变，基于国际分工

内核演变而成的价值链理论，也处于持续的动态调整之中。

1. 产业间国际分工与产业竞争优势

全球化视野下，产业间国际分工的主要形态集中体现为异质性要素在不同区域的集聚，突出表现为亚非拉国家沦为西方国家的原料供应地，而西方国家则专注于工业制成品生产（金京等，2013）。产业间国际分工的相关理论，主要包括亚当·斯密的绝对优势理论、大卫·李嘉图的比较优势理论、弗里德里希·李斯特的国际分工国民性理论、马克思的国际分工理论以及赫克歇尔－俄林的要素禀赋理论。斯密在《国富论》中指出，一国只需专注于生产成本绝对低于他国的产品，并交换相对生产成本较高的他国产品，就能实现对资源的有效利用。他将一国的绝对优势简单归结为先天的自然因素和后天的技术进步，这是以一种静态的眼光来看待国际分工中的竞争优势。李嘉图的比较优势理论进一步从生产技术的相对差别以及由此产生的相对成本的差别，解释了贸易产生的基础和贸易利得，并将技术变化和赋税变化视为比较优势产生的主要原因，从而发展了绝对优势理论。李斯特在对李嘉图的质疑中指出，比较优势并不适用于每个国家，因为一旦失去或未能建立比较优势，此时参与国际分工并不是明智之举，而好的策略在于要通过保守的关税政策扶持国内产业发展。马克思摒弃了要素禀赋效应与比较优势的理论框架，认为国际分工是社会生产力发展的必然结果，显而易见，大工业生产模式的建立与运输方法的改进是国家间分工重要的基础。赫克歇尔－俄林的要素禀赋理论指出，要素禀赋的差异性是构成一国比较优势的关键，但是要素流动会减弱甚至是消灭这种比较优势，并在很大程度上缩减要素价值的空间差异。

经典理论各有侧重，但就其本质而言，要素禀赋优势所决定的成本优势是产业间国际分工的理论内核，分工的基本单位是国家或地区的具体产业。同时，由于技术研发及其运用具有时代局限性，静态比较优势成为这一时期产业竞争优势的基本特征。

2. 产业内国际分工与产业竞争优势

20世纪70年代，受第三次科技革命的影响，产业内分工逐渐取代产业间分工,并一度成为国际分工的主流模式。有别于产业间的分工形态,产业内分工主要是指同质化生产部门间各分部门的国际化分工与生产协作,主要体现为同类产品的差异化分工(金京等,2013)。在《产业内贸易:差别化产品国际贸易的理论与度量》一文中,Grubel 等(1975)最早提出了有关产业内分工的新要素比例理论,将要素对交易成本和需求满足程度的影响纳入产业内分工的解释框架内,补充与修正了"李嘉图-赫克歇尔-俄林"的理论体系。Dixlt 等(1977)在划分产品效用函数的基础上,研究得出产业内产品群之间的替代弹性高于其他产业间产品群的替代弹性,并从产品差异性与规模经济的关系入手,对产业内分工进行全面解释。随后,不完全竞争理论也被引入产业内贸易分析框架中,并形成了新张伯伦产业内贸易模型(LOV 模型)(Krugman,1980;Helpman 等,1984;Grossman 等,1989)。该理论认为,伴随经济的持续发展与收入水平的不断提高以及国际化信息沟通手段的丰富,受消费示范效应、最大化效应的驱动,消费者的消费行为更趋多元,进而引起同一产业内产品的双向流动。而与之主张不同的"新侯泰宁"理论则认为,产品基本特征的关联性导致了差异化产品的形成,其实同质性产品也存在产业内分工。Brander 等(1983)进一步构建相互倾销模型来解释同质性产品的产业内分工问题,研究结果表明,相互倾销只是外部市场内部化的结果,而产业内国际分工正是打破市场地理边界的重要力量。

可以发现,差异化优势成为产业内分工相关理论论证的核心,这也是产业内国际分工体系下产业竞争优势的显著性特征,即产品的差异化和企业自身的异质性共同构成产业的竞争优势,而产品的技术形态与生命周期不仅是差异化竞争优势的体现,也反映了竞争优势的动态发展。

3. 产品内国际分工与产业竞争优势

20 世纪 80 年代以后,受技术进步、贸易自由化、全球市场经济体制逐渐完善的影响,产品生产的价值环节被分解,以产品价值链的形态形成了国际分工体系,国际分工进入新的产品内分工阶段。在新的产品内国际分工体系中,同一产品的生产环节或生产工序可以被拆解布局在不同国家或地区（金京等，2013）。80年代初期，关于产品内国际分工的研究以阶段生产模型为主，如多阶段生产模型（Dixlt等，1982）、李嘉图产业垂直分工模型、两阶段生产模型等。之后诸多学者将产品内国际分工作为一种新的国际分工形式进行研究，如Jones等（1990）提出的零散化生产、Arndt（1977）提出的外包概念、Feenstra（1998）提出的生产非一体化、Krugman等（1995）提出的分割价值链等。众多研究的共识是，在产品内国际分工体系下，最终产品的生产不再由一国独立完成，而是各国以自身的优势要素占据着产品价值链上的不同专业化环节和阶段。同时，产品内国际分工主要由大型跨国公司主导，通常采用投资或外包生产策略；而在更加精细化、专业化的分工体系内，依照要素密集度特征，生产的各个环节可以匹配或布局在最具要素禀赋优势的国家或地区（方勇等，2012）。因此，产品内分工模式下的国际分工不再以产品为界限，而是以要素为界限（卢峰，2004；张二震，2005）。

可见，产品内分工模式下产业竞争优势的内容不再是具体的产业或产品优势，而是产品的价值链环节。毫无疑问，价值链环节的差距将形成不同的竞争优势（Porter，1985）。这种差距或差异性主要体现为国别的要素比较优势，特别是稀缺要素，如高级人力资本、现代通信基础设施、先进信息技术、科学管理能力等，这也是价值链竞争的核心内容与产业竞争优势的具体表现。

（二）价值链相关理论的演进

20世纪80年代以来，随着国际分工模式向产品内分工的深入发展，价值链竞争在国际竞争中的地位日益凸显，众多学者分别从不同角度对价值链进行了探索，初步形成了"价值链—价值增值链—全球商品链—全球价值链"的价值链理论研究体系。Porter（1985）在《竞争优势》一书中，首次对价值链的概念做出了完整定义，其以单个企业或企业内部网络的价值活动与竞争优势为出发点，认为企业创造价值的过程由一系列互不相同但又紧密联系的增值活动所组成，而各项增值活动构成了价值链上的各个环

第二章 价值链理论、全球价值链治理与发展中国家的选择

节,每一项增值活动相加总则形成了企业的"价值链"。Porter所提出的价值链概念揭示了企业的竞争能力取决于价值链上各个环节的综合优势,并非企业单项业务的优势。

基于Porter的开创性贡献,早期对于价值链理论的研究更偏向于单个企业,价值链研究重心在企业内部。同期,Kogut(1985)在Porter研究的基础上,综合考虑了价值链垂直分离与全球空间再配置之间的关系,并提出了"价值增值链"(Value Added Chain)的概念。事实上,基于要素投入生产消费品,并在交易或消费环节完成价值循环,就是价值增值链的内涵。与Porter相比,Kogut将价值链的概念由单个企业层面向区域及国家层面进行拓展,指出商品生产的各个环节并不能有效体现国家的比较优势或企业的竞争能力,但国家或地区之间的资源禀赋差异直接决定了国家及企业在价值链各环节中的优势。价值增值链的理论贡献在于,拓展了研究视角,将聚焦单个企业的研究转换为企业间乃至产业层面的理论研究,同时,在空间维度上探讨了价值链构建的可能性。

随着国际分工的持续演进,产品的生产过程逐渐超越了国家的界限,并在世界范围内广泛布局。基于对价值链、价值增值链的理论延伸,全球商品链(Global Commodity Chain)理论得到了迅速发展。当生产超越了地理空间上的国家界限,跨国生产组织应运而生。跨国生产组织将不同国别的不同企业有序组织起来,进一步构建了全球一体化的生产网络,最终形成了全球商品链(Gereffi等,1994)。全球商品链理论重点研究了价值链中的权力分布,认为发达国家领导型企业在价值链中具有垄断地位,在全球范围内负责价值链各环节的协调,并控制着商品链的发展。同时,Gereffi等人将领导型企业的控制行为称为价值链的治理,而根据治理者在价值链中所扮演角色的不同及价值链进入壁垒的差异,价值链治理者可进一步分为生产者驱动型和购买者驱动型。全球商品链为跨国公司和价值链体系之间的关系提供了基于全球视角的分类,更加深入地阐明了现代产业组织形成的本质。

进入21世纪,全球化的深入发展进一步模糊了产品生产的地理边界,

产品生产过程体现为一系列更加精细化的工序，产品内分工被拆解为具体某种生产工序或环节而布局于全球。按照"价值链—价值增值链—全球商品链"的理论发展路径，Gereffi 等（2001）提出了"全球价值链（Global Value Chain）"概念，并认为价值链是产品生产经营过程中各项行为的加总，包括产品研发设计、加工制造、财务管理、品牌管理、市场营销、售后服务、产品回收等一系列过程。全球价值链为生产经营活动在全球空间范围内布局提供了一种更加具体的研究方法，同时也更加深刻地揭示了世界经济运行过程中的动态特征。与此同时，全球价值链中的利润分配问题也引起了学术界的关注。事实上，在全球价值链治理模式下，利润分配模式存在严重失衡，更多的价值或利润留在了价值链的两端——研发与品牌营销（Kaplinsky 等，2001）。从而，生产过程中的利润分配在价值链上形成一条"U"形曲线，也被学者们称为"微笑曲线"（施振荣，2005）。

（三）价值链驱动机制

价值链理论随着全球产品内分工的深入发展愈加完善，实际上发达国家跨国公司或国际购买商主导产品内分工，并根据各国的比较优势将价值链环节在全球范围内进行再配置，这使得生产经营活动突破了国家或地区的限制，而价值链分析法为生产经营活动在地理空间上的再配置问题提供了新的研究视角（Dicken，1998）。对于价值链驱动机制的讨论同样基于产品内分工中跨国公司与国际购买商的职能而展开。根据 Gereffi 等（1994）的研究，价值链驱动机制存在两个典型类型——生产者驱动型与购买者驱动型，两者共同形成了二元动力机制学说。作为经济活动的主要参与者，生产商与消费者是全球价值链驱动力的来源，在两者的协同作用过程中，各价值链环节的基本功能实现了空间上的分离、重组与运行。

生产者驱动型价值链（Producer-Driven Production Networks）强调以投资满足消费，以此为基础形成了全球垂直分工体系。在垂直分工体系内，投资主体既可以是凭借技术领先优势致力于拓展全球市场的跨国公司，也可以是追求经济建设、构建自主工业体系的本国政府，其中前者是更为普

第二章 价值链理论、全球价值链治理与发展中国家的选择

遍的生产投资主体。一般而言,通过对核心技术的掌控与引领,大型跨国公司以投资方式进行全球化布局,并力图构建起集销售、外包、投资等环节的产业关联体系,最终建立起生产者主导的全球生产网络体系。

与生产者驱动型价值链不同,购买者驱动型价值链(Buy-Driven Production Networks)更加强调流通网络的组建。其核心路径是:借助强有力的品牌优势,依托本国已有的完善的销售渠道,通过全球采购、代工(OEM)等手段构建跨国商品流通体系。典型的案例是沃尔玛、家乐福等零售企业,以及耐克、锐步等品牌授权企业。购买者驱动型跨国公司的基本特征是控制性、总部性与协同性,即母国公司严格控制流通网络、总部设在核心国家、边缘地带搭建空间分工协作网络(Gereffi and Lynn,1996)。此外,Gereffi 等人在对鞋类和服装类产业的实证研究中进一步确认,在购买者驱动的全球价值链中,大型零售商和品牌商是价值链的核心与动力源(Gereffi,1999;Bair and Gereffi,2001)。

在早期全球商品链二元动力机制的基础上,对于全球价值链动力机制的研究不断完善,但相关研究大多基于实证展开,并主要集中在服装、鞋类、家具、农业等传统领域,对于电子等新兴产业涉及较少。实证研究的不均衡使得全球价值链的二元动力机制理论受到学者们的广泛质疑。同时,二元动力机制理论是基于不同产品市场进入壁垒的差异而提出的(Dicken 等,2001),而按产业部门划分的研究方式往往不能很好地解释现实经济世界。一个简单的例证是,同一产业部门价值链的驱动机制可能是多种力量并存的结果,甚至价值链的各环节亦存在不同的动力机制,这造成了同一行业内不同企业的行为差异(张辉,2006)。由于二元动力机制有其无法回避的现实局限,理论与现实难以调和的矛盾日渐显现。对此,Gereffi 等人在后期对服装等传统行业以及汽车、电子等现代制造业的进一步研究中,也认为将全球价值链划分为生产者驱动型和购买者驱动型,并不能很好与实际经济情况相吻合。

在二元动力机制理论缺陷被广泛探讨的同时,对于全球价值链动力机制的重新认识也逐步展开,如我国学者张辉(2006)就认为,除了生产者

驱动型和购买者驱动型外，还有许多产业链条处于二者之间，即这些产业链条同时具备生产者驱动型和购买者驱动型特征的"混合驱动型（Mix-Driven Production Networks）"动力。例如，IT行业的核心竞争力来源于CPU和操作系统等生产环节，是典型的生产者驱动型行业，但戴尔等企业在流通环节中出色的表现说明了该行业也存在购买者驱动型特征，因此IT行业的驱动力可以看作一种兼具生产者驱动型和购买者驱动型特征的混合驱动型动力。

（四）当前全球价值链的治理模式

经济全球化及国际分工的不断深入，使得处在全球价值链上的企业分布于世界各国、各地区。如何行之有效地保障价值链各环节的有序运转与衔接，成为摆在理论工作者面前的重要学术议题。Gereffi（1994）开创性地使用了价值链治理一词，随后Humphrey等（2000）对价值链治理进行了完整的定义，认为价值链治理本质是通过正式的制度安排，保障涉及各价值链环节企业的协同运转。处在价值链各环节企业的生产活动、劳动分工、利润分配等都处于价值链治理机制之下，这有效保证了价值链上的企业受到某种组织协调机制的约束，且企业间的相互作用是交互式的而非随机的（汪斌等，2007）。

关于全球价值链治理的类型，Humphrey等（2000）依照处于核心地位的跨国企业对全球价值链控制程度的差异，将全球价值链治理分为网络型（Networks）、准等级型（Quasi-Hierarchy）、等级型（Hierarchy）和市场关系型（Market-Type Relationship）四种。具体而言，网络型治理模式是指互补型企业以价值链环节分工的形式，共同定义、研发、生产、销售产品，实现核心优势的整合与集成，企业间是平等的合作关系而非隶属关系。准等级型治理模式，并非严格意义上的等级隶属关系，但有别于平等合作关系。在这种模式下，核心企业可以实现对非核心企业事实上的监管与控制。核心企业往往会对产品生产特征、生产流程进行严格规定，非核心企业需要严格遵守。等级型治理模式是指处于核心环节的企业，对全球价值链上的

第二章 价值链理论、全球价值链治理与发展中国家的选择

某些运行环节实施直接的股权控制，典型的等级型治理模式表现为跨国公司与其分支机构（子公司）之间的关系。市场关系型治理模式是指处在价值链上的企业之间完全是一种纯粹的贸易关系，各企业间既不存在准等级型治理模式中的控制关系，也不存在等级型治理模式中的隶属关系。

Gereffi 等（2011）在 Humphrey 等（2000）研究的基础上，从三个维度对全球价值链治理模式做了进一步的定义与细分：交易复杂性、交易识别能力与供应商能力。其研究具体包括 5 种治理类型：市场型（Market）、模块型（Modular Value Chains）、关系型（Relational Value Chains）、领导型（Captive Value Chains）和等级制（Hierarchy）。其中，市场型和等级制治理模式分别对应价值链行为主体协调能力的最高点与最低点。市场型治理模式主要通过价值机制实现，关联行为主体以货币化形式实现商品或服务的交易。等级制治理模式的治理基础建立在等级关系之上，其核心运行机制为管理控制。其余三种治理模式则是对 Humphrey 等人所提出的网络型治理模式的进一步细分，但两者之间又存在一定的差异。模块型治理模式中，生产厂商可以根据自身的加工技术来为消费者提供关键性产品和服务，该治理模式中核心企业的监督和控制程度较低；关系型治理模式中的厂商通过声誉而集聚，相互之间具有较强的社会同构性、空间邻近性，该种治理模式下核心企业的监督和控制程度也相对较低；领导型治理模式中的中小型厂商对核心企业具有较强的依赖性，二者存在依存关系，该种治理模式下核心企业的监督和控制程度较高。

综上，国际分工模式的不断演进使得产业竞争优势在不同时期表现出不同的特征。在产业间分工模式下，产业竞争优势更具静态性特征，其主要是国家间成本的竞争；产品技术形态的差异和产品生命周期的变化，使得产业内分工模式下的产业竞争优势具有明显的动态性特征，集中体现为差异化竞争；在产品内分工模式下，要素的流动性使得产业竞争优势的动态化更加明显，特别是诸如大规模资本、劳动力以及其他高级生产要素，在全球更大范围内扩散，产业竞争转变为产品价值链某一环节、价值链本身或价值链之间的竞争。更值得关注的是，分工形态的工序化、增值的环

节化，使得国家间的比较优势不再体现在产业层面，而更多地体现在特定价值链环节。基于成本优势和要素禀赋所构建的早期产业竞争范式，已经发生深刻变化，并让步于产品内要素分工与竞争。在此背景下，社会生产的组织者也产生了巨大变化，大型跨国公司成为国际竞争的主体。在追逐低成本与提升全球竞争力的过程中，FDI 或 OEM、ODM 等手段，日渐成为专业化分工的主流策略。已有关于价值链的研究，一个共识是，分工持续深入的内核在于要素的整合，单个企业的竞争让位于环节对环节、链条对链条的价值链争夺与控制，从而必须构建价值链整合的研究范式。而价值链向全球的延伸更是强调了在全球价值链日益成为国际经济活动主要组织方式的背景下，国家之间的竞争模式向集群与集群、网络与网络竞争的转变。

二 全球价值链治理下发展中国家的困境

（一）全球价值链的治理模式与发展中国家的发展

在经济全球化的持续推动下，国际分工格局出现重大转变，全球价值链分工成为国际分工的新常态（Baldwin 等，2013）。在该分工模式下，以生产国际分割为特征的国际分工层次逐渐由产品细化向产品生产环节细化延伸，发展中国家通过利用成本优势和政策优惠积极融入全球价值链，以此聚集国外高级生产要素，形成巨大的生产和出口能力，从而全面提升资源的配置效率，推动本国的经济增长和制造业产业的升级（黎峰，2016）。发展中国家融入国际分工体系有助于其加快工业化进程（Gereffi，1999），获取加工组装费用以及实现贸易顺差（王岚，2014）。同时，发展中国家制造业企业以承接全球价值链中生产与组装环节外包的形式，参与全球出口市场，有利于获取发达国家的产品设计理念、生产工艺及销售和管理方式等（Evenson 等，1995）。此外，发达国家为使代工产品的样式、质量、功能等符合市场要求，会将隐性技术知识转移至发展中国家（World Bank，1993），

第二章 价值链理论、全球价值链治理与发展中国家的选择

且会对发展中国家代工企业进行技术培训与指导（Rhee 等，1984），这些都极大促进了发展中国家代工企业制造能力的提升。

深入产品内部的全球价值链分工形态，导致了核心竞争优势建立范式的重构。基于跨国公司纵向治理与价值环节的脱钩，发达国家更加专注于高附加值环节的生产经营活动，并持续转移低附加值环节至发展中国家，由此形成了价值链各环节在地理空间上的分离与重塑（张少军等，2009）。为了获得市场进入机会、提升自身生产能力、有效利用全球经济资源，发展中国家积极融入发达国家所主导的全球价值链分工体系，这也一度被认为是其实现产业升级的有效途径（Humphrey 等，2000）。Ernst 等（2001）在研究韩国、中国台湾的电子行业时发现，这些国家或地区的电子行业依次经历了组装、加工、技术模仿与消化吸收四个阶段，最终实现了技术创新和自主品牌建设。此外，Gereffi 等（2011）也对发展中国家产业升级持乐观的态度，其通过对东亚、欧洲、拉丁美洲等地区的考察发现，位于价值链低端的代工企业可以获取发包企业对设计理念、产品样式等的信息反馈或技术支持，这些都为发展中国家实现产业升级创造了有利的条件。

发展中国家积极奉行出口导向的贸易模式，并以自身要素禀赋优势进入发达国家主导的全球价值链分工体系，这一过程实现了发展中国家出口总量的爆发式增长。在发展中国家出口剧增的同时，一些学者更加关注出口规模扩大是否有助于提升技术创新能力的问题。对此，典型的观点是出口规模与技术创新能力具有双向促进效应，如 Aw 等（2000）根据"自我选择"理论，认为只有技术创新能力强的企业才会进行出口，而出口所引致的市场规模扩大和企业利润增加，反过来会激励这些企业技术创新活动的持续开展。Bernard 等（2003）的研究对这一论断也给予了支持，他们指出，技术创新能力越强的企业，其生产率和产品市场竞争力越强，这使得企业出口竞争力也越高；同时，发展中国家企业参与发达国家出口市场的程度越高，则越有可能接触国外市场先进的技术知识，进而通过"出口中学习"来提升自身的技术创新能力。

（二）全球价值链中经济租的产生与分配

源于资源稀缺性下超额利润的存在，经济租由此而生，稀缺性是"租"的直接成因与发生基础。经济租通常被定义为资源最优用途与次优用途所产生的价值差额（Eatwell等，1988）。鉴于稀缺性资源既可以是实物资源，也可以是无形资源，经济租也可以被理解为生产要素所有者凭借经济权力所获得的收入中，超过要素机会成本的剩余（王崇锋等，2012）。经济租存在两种典型分类：稀缺性经济租或李嘉图经济租与创业租、熊彼特经济租或准租。前者是稀缺性所形成的收益净增加，后者是由于创新垄断或技术无法被模仿，或是由于拥有独特的企业家，企业才能获得的短期超额利润（Sharon，2007）。而基于寻租激励，厂商有更大的意愿开展创新活动，以获得垄断利润（Boldrin等，2004）。事实上，只要存在垄断，无论其是市场力量形成的还是天然形成的，就会存在经济租。据此审视全球价值链的治理动机，其更多的是追求经济租，而非要素回报（Kaplinsky等，2003）。对于位居价值链统治地位的厂商而言，设置进入壁垒是明智的选择。在要素收益递减的趋势下，进入壁垒可以在更大程度上帮助厂商获取经济租。一个重要的启示是，价值链中的厂商需要通过持续的创新活动和生产能力的提升来构筑行业高进入壁垒，以此获取较高的经济租。

经济租并非按等分逻辑配置于价值链各环节，其决定力量在于价值链环节"控制力"的不同。一般而言，单一环节对于价值链的控制力越强，其获取经济租的能力相应越大。Jelinek和Porter（1992）最早认识到价值链上附加值的差异性问题，其指出在整个价值链条中，战略性环节能够创造更高的经济附加值。对于战略性环节，施振荣（2014）的"微笑曲线"具有较大的影响力与很好的解释力，其指出采购、系统生产、终端加工、包装等生产加工环节的经济附加值较低，位于微笑曲线的低端，而上游的研发、创意设计、技术培训等技术环节与售后服务、品牌推广等营销环节经济附加值较高，位于微笑曲线的两端，这构成价值链的战略性环节。在二元动力机制的理论框架下，高价值环节的分布特征显著不同。对于生产者

第二章 价值链理论、全球价值链治理与发展中国家的选择

驱动型模式而言，高价值环节留在了生产领域；相反，购买者驱动型模式的高价值环节则留在了流通环节（Gereffi，1999）。Kaplinsky等（2001）进一步指出，发达国家跨国公司与国际购买商凭借技术、品牌等竞争优势，占据并控制着生产研发和流通领域的高附加值价值链环节；与之相反，低附加值价值链环节（主要包括生产、加工、制造等）则主要布局在发展中国家。由于所占据的经济附加值环节不同，发达国家与发展中国家获得经济租的水平也不相同。

（三）发展中国家的困境

发展中国家代工企业更多凭借低廉的要素价格参与全球价值链分工体系，以此分享分工带来的收益。随着发展中国家经济发展水平的提高，其劳动力成本、土地价格等要素成本不断上升，作为应对策略，外包生产环节的再转移成为发达国家跨国公司的惯用手段。通常来讲，再转移的地区一般是具备更低要素成本的其他地区，而非转出国的内部地区，显然这将导致发展中国家内部区域经济发展的失衡（张杰等，2009）。对于该问题，一些学者从一国加入全球价值链的方式和程度进行了探讨。以我国为例，我国东部沿海地区的地理位置和发展战略等在位优势使其率先加入了全球价值链分工体系，并实现了经济的快速发展，同时这也使得我国制造业高度集中于东部沿海地区（路江涌等，2006）。但东部沿海地区是以劳动密集型环节的比较优势来获取代工订单，其与中西部地区的比较优势存在较大的同质性，这造成了中西部地区廉价劳动力和丰富自然资源未能成为当地经济增长的动力，而是以较低的要素报酬流向东部地区（徐康宁等，2006）。同时，随着东部沿海地区要素成本的上升，产业的内迁或外移成为我国区域经济平衡发展的关键，对此我国学者刘志彪（2008）从商务成本（由要素成本和交易成本构成）角度对产业内迁的可行性进行了分析。他指出我国中西部地区虽然具有要素成本优势，但投资环境欠佳（如生产性服务业欠发达、基础设施较差、法制化程度低等），因而交易成本较高。相较于要素成本，交易成本具有外生性，产业更倾向于转移至交易成本较低的

地区，这使得东部地区产业内迁的可行性较低，同时又降低了中西部地区加入全球价值链中劳动密集型环节的可能性，从而加剧了我国区域经济发展的失衡。

尽管诸多研究认为融入全球价值链有利于发展中国家实现产业升级，但受发展中国家融入全球价值链的时期及自身经济发展状况等多方面因素的影响，该种模式的适用性同样饱受质疑。例如，Hobday（1995）在分析购买商与东亚、巴西相关出口制造商之间的关系时指出，在最初阶段购买商为使产品达到市场要求，会对制造商提供技术支持，但在制造商能力实现提升后，购买商的支持力度会逐渐降低。这意味着发展中国家在实现由低附加值环节向高附加值环节的功能升级和链条升级时会出现困难。Humphrey等（2000）在对全球鞋业价值链进行研究时也认为，中国、印度和巴西的制造商在发展设计和营销能力等环节时受到了发达国家企业不同程度的阻碍。同时，对于发展中国家自身而言，实现向高附加值环节的产业升级也存在一定的风险，Bair等（2001）在对墨西哥牛仔裤行业的研究中发现，墨西哥制造商要在美国市场开拓新品牌需要付出巨大的投资代价，且投资风险较高。从而，受升级能力和升级风险的影响，发展中国家更多地保持在全球价值链的低端环节，并获取有限的加工组装费用，这减弱了发展中国家产业升级的动力。Humphrey等人在对巴西皮鞋产业的研究中也证实了这一观点，其指出大量的中小型鞋类制造商通过小型贸易商与欧美等国的大型购买者建立了长期联系，本国出口商长期服务于大型购买者，并按其要求组织生产，但其自身并没有足够的动力创建自有品牌及实现所处环节的升级。

对于中国在全球价值链中的产业升级问题，我国学者则更多地从东部沿海地区加入全球价值链的方式、升级的现状等方面予以探讨。刘志彪等（2009）在分析国际外包条件下我国制造业升级机制时指出，产业升级机制并不存在 Gereffi 所描述的依次经历工艺升级、产品升级、功能升级和链条升级的自动转换过程，即产业升级并不存在"自动传递性"，我国制造业在得到国外高级生产要素和技术支持的条件下，快速经历了工艺升级和产品

第二章 价值链理论、全球价值链治理与发展中国家的选择

升级，但当制造企业转向品牌设计、营销等环节的功能升级和链条升级时，受到了国际买方势力的极大阻碍。对于这种阻碍，刘志彪等（2009）指出，发展中国家企业的功能升级和链条升级会损害作为发包方的发达国家企业的利益，发达国家通过"隔离"与"阻断"的方式来限制技术转移和溢出，可以使发展中国家产业升级仅限于产品升级和工艺升级，从而将发展中国家限制在"代工—出口—微利化—自有品牌、销售渠道缺失—创新能力薄弱"的恶性循环之中。因此，在发达国家各种阻力的影响下，外包企业所处的微观环境并不利于或不鼓励企业实现向高端环节的升级，发展中国家产业升级路径存在某种程度的"低端锁定"，造成发展中国家制造企业长期处于微利化的"代工困境"，最终导致发展中国家产业升级的滞后（刘志彪，2010）。

发展中国家主要通过劳动密集型、微利化、低技术含量的生产、加工、制造或组装等方式切入全球价值链低附加值环节，该种切入方式以及其所处地位反映出，价值链高端环节被发达国家所控制，发展中国家现代生产性服务业在外与知识密集型产业在外的"两头在外"发展格局（刘志彪等，2009）。在该格局下，发展中国家高级知识与技术投入严重不足，只能依赖引进国外先进的机器设备及高端生产性服务业来满足发达国家购买商对最终产品的订单要求，并以此进行生产和出口（刘志彪，2010）。而巫强等（2009）在实证分析我国出口决定因素时也发现，国外先进机器设备的引进极大促进了我国出口产品质量及出口贸易总量的提升。一个合理的推论是，发展中国家融入全球价值链分工体系虽然实现了出口的快速增长，但背后严重制约了本国高端制造业与高端生产性服务业的创新动力和发展空间。对此，孙晓华等（2010）通过对我国装备制造业的研究指出，在开放经济条件下，我国本土装备制造业面临有效需求规模不断萎缩且需求层次低端化的困境，直接导致我国本土装备制造业缺乏竞争力。此外，陈爱贞等（2008）在实证分析 FDI 与我国本土装备制造企业创新能力关系时发现，FDI 一方面限制了我国本土装备制造业的高端市场需求，形成了市场挤压效应；另一方面购买国外先进机器设备的支出又使得我国装备制造业缺乏创

新经费支持,从而 FDI 严重制约了我国本土装备制造业创新能力的形成。

以上研究表明,在发达国家主导的全球价值链治理模式下,发展中国家可能长期被迫"锁定"于价值链低端环节,陷入"贫困化增长陷阱"。融入全球化,发展中国家的发展模式必须从依赖廉价要素、出口导向、高强度投资转向自主参与国际分工、产业重构和培育新竞争优势的轨道,并以此重塑产业发展与升级动力。

三 发展方式转型

(一)价值链整合

如何从"压榨"与"俘获"中突围,实现向全球价值链高端环节的攀升,成为近年来理论界关注的重点。与此同时,广大发展中国家的企业为谋求全球资源再配置,也频繁开展扩大市场范围、冲破行业边界、获取规模效应等价值链上下游整合行动。

价值链整合是一个始终围绕提高价值链各环节效益和效率这一核心而展开的动态协调过程。价值链的整合可以促进知识共享、协调分工,降低交易成本,获得递增报酬(余东华、芮明杰,2005)。究其理论渊源,亚当·斯密在《国富论》中揭示了工业生产是一系列基于分工迂回生产的链条,并分析了分工带来的经济效益;马歇尔在《经济学原理》中提出通过企业的组织管理来具体实现分工的内在优势,并认为规模经济是同一工业或行业中企业合并、联合的重要原因;Caves 等(1980)提出的"五力模型",系统阐述了企业通过前后向整合的方式来提高行业进入壁垒并获取竞争优势的机制。一旦企业形成控制上游投入品价格的垂直一体化模式,下游非一体化竞争对手将处于竞争劣势(Adams 等,1964),因为一体化和非一体化的厂商在资源分配方式及对规模经济的利用方面存在差异,被整合的企业主要依靠内部需求而对下游的市场需求不敏感(Mullainathan 等,2001)。Mahoney(1992)通过区分"竞争性协同"和"特殊性协同",证明了组织

第二章 价值链理论、全球价值链治理与发展中国家的选择

在将不同能力紧密结合起来时能够创造更多价值,这种特殊性协同增加了对整合的需要。

对于价值链整合,我国学者基于不同的专业背景对其进行了分析,并在企业战略调整的基础上,将价值链整合外延至中宏观层面。吕福新(2000)强调了价值链整合的协调性与有序性,其认为价值链整合是以分工为基础、以专业化为内容、以协调合作为主导,既包括内外部组织性与协调性的提升,还包括内外部层次性的提高与结构的优化升级。陈鸿宇(2002)指出价值链整合是企业为谋求长远竞争优势,以跨空间、地域、行业及所有制结构等方式重新配置生产要素,最终形成的以主导企业和企业集团为核心的优势主导产业。赵蒲等(2002)进一步认为,价值链整合是产业领军企业按公司发展战略,通过兼并、重组本产业或相关产业的中小企业,积极扩大本企业的市场份额并延长本企业的价值链,从而改变产业组织结构、增强市场竞争力并获取超额利润。

对于价值链整合的内容,一些学者认为价值链整合是企业成长的内在需求,企业的发展壮大不仅取决于自身能力和资源获得能力,还取决于价值链上下游的合作,并且现代企业的发展愈加受价值链上下游资源的制约(王建军,2007)。企业单一业务不足以支撑其获得核心竞争力,而以主导业务为基础,进行主导业务的上下游及相关业务的扩展,是企业获得竞争优势并巩固企业核心竞争力的关键(卜庆军,2006)。在诸多价值链整合模式中,股权并购是较为普遍的价值链整合手段。主导企业通过股权并购可以控制、协调价值链上下游及相关企业,形成稳定的产业结构,不仅实现了生产要素互补及资源与信息共享,还可以通过外部性知识的内部性转化获得递增规模报酬(李想等,2008;刘慧波,2009)。此外,汪建等(2013)通过案例分析认为,企业可根据内部资源与外部环境选择适合的模式来进行价值链整合,并占据价值链中的关键环节,形成核心竞争力并控制价值链各环节的利润分配方式,推动价值链间的整合及价值链的升级。

（二）国家价值链的理论构建

在价值链整合理论持续完善的同时，通过本土市场培育实现价值链延伸与升级更是引起了学者们的关注。在全球价值链分工模式下，当发展中国家由价值链低附加值环节向高附加值环节攀升时，掌握核心技术的发达国家跨国公司和占据国际需求市场销售终端的发达国家购买商会对发展中国家进行"结构封锁"（Schmitz, 2004）。而"结构封锁"得以实施的关键在于，发达国家对全球传统及新兴需求市场销售终端的掌控与垄断（张杰等，2008）。显然，要想突破"结构封锁"并主导全球价值链，发展中国家必然要摆脱外部依赖，充分利用国内内需市场，培育形成有竞争力的、掌握核心技术的、具备价值链高端环节掌控能力的本土企业。这一过程有别于全球价值链的治理思路，其核心是构建国家价值链，并以此实现由内向外发力，逐渐进入并主导区域或全球价值链分工生产体系（刘志彪，2011）。国内有效市场需求空间成为构建国家价值链的基本前提，一方面，市场需求空间特别是处于高速增长的高端市场需求空间，既是决定企业研发活动等高级要素投入最终转化为创新活动收益的基础，也是决定产品生产要素投入最终实现价值增值的关键因素（张杰等，2007）；另一方面，只有通过合理利用本国市场，才能形成"需求引致创新"的发生条件，内在地培育本土企业的高级要素发展能力（Foellmi等，2005）。

发展中国家构建基于内需和现代产业体系的国家价值链，不是要继续走计划经济的老路或是继续坚持进口替代型经济，而是要基于本土市场需求重新整合企业赖以生存和发展的产业关联体系和循环体系，为制造业升级和经济的可持续发展打造坚实的发展平台（刘志彪，2011）。这表明，发展中国家构建国家价值链的实质是要建设与全球价值链并行的国家价值链体系，目的是要突破发达国家的"结构封锁"并有效促进产业升级。这是由于发展中国家可以将在全球价值链代工环节中所积累的产品生产和设计能力应用到国家价值链的构建中去，以此发挥"杠杆效应"（刘志彪等，2009）。同时，发展中国家在实现功能升级和链条升级时会与发达国家企业

第二章　价值链理论、全球价值链治理与发展中国家的选择

产生利益冲突，并受其限制（Humphrey等，2002），而构建国家价值链可以在一定程度上避免与发达国家企业形成直接竞争关系。因此，构建国家价值链需要摆脱对外部市场的单向依赖，平衡好国内国外两个市场，通过内部发力，提升在全球价值链中的竞争力。

对于依靠内需市场和本土企业构建国家价值链的具体方式，我国学者刘志彪等（2009）进一步提出了"双边交易平台载体模式"和"单边市场平台载体模式"两种途径。其中，双边交易平台载体模式基于产业集群中的专业化市场提出，这是由于产业集群的兴起与发展，在很大程度上与集群中专业化市场的存在和推动作用密不可分（陆立军等，2007）。专业化市场是"卖"与"买"的交易平台，是连接生产者供给体系与消费者需求体系的重要市场交易平台。在双边交易平台载体模式中，交易主体是拥有自主品牌的本国生产厂商和专业化的国内外批发零售商，并不是消费者，从而降低了买卖双方的交易成本，实现了规模经济、范围经济与专业化分工经济三种优势的充分融合（白小虎，2009）。同时，双边交易平台载体模式一方面能够满足国内外采购商的需求；另一方面由于专业化市场能够为企业提供向价值链高端环节升级的多样化市场发展空间，因此生产商不仅具有对低端产品的生产制造能力，更具有对高端产品的品牌打造能力和设计研发能力。

相较双边交易平台载体模式，单边市场平台载体模式下"链主"的领导特质更为凸显，即把控产品品牌和销售终端渠道、掌握核心技术优势、领导与控制网络内其他企业（刘志彪，2011）。具备"链主"特征的企业被称为领导型企业，它在分工网络体系中处于绝对优势地位。单边市场平台载体模式的由来，是领导型企业将产品链中非核心、非关键、可模块或标准化的生产环节外包给与领导型企业有着协作与控制关系的独立企业，从而组成具有生产"弹性"与"协作效率"的生产分工网络体系。与双边交易平台载体模式不同的是，单边市场平台载体模式中的领导型企业必须直接面对消费者，并需要通过自身品牌和销售终端渠道的构建向消费者直接传递产品信息与产品特征，同时还应具有随消费者需求偏好变化快速调整

的能力。因此，对于发展中国家而言，以竞争与资产重组方式培育领导型企业，不失为国家价值链构建的有效策略。但这与全球价值链中的跨国公司又存在着本质的区别，对此贾根良等（2012）认为，领导型企业并不"俘获"与"压榨"为其代工的本国供应商，这是由于国家价值链中的领导型企业通过民族经济体系的系统协同效应，使价值链低端企业可以分享其在技术、品牌、组织等多方面的价值溢出，而这些价值在全球价值链中则被跨国公司所攫取。

相关理论研究表明，在全球价值链的基础上构建相对独立的国家价值链可能是广大发展中国家特别是我国摆脱全球化陷阱、重构国际竞争优势的突破口。而将价值链整合与本土市场效应发挥相结合的研究新范式，以及通过构建国家价值链实现在全球价值链低端环节上的强势突破，也成为价值链理论的研究前沿。

综观上述研究，价值链理论改变了传统产业组织理论研究的范式，从微观上看，企业必须融入到更大范围的价值链条中才能提升竞争能力，而从宏观层面来说，价值链成为国家核心竞争力的重要体现。但是，我国产业发展长期以来重数量而轻质量的"规模扩张"倾向严重偏离了价值链整合的目标。鉴于此，本书的目的正是要在上述理论研究的基础上，对基于自主开放体系的国家价值链构建问题进行深入研究，并提出实施国家价值链战略的政策支持体系。

第三章　发展范式转变：从融入GVC到构建NVC

基于不同的经济发展阶段、内外环境以及对未来经济社会发展趋势的认知，一国会在遵循发展规律的基础上，建立契合国家发展愿景的经济增长模式，其核心内容主要包括发展目标、经济重心、发展步骤等。在特定的生产技术条件下，经济增长模式的选择，又受制于可利用的资源与已形成的经济基础，从而不同国家之间形成了不同的发展思路。

一　中国的发展战略选择

中国人口众多、疆域广阔，自然资源丰富，市场容量较大，区域经济与产业发展具有多元性，已经具备相对完整的国民经济体系，这些特征使中国发展战略的选择独具特色。

（一）中国的经济社会特征

1. 人口规模大

根据我国第七次人口普查数据，截至2020年11月，中国大陆总人口约为14.1亿人，再加上香港、澳门和台湾的3170万多人[①]，中国总人口稳居世界第一。

---

① 数据来源：http://www.stats.gov.cn/tjsj/pcsj/rkpc/d7c/202111/P020211126523667366751.pdf。

2. 国内需求的规模性与经济稳定性

大规模人口可以带动大规模的消费，而大的消费规模又成为中国经济增长的巨大推动力量。据统计，2019年，我国社会消费品零售总额为41.2万亿元，首次超过40万亿元。分季度看，第三和第四季度社会消费品零售总额均超过10万亿元。其中，在国庆假期、"双十一"电商促销节等因素带动下，第四季度社会消费品零售总额达到11.5万亿元。据测算，2019年我国最终消费支出对经济增长的贡献率为57.8%，消费继续发挥对经济增长的主引擎作用。[①] 同时，国内需求的规模性也使得我国经济发展体现出内在的稳定性，特别是在面对输入型危机时，中国市场比其他市场更具承受外部冲击的能力。无论是1997年的亚洲金融危机，还是2008年的国际金融危机，巨大的内需市场以及一系列"扩大内需"政策的实施，使得中国经济整体状况完全不同于处在动荡之中的老牌资本主义国家或其他小国，并在世界范围内表现出超强的稳定性。事实上，经济稳定性是一种内生发展机制与自增强机制，其能有效规避外部不确定性风险对经济发展的冲击。

3. 经济结构的多元化

中国幅员辽阔，区域要素禀赋的异质性与经济发展的差异性相对突出，这形成了我国经济结构的多元化特征。一是发展水平的差异性，我国各区域在人力资源、自然资源等诸多方面存在显著的差异。例如，我国东部地区地理位置优越，经济基础雄厚，社会发展充分，长三角、珠三角不仅是我国经济的增长极，甚至是世界经济增长的引擎；我国中部地区拥有丰富的矿产资源和人力资源，同时农业生产也较为发达；而我国西部地区则地广人稀，自然资源开发程度较低，社会经济较东、中部地区也相对落后。二是市场的多元性，地区间社会经济发展水平的巨大差异，决定了我国市场的多元性特征。例如，我国东部地区经济发达、市场化程度高，市场经济发展已进入规范与完善阶段，而我国中、西部地区市场经济发展则相对迟缓。三是经济结构的二元性，区域要素禀赋的差异、开放时间的差异以

[①] 数据来源：https://www.sohu.com/a/367913114_307138。

及主导产业的不同,导致我国发达区域与落后区域共存、新兴产业与传统产业共存。此外,中国虽然是发展中大国,却未能形成统一的要素市场,集中表现在以下三个方面:一是城乡间、地区间发展的不均衡性;二是要素的自由流动受阻,城乡要素仍处于二元分割状态;三是欠发达地区未能与发达地区同步实现要素结构与比较优势的动态转变(蔡昉,2010)。

4. 强而有力的国家宏观调控

强而有力的宏观调控是国家战略得以实施的保障,特别是在经济起飞阶段,通过有效的宏观调控完成对资本等稀缺要素的原始积累,成为大国经济持续发展的重要手段。在我国,市场经济体制的建立本身就是国家宏观调控的结果。同时,在中央集权条件下,强有力的财政政策、货币政策、产业政策等宏观调控手段,保证了我国各项国家战略得以快速、有效实施,同时也彰显了我国社会主义制度集中力量办大事的优越性。

5. 与世界经济之间影响的双向性

中国经济体量巨大,无论是供给还是需求都会对国际市场特别是原材料市场产生巨大影响,而近年来中国在国际上不断提高的政治、军事与文化地位更是放大了这种影响。当前,中国经济规模已稳居世界第二位,是全球经济增长的最重要动力源,中国经济正发挥着全球经济火车头的作用,其发展状况关乎全球经济走势。在2008年国际金融危机后的全球经济复苏进程中,中国经济更是持续发挥着全球经济"压舱石"与"助推器"的作用。

(二)市场规模优势与我国经济体系的构建

早在1776年亚当·斯密的《国富论》便提到"中国幅员是那么广大,居民是那么多,气候是各种各样,因此各地方有各种各样的产物,各省间的水运交通,大部分又是极其便利,所以单单这个广大的国内市场,就够支持很大的制造业,并且允许很可观的分工程度"(见下册第247页,转引自徐毅,2019)。斯密的论断集中表达了"需求引致分工与专业生产,进而推动制造业发展"的基本思想,因为"制造业的完善,全然依赖分工,而制造业所能实行的分工程度,又必然受市场范围的支配"(欧阳峣,2013)。

就促进经济持续增长的两个必不可少的条件——规模经济与专业化生产来看，中国"国内市场及资源条件允许其发展专业化生产和规模经济"（西蒙·库兹涅茨，1989）。中国的经济特征决定了基于内部市场推动发展转型的实践方案，并进而产生了"倾向于内向政策"的命题（霍利斯·钱纳里、莫伊思·赛尔昆，1988）。

在经济全球化时代，国家需要以自身的优势参与国际分工与国际市场竞争，并获取贸易带来的好处。相对于小国而言，我国最显著的优势就在于：由规模经济产生的分工优势、由差异性产生的互补性优势、由多元结构产生的适应性优势以及由完备系统产生的独立性优势。而这些优势也决定了中国的经济发展模式更应注重内部而非外部。

其一，中国劳动力、自然资源等生产要素规模巨大，丰裕要素向差异性区域的空间集聚，使得区域产业分工与专业化生产在规模经济的基础上不断得到细化。而在国内市场需求规模的支撑下，产业分工与生产的专业化又会进一步深化，并可能产生技术进步效应，从而推动规模优势与分工优势持续纵深发展。

其二，中国地域广阔，各区域要素禀赋的差异使得各区域均能按照自身的比较优势建立主导产业，而由区域要素禀赋异质性所引起的区域间产业的差异，又能进一步形成区域间的比较优势互补与产业互补格局。例如，东北地区的重化工业、中西部地区的制造业与资源型产业、东南沿海地区的电子产业和高新技术产业等，形成了我国产业互补与经济协调发展的局面。与此同时，区域优势明显、互补性较强的产业体系，也更容易促进要素结构升级，从而更有利于实现经济持续、平稳增长。

其三，中国具有相对完善的生产要素体系，从而支持不同产业部门与不同产品的生产。生产要素体系中的高、中、低端要素均能做到物尽其用，从而有利于经济的全面发展。

其四，中华人民共和国成立不久便建立起了独立的国民经济体系与门类齐全的工业体系。虽然改革开放之初，由于资本匮乏，再加上技术与管理水平的落后，资源不能得到有效的开发和利用，我国为增加积累不得

第三章 发展范式转变：从融入 GVC 到构建 NVC

大规模引进外资，但随着我国资本的大量积累与整体技术水平的不断提高，内需对于经济增长的贡献不断增加，依靠内部市场，我国国内经济循环系统将更加完善，从而有利于强化经济体系的自我调控能力，形成大国经济体的稳定性优势。

其五，发展基于内部市场的国民经济体系也契合我国社会主义制度的本质特征。"社会主义的本质，是解放生产力，发展生产力，消灭剥削，消除两极分化，最终达到共同富裕"，传统出口导向模式已使我国付出越来越高的环境、资源、安全等代价，国民福利水平也越来越难有实质性的提高，而刺激国内市场需求是我国进一步解放和发展生产力、提高低收入者生活质量从而实现共同富裕的重要途径。

值得注意的是，发挥内部市场规模优势、构建基于大国特征的经济体系，并不意味着要回归计划经济时期的封闭状态，割断与外界的联系，也不是要走以往进口替代的老路，更不是要放弃已有的国际市场份额，而是要在重新形成我国企业赖以生存与发展的产业关联与经济循环体系的基础上，进一步寻求与外界的交往，从主要依赖外部市场转化为内外市场并重的协调发展道路。在开放经济时代，整合内外资源，既重视内部的源动力也重视外部的推动力成为开放国家谋求经济发展的不二选择。"假设能在国内市场之外，再加上世界其余各地的国外市场，那么更广大的国外贸易，必能大大增加中国制造品，大大改进其制造业的生产力"(《国富论》下册第 247 页)。外部市场形成发展的重要助力，而稳固的内部市场则是外部市场扩张的基础和保证，是一国实现持续与稳定增长的最根本推动力。

特别是在当前国际市场竞争越来越激烈与国际政治格局越来越复杂的状况下，夯实内部市场、塑造基于自主开放体系的发展格局，对于我国经济的可持续增长尤为重要。加入 WTO 无疑为我国经济发展注入了新的生机与活力，然而，挑战与机遇并存，经济实力不断增强的同时，我国经济发展遭遇的阻力也持续加大。一是既得利益集团的挑战。中国快速增加的经济总量及极强的国际市场竞争力必然形成对传统利益格局的重大挑战，也必然招致既得利益集团的强烈敌视。二是外部经济的冲击。开放发展强化了我国对国际资源的配置能力，但同时客观上也弱化了我国对外部经济冲击的防御能力。三是经济发展的不确定性增强。对于国际市场的依赖极大地影响了我国经济的增速，同时国内的经济发展计划也更多受制于国际市场的调整。四是过度依赖出口贸易导致贸易条件恶化。巨量的出口不但引发一系列贸易摩擦，甚至出现"买什么什么涨，卖什么什么跌"的尴尬现象。五是长期贸易顺差下巨额外汇储备贬值的风险。巨额的外汇储备不仅意味着获取的资本不能立马为我所用，同时还要承受债务国采取"量化宽松"政策所导致的资产缩水的风险。当前，在我国面临的外部经济风险不断加大的状况下，内部经济的稳定发展成为我国迎接外部挑战的重要筹码。

中国既是人口、地域大国，也在稳步迈向现代政治、经济、军事、科技、文化大国，一旦完成综合意义上向现代强国的蜕变，我国必将成为举足轻重的世界一极。"有着如此巨大市场潜力的大国经济，中国不可能长期实施基于出口导向的经济全球化战略，更不可能完全放任本国的产业长期处于中间廉价产品的激烈竞争中"（刘志彪，2009），我国未来的发展必须突破高度依赖外贸的小国模式，重塑大国经济的发展格局。对此，2013年，党的十八大报告中明确提出我国"要牢牢把握扩大内需这一战略基点，加快建立扩大消费需求的长效机制，释放居民消费潜力，保持投资合理增长，扩大国内市场规模"，同时通过"强化需求导向，推动战略性新兴产业、先进制造业健康发展"。2020年，党的十九届五中全会进一步提出，我国要"加快形成以国内大循环为主体，国内国际双循环相互促进的新发展格局"。构筑基于内需市场的大国自主开放经济体系成为我国新阶段"加快形成新的经济发展方式，着力培育开放型经济发展新优势"的重要指引。而基于典型的大国特征，立足于改革开放以来经济发展的实践经验，我国构建自主开放体系，就是要增强经济发展的主动性，依托大国市场规模优势，从被"俘获"与"压榨"的全球价值链中突围，加快构建自主发展的国家价值链体系（刘志彪、张杰，2009）。

第三章　发展范式转变：从融入 GVC 到构建 NVC

二　从融入 GVC 到构建 NVC：我国经济体系的重构

（一）国家价值链的内涵

我国学者刘志彪、张杰（2009）明确提出国家价值链的概念，并将其定义为"基于本土市场需求发育而成，由本土企业掌握产品价值链核心环节，在本土市场获得品牌和销售终端渠道以及产品链高端竞争力，然后进入区域或全球市场的价值链分工生产体系"。在国家价值链治理模式下，本土企业首先以母国市场为依托，充分利用国内市场需求的"量"与"质"，相继完成工艺升级、产品升级、功能升级与链条升级；同时，通过自主设计研发、自主品牌创建等自主创新活动实现规模经济与范围经济，并在全国范围内建立起营销网络渠道，进而依靠技术、品牌、营销等优势逐渐进入具有相似需求的周边市场，形成由自己主导的区域价值链分工体系；最后，以已有的国家价值链与区域价值链分工体系为基础向发达国家市场拓展，以均衡型网络实现与发达国家大购买商或跨国公司的对接，甚至建立完全由自己主导的全球价值链分工体系（刘志彪、张杰，2007）。

就其内涵而言，国家价值链可以基本概括为"一个立足点，一种能力，一个格局，一个目标"。其中，"一个立足点"是指充分立足于大国市场需求规模，实现内源性增长；"一种能力"是指积极培育本土企业，推动产业创新，增强本土企业掌控价值链核心环节的能力；"一个格局"是指本土企业依托国家价值链的构建，逐步在区域或全球市场取得竞争优势，甚至主导国家价值链治理格局；"一个目标"是指通过内部系统与外部系统的交流，实现以内部产业结构升级与外部比较优势动态转变为内容的内外经济的互动发展。国家价值链基于全球价值链发展演化而成，但不是对全球价值链的否定与排斥，恰恰相反，国家价值链的最终目标是更好地融入全球价值链。因此，国家价值链与全球价值链是一个嵌套关系，是国家价值链内循环与全球价值链外循环的深度融合与协同，两者的发展内涵见表 3-1。

表 3-1 GVC 与 NVC 的发展内涵

内涵	GVC	NVC
可实现的升级类型	工艺升级、产品升级	工艺升级、产品升级、功能升级与链条升级
品牌构建能力	无	有
销售终端控制能力	无	有
自主创新能力	弱	强
面对的市场需求特征	不接触市场需求，需求稳定	直接接触市场需求，需求不稳定
是否价值链主导企业	不是	是
产业转移机制	国外转移循环机制	国内转移循环机制

资料来源：刘志彪、张杰（2009）。

就其特征而言，一是国家价值链与全球价值链在本质上均体现为一种分工，通过扩大分工与构建生产网络实现生产成本的降低与产出效率的提高。与全球价值链不同的是，国家价值链的获益主体是以内需为基础的内资企业，其主要通过参与国内贸易和分工获取市场利润。二是国家价值链强调对国内资源的配置与整合，即本土企业凭借对核心技术、品牌、营销渠道、售后服务等价值链高端环节的主导，充分整合国内原材料供应、零部件生产、成品组装、物流配送等中低端环节，并按照成本最小化原则将价值链环节配置于不同区域，进而形成多市场主体参与价值链不同环节的具有内生增长能力的国内经济循环体系。三是国家价值链治理模式下对外交往及参与国际分工的形式，主要是本土企业以国内需求为基础向外资配套企业逆向"发包"，这与全球价值链治理模式下外资企业向国内企业"发包"相反。四是本土企业与外资企业的地位不同。在国家价值链中，占据主导地位的是"掌握产品品牌和销售终端渠道且具有核心创新和研发设计能力的本土领导型企业，其位于产品链金字塔型分工网络的顶端地位，拥有对产品链网络内其他企业的领导与控制权"。五是本土企业成长的路径不同。在国家价值链中，本土企业更多的是先依托本土消费市场获得成长与壮大，进而进入区域价值链及全球价值链的生产与销售体系。最后，国家价值链构建是大国全球化战略的实现方式之一。完善的国家价值链能更好地融入全球价值链，并有利于大国实现对全球价值链的有效控制。

值得注意的是，价值链与产业链是两个既不相同又紧密联系的概念。价值链最早是由美国学者波特开发用来分析企业管理与企业竞争的重要方法，其实质是企业通过单个价值创造单元的协作实现价值创造的最大化，从而将价值链研究范式拓展到产业层面，即价值链就是指由产业不同环节生产经营活动共同构成的价值创造系统。因此，价值链不仅涉及企业的价值创造环节，还涉及产业组织架构中各主体的职能及相互关系。当价值链概念进一步扩展到国家层面，则侧重于从宏观上分析一国对产业体系价值增值环节的整体掌控能力。相较于价值链，产业链关注的范围更广，其不仅关注价值增值，同时更关注整个产业的组织结构以及上、中、下游企业之间生产经营活动的整合与协调。因此，价值链与产业链内容有交叉，但侧重点并不相同，详见表3-2。

表3-2 产业链与价值链的区别

内容	产业链	价值链
关注重点	产业关联	价值增值
结构形态	网状结构	链状结构
研究层次	企业与产业	企业内部
构建目标	提高整体竞争优势	企业价值最大化

资料来源：曲卉. 装备制造业价值链、产业链与核心竞争力研究［D］. 西北大学，2018.

（二）我国国家价值链构建的要义

对于我国而言，国家价值链不但具有与一般大国相同的特征，同时也必然带有时代烙印，反映我国社会经济发展的实践。而在当前阶段，我国在开放发展进程中最突出的矛盾表现为：一是"断链"特性下区域发展的失衡，二是生产性服务需求漏出下"脑体"的分离，三是产业链条互动不足下自主创新能力的弱化。最终，我国以廉价要素支撑的外向型经济长期被西方发达国家锁定于国家价值链的低端，陷入"全球化陷阱"。

　　我国国家价值链的构建，必须以解决社会经济发展中的突出问题与长期矛盾为着眼点。因此，我国国家价值链构建的特殊要件在于，通过构建国家价值链修复产业"断链"与国内经济自我循环体系，从而平衡我国东中西部地区的发展；通过构建国家价值链整合本土生产性服务业与制造业，达到自主研发与外资引进的平衡，解决我国国际代工企业的"脑体"分离问题；通过构建国家价值链形成不同产业链条的互动，促进关联技术进步与国内技术链条的延伸，并由此形成主导技术、关联技术、支持技术共生的技术链网络体系，最终强化自主创新能力。总而言之，要在更高质量、更高水平的价值链整合能力和系统效率形成的基础上，内生地产生我国的区域协同能力、产业协调能力与技术创新能力。我国国家价值链的构建思路见图3-1。

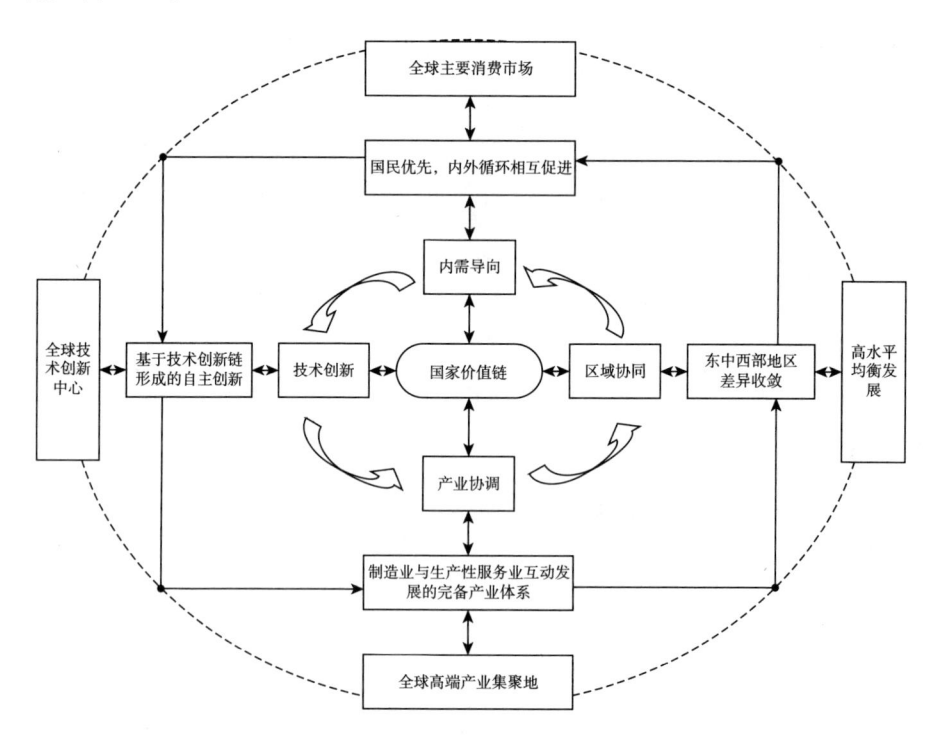

图3-1　我国国家价值链的构建思路

（三）我国国家价值链构建的可能与困境

参照中国的大国特征，依据前沿理论研究，我国完全有条件、有能力构建基于自主开放体系的国家价值链，而在完备的国家价值链条件下，我国也将更具强劲的产业、技术升级能力及国际竞争力。

第一，庞大的市场体量成为我国国家价值链构建的创新能力保障。市场需求规模是技术创新的基础条件，无论在产品的设计、研发环节还是在产品的生产制造与营销环节，创新活动得以实施的前提都是成本与收益权衡所产生的激励，只有经济体中存在足够的需求，企业的技术创新投入才能真正产生收益。同时，越是具有创新性质的位于价值链高端环节的要素，越有赖于通过庞大市场的顶端需求实现其价值增值，而一国如能利用本土市场的需求规模与空间需求结构，进一步培育高端生产要素，其创新能力将显著提升。巨大的市场容量特别是对高端产品的巨大消费需求，成为我国培育企业技术创新能力的最有利因素之一。

第二，新兴市场的快速发展成为我国培育国家价值链"链主"的保障。高速成长市场中的兼并、重组活动是培养价值链"链主"的基本手段与途径（刘志彪，2011），而我国国内市场的快速扩张也成为支撑"链主"成长的基础性条件。在全球价值链下，处于"链主"地位的跨国企业不仅通过对核心技术的控制获取收益，同时也通过对全球范围内终端消费市场的控制实现对收益分配的主导。而我国已形成巨大的市场规模优势，理所当然具备"链主"培育、成长以及地位与力量提升的支撑条件。

第三，本土化标准成为我国国家价值链构建的市场发育保障。发达国家通常通过设置市场进入壁垒规避竞争，尤其注重以知识产权保护为手段获取竞争优势地位。本土化标准可以通过保护我国幼稚产业的成长支持国家价值链构建。一方面，依托内需形成的以专利为基础的市场进入标准体系，既可以强化我国本土企业所具有的高级要素竞争优势，又可以以专利授权方式抑制模仿者的技术赶超能力；另一方面，本土企业所拥有的专利标准体系，也可以作为一种进入别国市场、绕开对方市场壁垒的交换筹码。

从全球价值链到国家价值链：中国自主开放与创新之路

同时也应该看到我国构建国家价值链可能面临的困境。一是可能缺乏关键的高端生产要素，特别是创新性技术以及熟悉内外市场运作方式的高端人力资本。在我国已经深度开放的条件下，国内高端生产要素在国际市场上将面临更加激烈的争夺，从而导致国内市场难以获得并有效利用这些高端生产要素。如表3-3所示，由于缺乏高端生产要素，中国企业在全球价值链中普通处于低端环节。二是我国大量代工企业也极有可能受到发包方——发达国家跨国企业的限制与攻击，从而难以在本土范围内形成"高端要素岗位—高要素收入—高端需求—企业创新投入补偿—高端要素需求"的正反馈机制。同时，对于竞争政策与相关保护措施平衡的把握不当，可能导致国内市场的建设效果难达预期。特别是在本土消费者对于产品的满意程度较国际市场高而本土"链主"又无须面对激烈竞争的状况下，对国内市场的保护必然演变成对落后的保护。三是市场发育的不充分不利于高端"链主"的发展壮大。由于资本市场发展的滞后，本土企业难以通过重组、兼并等资本运作方式快速培育出具有雄厚实力的大企业，实力相对较弱的中下游企业也会在国家价值链缺乏关联性与延伸性的情况下，生产经营处于不稳定状态。此外，如上文所述，我国国家价值链的构建还必须解决区域发展的失衡、制造业与生产性服务业的"脑体"分离、自主创新能力的弱化三大突出问题，我国构建完善的国家价值链体系任重而道远。

表3-3 中国企业的全球价值链嵌入地位

全球价值链（产业或产品）	战略环节	战略环节控制企业	领导企业母国	中国企业所占环节
计算机	CPU制造、核心元件、软件设计	Intel、微软、惠普等	美国等	产品组装、一般元器件生产
汽车	研发、成套装备制造、模具	通用、大众、本田、丰田等	美国、德国、日本等	通用零配件组装
飞机	研发、总装	波音、空客	美国、欧盟	非核心零配件组装
家电	研发、核心元件	西门子、三星、海尔等	德国、韩国、中国等	一般元器件、产品组装

续表

全球价值链 （产业或产品）	战略环节	战略环节控制企业	领导企业母国	中国企业 所占环节
集成电器	IC设计、前沿技术开发、IP供应	Intel、三星等	美国、韩国等	低端制造、组装测试
纺织服装	面料和时装研发设计、品牌创造、营销	耐克、阿迪达斯、皮尔卡丹等	美国、德国、法国等	贴牌生产、来料加工

资料来源：龚三乐．产业升级、全球价值链地位与企业竞争力 [J]．北方经济，2006（10）．

三 美国内倾性的全球化经济体系对我国国家价值链构建的启示

基于内部市场，整合国内外资源以实现经济持续增长与国民福利水平的持续提升，成为全球市场规模较大的发达国家的普遍选择。最典型的例子为美国，借助内倾性的全球化经济体系所释放出的巨大吸引力，美国不仅成为吸收外商直接投资最多的发达国家，同时也成为吸收其他生产要素尤其是高端创新要素力度最大的发达国家。而依靠强劲的国内市场需求、强势的美元等因素，美国的最终需求规模一直稳居全球首位。此外，世界上其他奉行出口导向战略国家大量的出口产品被美国吸收，使美国可以长期以较低的价格获取全球产出品，这也构成其全球价值链领导者或治理者的主要条件。

（一）美国的"内倾性"经济发展模式

第二次世界大战以来，美国在世界经济体系中一直雄踞霸主地位，是绝对经济实力最强的发达国家，引领着世界经济发展的潮流与方向。至2017年末，世界排名第二、第三位经济体的经济总量只相当于美国经济总量的63%、25%。然而，与巨大经济总量形成反差的是，美国对外经济部门在国民经济中所占比重却始终不高，自21世纪以来，美国进出口总量占GDP比重最高不超过30%（见表3-4）。其出口规模占GDP的比重较之于

表 3-4　世界主要经济体的进出口数据

单位：万亿美元，%

年份	美国 GDP	美国 进口	美国 出口	中国 GDP	中国 GDP占美国比重	中国 进口	中国 出口	日本 GDP	日本 GDP占美国比重	日本 进口	日本 出口
2000	10.28	1.45	1.10	1.21	12	0.23	0.25	4.73	46	0.38	0.48
2001	10.62	1.37	1.03	1.33	13	0.24	0.27	4.16	39	0.35	0.40
2002	10.98	1.40	1.00	1.46	13	0.30	0.33	3.98	36	0.34	0.42
2003	11.51	1.51	1.04	1.65	14	0.41	0.44	4.30	37	0.38	0.47
2004	12.27	1.77	1.18	1.94	16	0.56	0.59	4.66	38	0.25	0.31
2005	13.09	2.00	1.31	2.27	17	0.66	0.76	4.57	35	0.48	0.55
2006	13.86	2.22	1.48	2.73	20	0.79	0.97	4.36	31	0.58	0.65
2007	14.48	2.36	1.66	3.52	24	0.96	1.22	4.36	30	0.62	0.71
2008	14.72	2.53	1.81	4.56	31	1.29	1.58	4.85	33	0.93	0.93
2009	14.42	1.93	1.53	4.91	34	1.16	1.33	5.04	35	0.70	0.71
2010	14.96	2.35	1.82	6.04	40	1.59	1.76	5.50	37	0.86	0.90
2011	15.52	2.67	2.08	7.49	48	1.98	2.07	5.91	38	1.02	0.97
2012	16.16	2.75	2.18	8.46	52	2.10	2.24	5.95	37	1.06	0.94
2013	16.77	2.77	2.24	9.49	57	2.28	2.41	4.92	29	1.00	0.85
2014	17.42	2.87	2.34	10.35	59	2.39	2.56	4.60	26	1.00	0.85
2015	18.21	2.78	2.23	11.06	61	2.11	2.49	4.40	24	0.82	0.78
2016	18.70	2.73	2.19	11.19	60	2.04	2.31	4.95	26	0.79	0.81
2017	19.49	2.93	2.31	12.24	63	1.33	2.49	4.87	25	0.86	0.88

资料来源：《国际统计年鉴（2018）》。

奉行出口导向模式的国家，更是一直维持在较低的水平；而与出口规模相反，美国进口规模则相对较大，并呈现不断扩大的趋势。由此可知，作为首屈一指的世界经济大国，美国始终将经济重心放在国内，对外经济交流以服从、服务于内部市场为主。

（二）美国国内产业体系的演变

从三次产业结构来看，美国的第一、第二、第三产业呈现典型的"三二一"特征。自20世纪80年代以来，美国第一产业产值在国民经济中的比重由先前的不断下降逐渐趋于稳定，第二产业产值占比则呈下降的趋势，而第三产业产值占比平稳上升，尽管2000年以后该上升趋势已相对放缓（见图3-2）。至今，美国的第一、第二、第三产业产值占比基本稳定在1.5%、20%、78.5%的水平，呈现典型的后工业化时期产业结构特征。

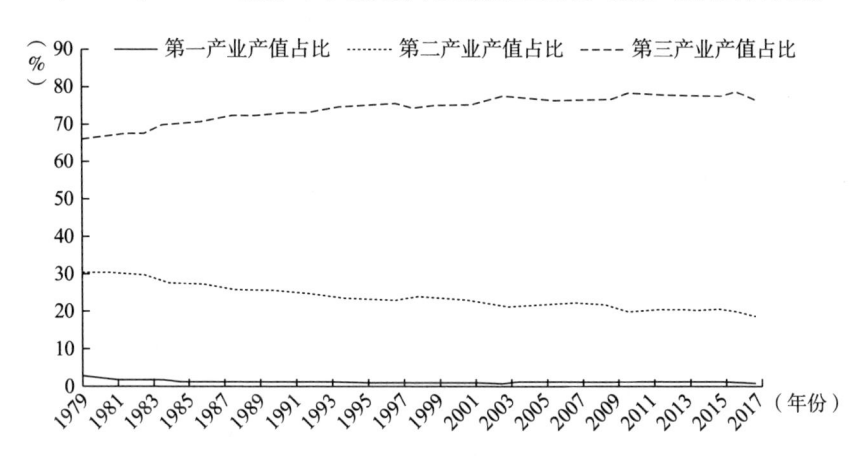

图3-2　1979~2017年美国三次产业结构变迁

资料来源：《国际统计年鉴（2018）》。

从三次产业内部结构来看，美国产业结构调整更多符合产业变迁的一般规律。美国的第一产业以畜牧业、种植业、林果业以及渔业为主，其中种植业与畜牧业占据绝对的主体地位。美国的第二产业主要包括制造业、采掘业、建筑业与电力四大行业，制造业长期占据主导地位。在第二次世界大战的刺激下，美国的制造业产值占第二产业产值的比重甚至一度接近

80%，至 21 世纪前 10 年，这一比重逐步下降到 60% 左右。美国第三产业一直以金融、保险、地产、租赁行业为主导，居于其次的是专业化商业服务业，这些行业在第三产业产值中的比重持续提高，此外，卫生保健、教育服务、社会救助等社会服务行业在第三产业产值中的比重也呈不断上升趋势。并且从总量来看，各行业总产值均大幅增加。

从核心部门制造业与生产性服务业内部结构以及两者之间的关系来看，美国产业结构变迁反映出美国加速向高附加值、高回报领域迈进的趋势，而经济的过度虚拟化、制造业与生产性服务业的分离也给美国经济带来了危机。

制造业自工业化以来就是美国的支柱产业。第二次世界大战以后，美国制造业一度占全球市场份额的 40%，到 20 世纪 80 年代，随着日本在半导体、汽车等领域取得巨大成就，美国的霸主地位才真正受到了挑战。面对高成本导致的传统制造业优势的不断丧失，美国一方面将本土不具比较优势的劳动密集型制造业加速向新兴工业国家转移，另一方面以信息技术产业等反映未来发展方向的高新技术产业作为突破口重拾制造业的竞争优势。当前，虽然制造业在美国经济中所占的比重有所下降，但其在经济体系中仍然具有举足轻重的地位：制造业仍然在为美国创造大量的就业岗位，工业制造品仍然是美国主要的出口产品，并占据世界市场 20% 左右的份额。同时，在以生物技术、信息通信技术为代表的尖端制造领域，美国优势明显，美国高新技术产品出口约占世界高新技术产品出口总额的 20%。此外，按照耐用品与非耐用品的划分，美国制造业的增长主要来自技术含量较高的耐用品部门，而在耐用品制造业内部，工业机器和设备、电子产品和设备以及汽车和设备的行业增长率均远高于其他行业。

生产性服务业以其高附加值、低环境污染等特性备受各国青睐。多年来，美国生产性服务业在国民经济中的比重呈持续上升状态，至 2008 年国际金融危机爆发前，其产值一度超过国内生产总值的 50%。而即使遭受金融危机的打击，这一比重仍高达 46% 左右，并且逐步回升。美国生产性服务业主要包括信息服务业、金融保险业、不定产租赁业、商务服务业、批发零售业以及交通仓储业等。受益于20世纪90年代克林顿政府对科研教育的大规模投资，21世纪初美国在信息服务业的关键技术领域几乎处于世界领先水平，其中半导体、软件以及通信服务等更是成为了全球最具竞争力的行业。20世纪90年代中期以来，由于宽松的货币政策以及对金融管制的放松，美国金融资本不断膨胀，金融创新能力也到了极大解放，特别是金融衍生品工具的创新，不仅直接刺激了股市与房市的繁荣，同时也间接支持了制造业的发展，自2007年美国次贷危机爆发，美国政府提高了对房贷市场及金融保险行业的限制，金融保险业产出才开始有所下降。美国不定产租赁业大致经历了与金融保险业相同的发展轨迹，在资产证券化等金融创新下，大量资本进入不定产租赁行业，同时在宽松的货币政策的刺激下，不定产租赁业与商务服务业的产值占生产性服务业的比重得到了提高。与信息服务业、金融保险业、不定产租赁业、商务服务业等行业相反，美国批发零售业、交通仓储业产值所占比重呈现不同程度的下降趋势。

从制造业与生产性服务业的关系来看，批发零售业、交通仓储业以及信息服务业的发展与制造业的发展呈现高度一致性，而金融保险业、不定产租赁业、商务服务业的发展则未受制造业的过多影响，当制造业逐渐萎缩时，三个行业仍然保持了增长势头。特别是金融保险业，其发展态势与制造业基本相悖，说明金融保险业的发展可能对制造业的发展产生了挤出效应，并在很大程度上导致了制造业与生产性服务业的分离。相关研究也显示，虽然美国金融保险业、房地产租赁业等生产性服务业在经济整体中的占比不断提高，但其对其他行业的带动作用在不断下降（杨玲，2009）。

（三）外贸结构与美国的利益

美国对外贸易的一大显著特点是保持持续巨额的货物贸易逆差。尽管自1993年起美国开始实施"国家出口战略"以强化对出口的鼓励，美国出口总量也位居世界前列，但由于国内较高的消费倾向，美国对外贸易始终呈现进口增速高于出口增速的不平衡发展态势，贸易逆差连年扩大。

从美国进口产品的结构来看，工业制成品居于主要地位，工业制成品和初级产品的进口比重近年来基本稳定在80%和20%的水平；而在工业制成品进口中，以贱金属及制品、化工产品和纺织品及原料等劳动密集型产品为主，劳动密集型产品占美国进口工业制成品的比重接近70%；此外，美国商品的进口远超服务的进口，商品进口占总进口额的比重常年维持在80%~90%。

从美国的出口结构来看，美国出口产品相对集中，以2011年为例，美国出口最多的机电产品、运输设备和化工产品，它们接近出口总值的50%，塑料、有机化学品、钢铁和黑色金属出口也均占出口总值的5%左右。特别值得关注的是，受益于页岩气革命及钻井探油和液压勘探技术的突破，美国在资源密集型产品方面的竞争优势不断增强，并于2011年成为石油产品净出口国，2018年成为全球第七大原油出口国。美国的出口产品构成反映出其在制造业领域的极强竞争力。

与货物贸易长期逆差相反，美国服务贸易保持了长期的顺差，服务贸易顺差基本填补了美国近1/4的贸易逆差（金满涛，2018）。自1981年起美国成为世界服务贸易第一大国，2011年美国的服务贸易进出口总额已突破万亿美元，服务贸易总额占美国对外贸易的比重也呈不断上升趋势。从出口结构来看，美国服务贸易的出口呈现高附加值、高技术含量等特征，如金融、电信（约占全球营收的1/3）、科技研发等始终保持盈余；与之相反，美国服务贸易进口长期主要集中在运输、旅游、其他商业服务和保险服务等传统服务业领域，同时，近年来旅行、交通运输部门的进口规模还在以较快速度增长。服务贸易的高盈余与高增长也在很大程度上反映出美国经济与产业结构的服务化趋势。

应该看到，对外贸易的长期失衡必然导致一国国际收支的失衡，并构成对国内经济稳定发展与宏观调控的干扰。在持续且大规模的贸易逆差下，美国政府为什么仍然信奉自由贸易，并在特朗普政府前均将"维持开放和竞争的国内市场、遵守WTO的承诺和领导多边贸易体系"（刘志坚、杨洋，2016）作为美国对外贸易政策的根本特征呢？归根结底，自由贸易特别是大规模的进口贸易给美国带来了巨大好处！

对外贸易给美国带来的好处，首先体现为不仅增加了消费产品的多样性，同时降低了物价、提高了美国国民的生活水平。据美国《2006年总统经济报告》的估算，1990~2004年，美国消费品价格指数年均上升2.2%，但进口商品价格指数年均仅上升0.6%，可以说，进口贸易特别是低附加值劳动密集型产品的进口，有力支持了美国居民的高消费与美国社会的高福利制度。其次，对外贸易有力推动了美国产业结构的转型升级。美国产业结构与其参与国际贸易的程度高度契合，通过对外贸易、对外投资与产业转移等多种方式，美国不仅顺利从低端产业、低端环节中解放了生产要素，推动产业结构向服务化、知识化、生态化的转变，同时也维持了发达国家与发展中国家的分工体系，最大限度地维护了美国在世界经济体系中的领导地位。最后，对外贸易也增强了美国经济发展的韧性。通过实施"再工业化"等发展战略强化对高端产业与国家价值链核心环节的掌控，美国能够积极应对经济发展中的波动甚至是挫折，并重新规划发展步骤，平衡社会压力的承受度与经济结构转换的速度，同时平衡进口贸易与自主生产的份额，进而重新实现稳定的经济增长。

（四）美国国家价值链的启示与借鉴

对比美国的产业结构与对外贸易结构，一个显著的特点在于，在美国国内具有高收益性、高成长性的行业，在国际市场上也同样具有竞争优势，即国内优势产业与国际优势产业具有高度的一致性。与之相反，不符合美国要素、资源、环境等发展条件，附加值相对较低且在国内市场趋于萎缩的行业，在国际市场上一般也不具备竞争优势。对于这些不具竞争优势产业的产品需求，美国则更多通过进口贸易的方式予以解决。可见，立足于自身发展需要，通过内部系统与外部系统的交流，美国分别实现了以内部产业结构升级与外部比较优势动态转变的内外经济的正向循环。

由此可知，美国国家经济发展方略以保障本国内部需求与不断提升国民福利水平为主旨，以产业结构的高端化与高附加值化为基本手段，美国通过充分利用国内成熟稳定的主导产业与自身优势资源参与国际经济交流，

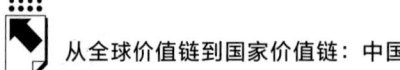

实现对全球价值链分工体系的控制与治理。同时，通过资本输出与对外贸易互动发展的方式，在全球范围内整合各种资源以满足自主发展的需求，从而牢牢掌控开放经济发展的主导权，并稳步获取开放经济带来的收益。从而，美国形成了以高端制造业为基础，以高收益服务性产业为主体，以内部优势主导产业或产业链高端环节参与国际分工与交换的国家价值链。

同为全球主要的经贸大国，中国也必须在与世界经济的"再平衡"中，同美国一样开辟具备国际竞争优势的路径，并通过对内外资源的系统整合，有效实现、维护自身利益。显而易见，美国国家价值链的发展过程给我国带来了诸多启示与借鉴。

其一，自主开放发展的核心是坚持以满足内需为主的发展思路，并在内外经济循环中不断提高国民福利水平。我国的出口导向模式归根结底属于小国模式，长期来看该模式必然增加包括资源、环境、人力、安全等在内的各种成本。从"外源依赖"转向"内源发展"成为我国发展模式转变的必然选择。

其二，要依据国内资源、要素以及市场环境等条件，培育形成基于内需的本国主导产业与国际竞争优势产业。国内主导产业竞争优势向国际市场竞争优势的转化，是我国实现向全球价值链高端环节不断攀升的重要手段。

其三，要通过对外经济交流促进内部经济优势与外部经济优势的弹性调整。对外经济交流是一国获取、整合外部资源以增强自身发展能力的重要手段。通过分工与对外贸易的发展，强化生产要素在产业间流动，从而促进我国优势产业的形成与对核心技术及价值链核心环节的掌控，也是我国升级国家价值链、增强全球价值链竞争力的有效途径。

其四，要建立贸易与投资的互动机制，实现更大范围内的发展要素整合与利用。国际产业转移是先进国家维持高额利润、实现全球竞争优势的理性选择，同时也是后进国家促进技术进步、加速本国产业结构高级化进程的最佳路径。在开放经济发展新阶段，根据我国比较优势的动态发展状况，选择性接受跨国投资及发展对外投资，也应当是我国加速产业高级化进程、不断增强经济的世界影响力并稳步获取开放收益的重要工具。

第四章　NVC构建与中国区域平衡发展

　　社会分工不断细化、产业结构不断优化升级的过程，同时也是区域分工、区域经济布局不断调整的过程，从而经济活动的空间特征以及最终形成的空间格局成为区域经济发展所必须关注的重要问题。"经济活动最明显的地理特征是什么？一个简洁的答案肯定是集中"（Krugman，1991）。基于地理邻近产生的便利性，经济集聚体不但实现了规模报酬递增效应，而且放大了要素的边际收益，最终使得集聚发展成为社会化大生产条件下区域经济活动最为显著的空间特征以及全球最具普遍意义的经济发展推动力量。同时，经济集聚体具有自我强化机制，只有当集聚带来的收益足以抵消集聚产生的成本时，经济扩散现象才会发生。因此，从本质上看，区域经济空间演化就是集聚与扩散循环累积的结果，具体表现为以市场接近效应、生活成本效应和市场拥挤效应所构成的集聚力和扩散力的相互作用（丁建军，2011）。对于同一区域，集聚力与扩散力的大小决定了企业或者产业选择集中还是向外转移；而对于不同区域，由于要素丰裕度与回报率、基础设施等诸多条件的差异，集聚力的大小也不尽相同，具有较大集聚能力的区域更能吸引经济活动向其靠拢。最终，在集聚与扩散机制的共同作用下，企业的区位选择、产业的集中与转移以及由此形成的区域经济势差与区域经济网络重塑了区域价值创造空间。

　　当前，经济集聚与扩散已成为经济全球化与区域经济一体化过程中的普遍现象，针对全球价值链分工形式对我国区域经济空间布局自我演化的影响，以及出口导向模式下我国区域经济发展失衡的态势，通过集聚与扩散机制有效促进区域资源整合,形成具有系统竞争力的区域空间价值创造体系,从而产生区域经济可持续增长的动力,是我国实现区域平衡发展的根本途径。

一 经济活动的空间特征:集聚与扩散

生产活动在空间上的集聚性与生俱来,并存在"集聚—扩大生产"的自增强机制。所谓经济集聚,是指某一区域在经济发展过程中,处于特定行业或特定领域的企业与机构,由于相互之间的互补性与竞争性,或者是基于共同知识以及共生性,形成的集中于区域某一地理空间而相互关联、相互支撑的发展现象。集聚体内众多竞争者与合作者竞合关系的横向扩展与纵向延伸,在不断深化专业化分工程度、拓展专业化分工边界的同时,通过溢出效应使信息、技术、人力资本等要素得到充分利用与充分共享,从而支持集聚体规模报酬递增状态的形成与维持,实现集聚体竞争力的不断提升。因此,经济集聚也可以简要地概括为生产要素、企业、产业等不同层次经济活动单元在某一地理空间高度集中,并推动社会分工与市场范围不断细化与扩大,进而产生规模收益递增效应的过程。

(一)产业集聚相关理论

作为普遍存在的经济规律与现象,对于经济集聚机理的讨论在学术界一直存在。从最初简单的企业区位选择理论到相对复杂的产业区位理论,再演化到最新的空间经济学或新经济地理学,经济集聚相关理论逐步被纳入主流经济学的研究范畴与分析架构,并被广泛应用于对世界贸易、区域经济发展现象等的解释,从而迅速成为经济研究领域中最为活跃的组成部分。同时,基于更易于向微观与宏观层面拓展,经济集聚相关理论大多围绕产业集聚这一中观层次展开。

1. 农业区位理论

在产业集聚理论的初始研究中,朴素的农业区位论与工业区位论占据着重要的地位,并为后来产业集聚理论的深化与拓展奠定了坚实的基础。

农业区位论以德国经济学家冯·杜能的研究为代表。在《孤立国》一书中,冯·杜能刻画了一个只包含中心城市与外围农村且与世隔绝的封闭国家,其中,外围农村将剩余农产品销往中心城市,而中心城市则为整个国家提供工业产品。由于农产品存在运输费用(包括损耗),理性的农业生产者倾向于将运输费用相对较低的农产品的生产布局于距中心城市较远的区域,而将运输费用相对较高的农产品的生产布局在距中心城市较近的区域,以实现自身收益的最大化。据此,冯·杜能进一步提出了农村土地租金与中心城市距离的关系:距离中心城市越远,农用土地单位面积的租金就越低。而在较低的租金成本约束下,相关农业生产自然也就越粗放;距中心城市越近,则农用土地单位面积的租金就越高,较高的租金成本约束将促使农业生产更加集约化。冯·杜能以运输成本为线索,揭示了农业生产区位选择与空间距离的关系,奠定了产业集聚理论发展的基础。

2. 工业区位论

在产业革命的推动下,对于工业区位的研究逐步代替了对农业区位的研究,成为相关产业集聚理论研究的重点。工业区位论以德国经济学家阿尔弗雷德·韦伯的研究为代表。在其著作《工业区位论》中,韦伯详细分析了导致工业活动集中以及转移的区域因素与集聚因素,其中区域因素包括与空间距离密切相关的运输成本、地租、基础设施等,而集聚因素则主要体现为影响生产成本的要素聚集、劳动力费用等因素。在此基础上,韦伯进一步探讨了集聚形成以及分散的原因,其认为产业活动的集聚是这两种影响因素综合作用并实现平衡的结果,其中集聚主要受市场、技术以及外部环境的影响,而分散的原因则主要是地租的上升。从而,集聚与分散因素共同形成韦伯产业集聚理论的基础。在韦伯的产业集聚理论中,集聚被划分为两种形态:一种是企业在空间上的集中,在该形态中,基础设施共享、分工协作与"外部经济"(市场、技术以及外部环境)成为产业集聚的原因;另一种是生产要素的集中,此时规模扩张下要素收益的递增与企业成本的节约成为产业集聚的基础。由此,韦伯认为,产业(工业)集聚产生的系统功能要远大于分散状态下的功能总和，处于集聚体中的企业能够更好地实现其生产效率与经济效益。

3. 增长极理论与循环累积因果理论

增长极理论由法国经济学家佩鲁提出，佩鲁认为"增长并非同时出现在所有地方，它以不同的强度首先出现在一些增长点或增长极上，然后通过不同的渠道向外扩散，并对整个经济产生不同的最终影响"。因此，利用增长极与外围地区的产业关联，有目的、有意识地培养区域经济增长极，能有效产生经济增长推动效应并带动区域整体的发展。整体而言，增长极理论的内容可以大致归纳为四个效应：一是乘数效应，核心支配型企业通过带动与之存在投入产出关联的企业，最终形成较大规模的企业综合体；二是支配效应，经济因素在不均衡的条件下往往使不同经济主体及其空间载体产生不对称的关系；三是极化效应，支配型企业或产业吸引周边生产要素向增长极聚集从而不断强化增长极的发展优势；四是扩散效应，增长极不断向外围输出随距离增加而递减的带动效应以拉动周边地区的发展。增长极理论揭示了作为"点"（增长极）的城市对周边区域以及中心城市对整个城市群的作用，从而对城市以及城市群空间组织架构研究具有较大的启示。

与增长极理论研究的内容相一致，循环累积因果理论也重点考察了区域经济发展中的"回波"与"扩散"效应。在著作《经济理论和不发达地区》中，循环累积因果理论的代表人物缪尔达尔提出增长极对外围地区往往具有两种相反的影响：一种是通过循环累积因果关系不断强化增长极的发展优势，从而拉大地区发展差异的"回波效应"；另一种是因为持续集聚导致要素价格与成本不断上升，促使发展要素向周边地区扩散，进而缩小其与增长极发展差距的"扩散效应"。增长极对周边地区究竟起何种作用，取决于"回波效应"与"扩散效应"相对力量的大小。在后来对两种影响的探讨中，更多研究支持了"回波效应"，如赫希曼就认为增长极的"回波效应"在市场机制下占据主导地位，较之于区域增长极实力的不断增强，落后地区可能陷入"因为贫穷，所以贫穷"的怪圈之中。

4. 城市体系模型

作为集聚的结果与空间载体，亨德森认为城市最优规模是集聚力量与扩散力量综合作用的结果。在亨德森用以分析不同规模与不同类型城市形成机制的模型中，伴随经济集聚速度的减缓与集聚不经济的增强，城市人口规模会呈现先上升而后下降的倒"U"形态势，城市的最优规模即集聚经济与集聚不经济拐点处的人口规模。在对不同城市规模形成问题的分析中，亨德森进一步围绕"外部经济"这一核心概念对自己提出的模型进行了改进。因为外部经济往往发生在同行业内部，因此不存在关联关系的产业在同一城市的集中往往缺乏效率，同时不同行业的外部经济也存在较大差异，从而产业关联性强、外部经济效应明显的城市，其最优规模也往往较大。亨德森的城市体系模型对城市的专业化发展以及规模的差异具有很好的解释力，但仍未能有效回答不同类型与规模的城市在空间上的分布问题。

5. D-S模型

克鲁格曼指出，地理因素长期未能被纳入主流经济学框架的根本原因在于经济学家们无法建立一个包括要素流动、不完全竞争、贸易成本等在内的规模收益递增情形的理论模型，以至于"最为畅销的经济学入门教科书中没有一本是将区位、区域或空间问题作为一个单独的章节来讨论"（Krugman，1995）。20世纪70年代后期，迪克西特、斯蒂格利茨（Dixit和Stiglitz，1977）建立的垄断竞争模型（D-S模型）在很大程度上克服了这一缺陷。在D-S模型中，市场规模的扩大一方面可以使企业更好地发挥规模经济效应，出售更多的产品，另一方面，市场规模的扩大所导致的企业利润的提高也将吸引更多的企业进入，并增加消费产品的种类，从而市场规模的扩大有效解决了消费者需求多样化与规模报酬递增的矛盾。D-S模型的贡献在于，其修正了完全竞争对要素的限制性条件，也正因为此，它奠基了新贸易理论的基础。

6. 新贸易理论与"核心-边缘"模型

鉴于第二次世界大战以后发达国家之间的产业内贸易日益成为国际贸易的主导，而传统的要素禀赋理论以及比较优势理论并不能有效解释该现象,以保罗·克鲁格曼为代表的一批经济学者提出新贸易理论,有效填补了传统贸易理论的空白。克鲁格曼认为,在运输成本与生产规模效应的作用下,企业在市场需求旺盛的地区生产,不仅可以节省商品在地区间贸易所产生的运输成本,同时还能达到充分接近市场从而实现规模经济的目的。因此,市场需求规模大的地方企业数量自然也多,这被称为"本地市场效应"。克鲁格曼进一步在 D-S 模型的基础上引入了冰山运输成本的假设,分析贸易壁垒对于国际贸易的影响。结果显示,即使国家间不存在显著的比较优势,自由贸易也可以通过发挥"本地市场效应",提高贸易参与者的生产效率以及贸易参与地区的消费者效用水平。由于深刻刻画了本地市场效应这一经济活动集聚的主要机制,新贸易理论蕴含了后来的新经济地理理论的雏形。

在新贸易理论的基础上,克鲁格曼于 1991 年提出了著名的"核心-边缘"理论。该理论假设经济体中只存在农业与制造业,其中农业市场是完全竞争市场,生产单一且同质的产品,而制造业市场则是垄断竞争市场,能提供差异化产品并具有规模收益递增的特点;两个产业均只能使用劳动力生产要素,且从事农业的劳动力不能流动,从事制造业的劳动力则可以自由流动;农产品运输不存在成本而制造业产品运输存在"冰山成本"。该经济系统的经济活动在均衡状态下的地理分布由制造业集聚力量与扩散力量的大小所决定,而这两种相对的作用力又取决于运输成本的大小。当运输成本较高时,制造业的扩散力量大于集聚力量,经济活动倾向于在空间上均匀分布,两个地区会保持比较稳定、对称的空间分布状态,区域间贸易较少;随着运输成本的降低,制造业的集聚力与扩散力都会下降,但是扩散力比集聚力对运输成本更为敏感,扩散力下降速度更快;而当运输成本下降到某一临界点,先前制造业的对称分布空间将被打破并持续向其中一个区域流动;随着运输成本的进一步下降,制造企业会集聚于一个区域,而另一个区域则只存在农业部门,两个区域产业发展再次进入稳定均衡状态,由此经济系统也形成了制造业作为"核心"与农业作为"边缘"的"核心-边缘"空间格局。

克鲁格曼的"核心－边缘"理论主要由三种导致经济活动空间变迁的效应构成。一是上文所述的本地市场效应,二是生活成本效应,也即价格指数效应。随着运输成本的不断降低,产业集聚区域内不仅产品种类繁多、供给充足,同时该地区产品价格水平也相对较低,这将有效降低本地居民的生活成本,提高其实际收入水平与福利水平,而该效应又将进一步强化产业集聚态势,加快集聚速度。三是市场拥挤效应,这一效应来自激烈竞争所导致的本地与外地市场对产品需求的减弱。这三种效应呈现出不同的推动力量:前两者是集聚,后者则是扩散。

"核心－边缘"模型的构建更多依赖生产函数、效用函数以及运输技术等的特定函数形式。诸多学者在 D－S 模型的框架下,逐渐放松"核心－边缘"模型的假定条件,进一步拓展了"核心－边缘"模型,如资本自由流动模型(Martin 和 Rogers,1995)、资本创造模型(Baldwin,1999)、核心边缘垂直联系模型(Fujita 等,1999)以及企业家自由流动模型(Ottaviano 等,2002)等。这些模型不断提高了"核心－边缘"理论对现实经济活动的解释力,同时也形成现代空间经济学与新地理经济学的主要内容。

(二)经济集聚与扩散的成因

1. 经济活动集聚的成因

诸多研究对集聚成因与集聚效应进行了充分、细致的分析,并随着经济发展特征的改变不断赋予其新的内涵。总结前人的研究,形成集聚发展并进一步强化集聚发展态势的原因主要集中在以下几个方面。

一是空间成本节约。该空间成本不仅包括厂商采购、运输、储备等直接成本,同时也包括市场信息获取等间接成本。集聚发展有效缩短了市场交易主体之间的距离,从而运输成本也大大降低;同时,集聚发展态势能创造专业化的中间品供应市场,不仅能保证生产厂商维持其生产连续性所需的存货,而且能大大降低其储备成本;经济集聚发展所形成的专业化要素供应市场,能提供成本更低的要素,厂商采购成本也随之下降;此外,通过有效的信息获取渠道规避市场的不确定性成为厂商生产与销售的关键,集聚发展则使得厂商与厂商、厂商与消费者的交流更加便利与频繁，特别对于拥有非标准化流程的生产企业而言，集聚发展能有效降低信息获取成本。

二是生产资源的共享与匹配。基于空间成本节约引致的生产厂商的集聚，将更有利于中间产品在共享市场条件下实现规模化与专业化生产。具体而言，由企业集聚所形成的共享市场，能有效降低专业化设备供应商的开发和生产成本，促进行业的专业化分工，并形成高度密集的供应商网络。同时，经济活动的集聚也有助于形成稳定的、能有效阻挡异质性冲击及降低专业化劳动力失业风险的共享劳动力市场。而生产资源的匹配则大致可以分为两类：雇员与雇主的匹配、中间产品与最终产品的匹配。就雇员与雇主的匹配而言，劳动力要素的集聚，可以有效降低其与厂商之间的相互搜寻成本，提高异质性的劳动要素与异质性的厂商的匹配程度；就中间产品与最终产品的匹配而言，在一个中间产品大量集聚的市场中，最终产品制造商能更具效率地发现与其生产过程相匹配的中间产品。虽然在经济全球化背景下，企业生产要素与中间产品的跨国采购一方面降低了厂商对经济集聚体的依赖程度，但从另一方面又强化了经济集聚体在全球生产网络中的专业性与特殊性，从而拓展了经济集聚体的生存与发展空间。

三是学习资源的易得性。较之于封闭、独立的发展状态，集聚于同一个地理空间至少增加了获得先进知识与技术的两条途径。一个途径是企业家与企业员工特别是技术工人通过正式与非正式的交流，分享生产过程中形成的知识与技能经验。相关研究成果表明，该途径在技术知识传播尤其是在"隐性知识"传播方面具有更高的效率。另一个途径是新技术、新知识更易于被邻近的企业所分享与采纳。新思想与新技术的实施往往需要通过与同行的交流获得相关改进建议并予以完善，而这种交流的过程同时也是他人逐渐接受该新思想与新技术从而使之普及的过程。总之，经济活动的地理集聚所导致的人才集聚能促进技术的外溢与技术的推广，从而形成对集聚体外同类厂商的竞争优势。

2. 经济活动扩散的成因

只要集聚能持续带来生产经营成本的降低、经济集聚体仍能产生规模报酬递增效应，则集聚的趋势会一直持续。然而，"事物的发展过程也是对自身的否定过程"，当集聚产生的"拥挤"足够突出，经济集聚体的扩散效应会逐渐产生并不断增强。

所谓扩散效应，是指随经济活动在某一特定地理空间集聚程度的加深，因面临激烈竞争、资源短缺、环境承载能力不足等多种问题的制约，资源、企业以及产业向集聚体外部转移。扩散效应最外在的表现是经济集聚体内的过度竞争。在持续的集聚过程中，当经济主体不断增多导致市场竞争突破了良性的界限，即对市场份额的竞争超出了市场的容量、对资源的竞争超出了可能的供给、对生产的竞争超出了环境承载的能力，集聚体内的良性竞争将演变成恶性竞争，进而产生集聚主体向外的转移。从根本上讲，扩散效应形成原因主要来源于三方面：市场容量的有限性、环境承载能力的有限性以及资源的稀缺性。

（三）集聚与扩散机制下经济活动空间的布局与演变

集聚与扩散成为区域经济活动空间布局与演变的推动力量。从集聚来看，经济活动向区域特定空间的集中形成了产业集群、城市以及城市群等不同规模与层次的区域经济网络节点。在集聚效应的自强化机制下，这些网络节点进一步吸收要素与资源，实现节点空间的持续扩张；区域不同网络节点集聚强度的差异，又导致了要素与资源流向的改变，区域经济空间网络的重心与密度也随之改变。从扩散来看，足够的扩散力量将促使原有集聚体的裂变与新集聚体的逐步形成，区域经济节点层级关系也在该过程中得到重构，集聚体通过扩散强化了其辐射范围，并产生了区域内部更为紧密的经济网络关联。

具体而言，集聚与扩散机制从微观、中观、宏观三个层面塑造区域经济空间网络。微观层面上，区域经济空间网络的形成首先是企业区位选择的结果。无论是建立新企业还是转移老企业，其实质都是新集聚中心形成以及利用新集聚中心实现对企业外部关联网络的重塑,而该网络的重塑又会进一步改变区域原有的经济密度与重心。尽管日趋细化的社会分工可能使企业的管理、制造、营销等不同部门的空间分散布局现象更为显著,但不同部门间密切的技术、人才、信息等要素联系将强化企业跨空间的内部关联网络。中观层面上,产业集聚水平的提高伴随着产业升级与区域经济节点网络的重构。产业集聚水平提高的过程同时也是集聚体内部以专业化与多样化为代表的劳动分工细化,从而促进产业结构升级以及新旧产业空间区位重新调整的过程。当新兴产业实现了在网络节点的集中,而旧产业也实现了向网络其他节点的扩散以及重新聚合,则新的以产业分工为基础的区域经济空间网络得以重构。宏观层面上,集聚与扩散机制造就了以经济势差为主要特征的区域空间等级体系。在利益最大化的驱动下,要素、企业或产业首先向能带来最大化回报的区域经济节点集聚,只有边际收益低于边际成本,或者进入其他节点能获得更高的收益,则要素、企业或产业才会由集聚转向扩散。由此,集聚与扩散机制强化了区域不同经济节点的经济势差,导致了区域经济节点等级体系的形成。

二 价值链的空间分布

经济活动的集聚与扩散不断重塑区域经济地理布局,而经济活动空间分布的变化又不断调整区域的价值创造空间。价值链的本质不仅在于对价值的分配,同时更是对价值的创造,对于所有区域而言,只要存在分工与市场交易等经济活动,无论其规模、位置与范围如何,价值链均隐含其中。价值链的普遍存在性突出反映在城市的发展以及产业在城市的布局两方面。一方面,产业本身即要素、企业与市场共同构成的复杂经济集聚单元;另一方面,城市的形成、发展与壮大,本身也是经济活动集聚的产物。依托于城市空间载体,企业将产业链上的不同价值创造环节在城市的不同地理空间进行配置,形成了城市空间价值链,同时在产业空间整合的过程中也实现了城市空间功能布局的调整。因此,城市空间价值链依托产业链而存在，价值链的空间布局与城市功能区划布局具有共同的理论基础。

鉴于经济活动向区域不同经济节点集聚，城市空间价值链不仅仅指城市内部空间的价值创造网络，同时也是区域内部城市间价值创造网络的有机统一。社会分工不断细化背景下生产过程的空间分离，使得同一产业链条上的各个生产环节通过城市体系的生产网络组织起来。在这些城市中，占据众多价值链高端环节的城市理所当然地成为区域活动集聚的中心，而根据价值链的治理逻辑，中心城市也自然获得了主导区域资源配置的能力。从而，在某一区域中，城市空间价值链不仅具有自身内在的复杂性，同时更深藏于一个更大的城市群"价值体系"之中，且该体系的价值链条越长，单一城市在价值体系中的作用越凸显。同时，一个具有竞争力的城市空间价值链不仅要求单一城市内部价值链系统的良好运转，还要求城市间存在的价值创造关联活动也能高效开展。当价值链进一步在全球范围内分离与重组，城市空间价值链也将拓展其范围，区域中心城市进一步演化为区域参与全球分工与经济协作的核心，国家间的竞争在很大程度上也进一步发展为以价值创造网络关系为基础的城市群或者城市战略联盟的竞争。

（一）城市内部空间价值链的形成与重构

城市内部空间价值链的形成、优化与重组过程实质就是通过价值创造环节使空间布局实现价值创造最大化的过程，劳动力、资本、土地等要素的空间分布则成为该价值创造体系的直接体现。在城市内部空间价值链的形成过程中，理性的集聚参与主体会依据效益最大化原则决定其经济活动的空间布局。在成本与收益的权衡下，一些收益较高且富有竞争优势的要素、产业慢慢集聚于城市核心地带，与此同时，收益较低且缺乏竞争优势的要素、产业则会向城市外围扩散以降低成本并维持其发展，从而城市内部价值创造空间得以重组。此外，由于城市空间的有限性，产业集聚产生的规模报酬递增效应与生产要素的流动，会进一步导致产业对于发展空间的竞争，实现产业空间结构的不断优化调整与城市功能空间的规律性分布。从而，城市内部空间价值链重构实质是生产要素、产业对于城市空间不断选择的结果。在技术、环境等条件不断变化的状态下，城市价值创造空间的整合与重组得以持续推进，进而城市内部空间价值链一直处于动态演化之中。同时，城市功能区划的调整也是城市内部空间价值链重组的结果。城市空间价值链与产业布局的紧密关系直接决定了城市不同区域的功能定位与容纳的价值创造环节，并使城市空间出现集聚化、城市化、逆城市化与再城市化的周期性变化。

城市内部空间价值链的形成与重构与城市空间演化的方向、规模与结构相互影响。与传统城市空间以手工制造、商业为主导的产业结构不同，在现代产业结构演化过程中，服务业不断挤压制造业的发展空间，由高新技术产业、高附加值服务经济等引领的新产业链主导着城市产业的发展，导致一般制造业向城市边缘地带转移以满足其对于生产空间的需要，进而新的制造业空间逐渐形成。在一些高度发达的区域中心城市，低端、低效产业甚至被高端服务业取代。但是，城市各区位不可能都成长为中央商务区（CBD）等高价值创造载体，不同区位应该承载不同的服务功能。同时，为解决无序扩张带来的混乱问题，大多数城市也往往通过行政规划的方式推动城市功能空间的合理化布局。在市场力量与政府力量的双重推动下，一般而言，以总部经济、高端商业消费体验为主的高端服务业主要集聚在中心城区，居民区以及一般的商业设施则围绕中心城区形成多点布局，而土地相对便宜、交通发达、产业配套能力强的城郊主要布局生产加工基地、物流基地以及特色产业园区等。此外，研发机构倾向于向大学或科研机构聚集区靠拢，而营销、展示环节则倾向布局于空港等城市门户区域。最终，城市内部空间价值链分布演化为由城市中心向外围扩展的价值创造环节效率不断衰减的价值链空间分布格局（如图 4-1 所示）。

（二）城市间空间价值链的形成与重构

与城市内部空间价值链形成与重构的动力机制类似，要素与产业在区域内寻找最能实现其经济利益与竞争优势的经济集聚体，从而产生了以要素流动为主要内容的区域产业结构优化与区域价值创造空间格局重塑。在

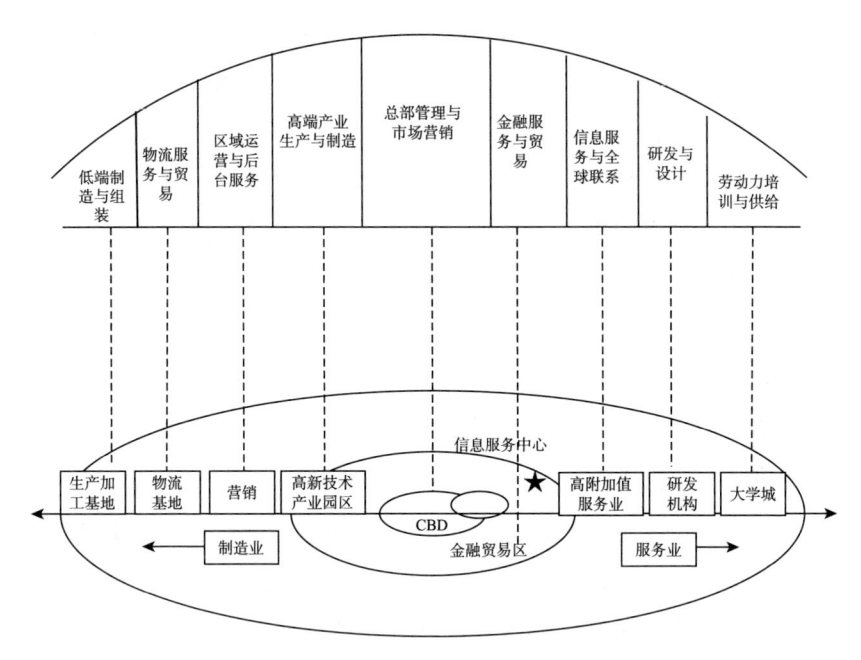

第四章　NVC 构建与中国区域平衡发展

图 4-1　城市内部空间价值链分布

资料来源：周韬．基于价值链的城市空间演化机理及经济效应研究［D］．兰州大学，2015.

区域经济发展进程中，市场规模优势往往支撑区域大城市控制具有核心竞争力的高附加值环节，而中小城市则趋向于从事专业化的服务与专业化的生产，从而区域价值创造空间呈现从高梯度核心大城市向周围低梯度中小城市逐级延伸的趋势。区域中心城市等同于价值链中居于核心地位的治理者，而各级中小城市则等同于价值链中的特定环节，两者共同构成城市间空间价值链的载体并形成区域价值创造的空间圈层结构。同时，与城市内部价值创造空间功能区划相一致，各级城市作为城市间价值链的一部分，只有分工明确、优势互补并突出城市各自的特色，才能实现区域整体价值创造的最大化。对于区域而言，城市间空间价值链具有全局性、战略性特征，其发展方向决定了区域经济的发展方向。

城市间空间价值链其实是价值链在空间的投影，因而价值链"微笑曲线"同样适用于对城市间空间价值链演化的分析。对于核心城市而言，其

075

扮演的角色相当于价值链中的治理者，一方面通过集聚更高端的生产要素与高附加值的价值创造与增值环节，不断保持自身的竞争力，另一方面则为克服拥挤效应而将低端产业或低价值创造环节向外转移，从而提升对区域发展的带动力与辐射力，增强区域城市体系的经济竞争力。对于次级城市而言，其占据城市间空间价值链的中低端环节，在承接中心城市产业或者产业链转移的同时，充分发挥比较优势与特色，努力实现在城市间空间价值链环节上的攀升。

城市资源、产业及产业链环节的匹配性是价值链实现价值创造最大化的关键，因此产业或产业链环节往往对于区位有着特殊的要求。同时，对于一个城市而言，谋求完整的产业体系或者企图包揽产业链的所有环节未必明智，专注于少数优势产业或某些优势环节并强化与其他城市的协作与联系，更能提升其整体收益。资源、产业或产业链环节的匹配效率主要取决于两个方面：要素比较优势与外部经济优势。要素比较优势主要是城市在自然资源、资本、劳动力等方面相较于其他城市的禀赋状况及价格优势；外部经济优势则主要是资源获取的便利性、基础设施配套的完善性以及成熟的产业发展条件等。要素禀赋与外部经济条件共同决定了不同产业及产业链环节布局于不同城市可能产生的效率差异，具有匹配效率优势的城市将成为某一产业或产业链环节的集聚点。依据特色与优势，进行城市间的合理分工、优势互补与错位发展成为区域经济发展的必然要求，城市的差异化发展也成为区域空间价值创造演化的基本规律。

依据城市间空间价值链"微笑曲线"，区域城市体系中的各等级城市均具有清晰的功能定位，而城市间空间价值链重构过程就是城市群中各个城市在"微笑曲线"上重新寻找最优价值增值空间的过程。城市间空间价值链的形成、完善与重构，形成了区域诸多相对独立的具有比较优势的价值创造空间。同时，具有不同竞争优势的城市将城市内部空间价值链进行跨城市的整合，从而不但单一城市的专业化功能与城市体系的多样化功能实现了有机的结合，而且单一城市内部的功能区划也与整个城市在城市体系中的功能区划统一起来，最终构成多层次复合型的区域城市价值创造空间体系。据此，城市间空间价值链的延伸与拓展的本质是社会分工与协作的延伸与拓展，城市间空间价值链条越长，其价值创造也就越大（见图4-2）。

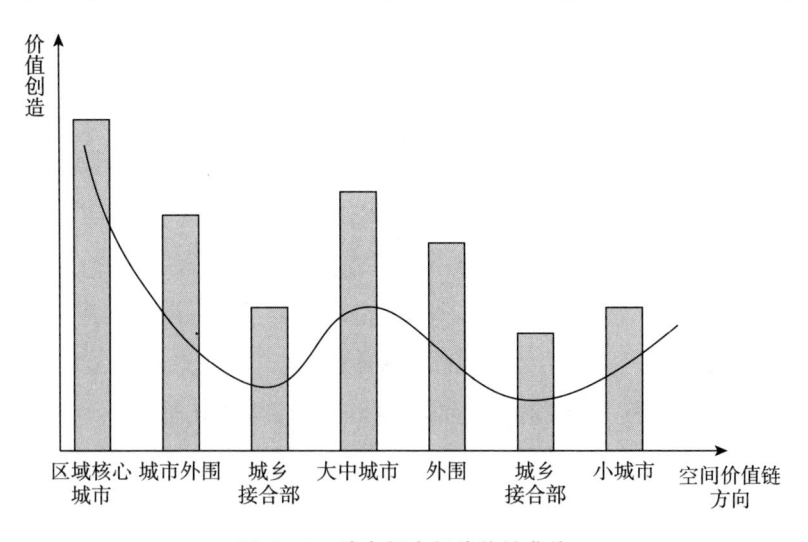

图4-2 城市间空间价值链曲线

一般而言，区域核心城市倾向于发展要素回报率、技术与规模门槛均较高的知识、资本与技术密集型产业，或者纳入研发设计、销售等产业链高端环节；大城市通常发展批发、零售、不动产等产业；具有廉价劳动力成本优势以及土地等资源相对价格优势的次级中小城市则倾向于发展劳动密集型制造业以及资源密集型产业，或者纳入产业链分工中的加工制造等生产环节。城市体系通过分工协作的形式共同完成价值创造，可以达到远高于单个城市价值创造之和的效果。以我国长江三角洲地区为例，作为区域核心城市，上海集聚了越来越多的金融保险业、高科技电子制造业以及装备制造业等，成为区域生产性服务的提供中心以及高端制造中心；紧邻上海的苏州、杭州、宁波等城市则形成多点分布的一般制造中心；而相对外围的扬州、常州等城市更加专注于劳动密集型产业或者劳动密集型制造、加工、组装环节（如图4-3所示）。

（三）全球化生产与城市空间价值链

随着价值链向全球的延伸，全球城市空间价值链体系也逐渐形成。在

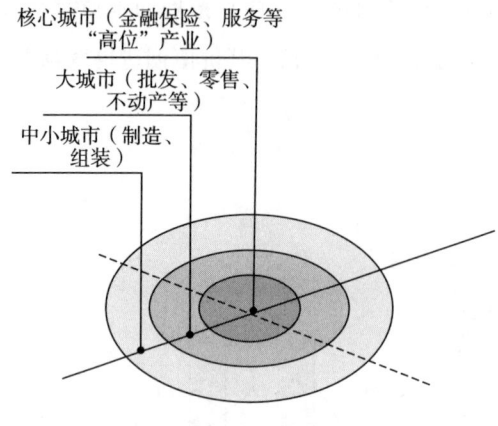

图 4-3　城市等级体系

资料来源：周韬. 基于价值链的城市空间演化机理及经济效应研究 [D]. 兰州大学，2015.

经济全球化以及信息化的背景下，要素基于逐利的本性，必然在全球范围内搜寻最能实现其收益的空间载体，而区域新旧产业的不断更替也引发不同区域空间对于产业的竞争，从而要素、产业与区域空间的相互选择必然导致产业空间在全球范围内的重组。在全球产业空间格局演化的过程中，以现代生产性服务业为核心产业的国际大城市，成为全球空间价值链上最高等级的城市，具有控制全球价值链体系的功能，影响或领导世界经济网络的要素流向与全球范围内价值链的动态调整。在国际城市辐射力的作用下，全球区域中心城市以及次级城市组成的全球空间价值链也不断整合与重组，城市内部功能空间的变迁以及要素、产业向全球范围的扩张与转移就是直接表现。通过承接上一级城市价值创造环节的空间转移以及与上下级城市分工协作产生的经济关联，全球不同等级城市间的联系不断增强，最终世界范围内的空间价值链体系得以逐步形成。

值得关注的是，在现代通信技术飞速发展以及交通运输成本不断下降的状况下，空间距离对于生产要素空间区位选择的约束不断减弱，要素在全球范围的流动性得到大幅度的提升。资本的快速流动、物资的快速运输、工厂的快速搬迁、劳动力的快速转移、信息的快速传递都比以往更加容易实现，价值链的全球空间布局也充满更多可能。在该种"平滑"的价值创造空间中，基础设施条件完善、产业配套条件良好、要素组合优势显著的区位更具对流动要素的"黏性"。例如，研发环节往往选择教育水平整体较高、具有较多专业技术人员与科技创新人员以及创新环境较好的区域；产品加工、制造、装配等环节则选择具有大量技术熟练的劳动力供给的区域；而销售环节要求区域具有发达的交通与通信网络以及完善的金融、贸易服务（见表4-1）。由于对生产要素的需求不同，每个产业或价值链环节对区位的选择也显著不同，这些"黏性"区域在留住本地资源并吸收外部资源的同时，也在全球城市的等级体系演化以及全球范围的不平衡增长中占得先机。

当前，世界经济已经发展成为一个地域化与要素流动相互交织的复杂系统，要素流动性的不断增强导致生产区位替代的可能性不断增大，在跨国企业的控制与治理下，全球价值链往往依据价值创造环节对要素的敏感程度，在全球范围内搜寻最具优势的区位。从而，一个国家与其他国家的发展差距或者国家内部区域之间的发展差距不仅取决于本国国内的发展条件，同时也取决于与其他国家之间的关系。特别对于大国而言，要素流动、产业转移及集聚发展将呈现更为复杂的态势。一方面，鉴于制造业等产业的规模报酬递增效应是要素集聚的巨大诱因，开放程度的不断提高与国际贸易成本的不断下降意味着这些产业可能面临更大的国际市场需求，从而要素倾向于向更接近国际市场同时兼顾国内市场的区位集聚，以获取规模经济的好处；另一方面，本地市场效应的存在与国际贸易成本的下降又将促使要素与产业向外迁移，这将导致国际市场需求对国内产业发展的促进作用逐渐减弱，并使得价值链空间布局更趋向于分散化。因此，未来区域或者城市的竞争力将更多取决于对要素流的吸引力，而一旦取得初始优势，便会通过"循环累积机制"进一步产生资本流、人才流、物资流的汇集，世界经济价值创造版图也由此形成等级与特色分明而又相互联系的块状体系。

表 4-1 价值链环节的空间布局要求

价值链环节	区位选择要求	分布区域
研发与设计	教育水平整体较高、具有众多科研机构与科研技术人员、具有良好的科技创新人文环境与生活环境	大城市科研机构与高校聚集区
销售与售后服务	靠近消费市场、具有良好的（交通、通信）基础设施条件、能便利获取金融与贸易服务	区域中心城市与大城市
产品加工与组装	拥有众多熟练劳动力、具有良好的交通运输条件、低廉的土地等资源	中小城市群
原材料采掘与加工	具有丰富资源、交通运输条件良好	原材料产区

资料来源：作者整理所得。

三 全球价值链下我国区域经济发展的"中心－外围"格局

开放经济的深入发展不但刺激了我国对发展资源的开发，有效解决了我国经济"起飞"所必需的资本等要素缺口问题，以及实现经济循环所必需的产品市场问题，也使我国深度融入全球价值链体系，成为世界经济不可或缺的组成部分。然而，在经济飞速增长的同时，以加工贸易、出口导向为特征的发展方式也带来了严重的弊端，特别是在已形成的"发达国家－我国东部地区"与"我国东部地区－中西部地区"两个"中心－外围"格局并存的状态下，我国区域发展失衡问题更加凸显，并成为影响我国区域价值链体系构建以及实现区域经济可持续发展的关键问题。

（一）两个"中心－外围"格局

我国开放经济发展的进程实际也是区域发展战略转变的过程。改革开放以来，我国东部地区凭借优越的地理位置等优势，通过承担全球产业链中的劳动密集型加工、制造、组装环节，积极参与国际分工，逐渐确立了全球代工平台的地位。然而，由于发达国家跨国企业对全球价值链治理权的牢固掌控——一方面通过对加工、制造、组装等价值链低端环节的压榨，另一方面通过阻挠发展中国家产业的功能升级、链条升级，我国东部地区在很大程度上陷入了"被俘获"的"低端锁定"与"贫困式增长"困境。从我国与世界经济的联系以及世界价值创造空间分布来看，发达国家仍然牢牢占据着国际专业化分工利益分配格局的"中心"地位，我国广泛参与国际分工的东部地区则居于"外围"从属地位，我国在世界价值创造空间体系中实际上扮演着边缘性的"加工工厂"角色。

在发达国家与我国东部地区形成明显的"中心－外围"格局的同时，我国东部地区与中西部地区也形成了显著的"中心－外围"格局。我国东部地区参与全球价值链分工的加工、制造、组装等环节必然要建立在大量原材料、劳动力等资源供应的基础上，这成为我国中西部地区与东部地区最大的经济关联。鉴于在价值链分工中更低的地位，我国中西部地区在世界价值创造空间体系中的位置更加边缘化，甚至不能自然发展具有要素比较优势与市场规模优势的劳动密集型产业，从而在经济发展被东部地区压制的条件下，地区间的发展差距进一步拉大。

两个"中心－外围"格局逻辑一致且相互支撑，突出表现为我国东部地区、中西部地区经济增长与我国外贸发展的同步性（如图4－4所示）。发达国家对于全球价值链的治理与控制是以将我国东部地区压制在低附加值分工环节为基础，而我国东部地区的发展在很大程度上也是建立在中西部地区廉价资源特别是廉价劳动力的供应上，从国际分工格局来看，最终形成了"发达国家－我国东部地区－中西部地区"层层控制的金字塔形治理体系。在该治理体系下，其结果必然是我国东部地区与发达国家的发展差距以及我国中西部地区与东部地区的发展差距不断拉大。

（二）"中心－外围"格局下我国区域发展的困境

1. "首位度"城市缺失与区域空间价值链演化的不畅

依据集聚与扩散的演化规律，在规模报酬递增与外部效应的刺激下，要素首先向区域核心城市集聚，同时在规模不经济时产生扩散效应，并以此塑造区域价值创造空间体系。在该体系中，核心城市成为区域价值创造

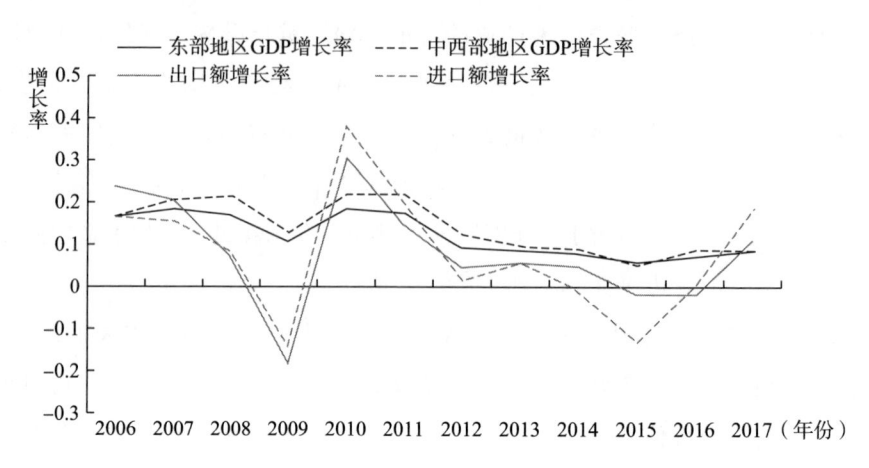

图 4-4 我国东部与中西部地区 GDP 增长率及进出口额增长率

资料来源：通过国家统计局网站相关数据计算得到。

空间体系的管理者，次级城市则各自依据比较优势参与价值创造，区域不同层次空间共同组成一个紧密联系的价值创造体系。在两个"中心－外围"格局下，融入全球价值链为我国区域空间价值创造体系的自然演化注入了外来力量，从而区域发展路径也产生了偏离，突出表现为我国区域价值创造空间体系在自我完善以及向更高层次攀升时，不仅受到自身发展能力的内在约束，同时还面临来自发达国家跨国公司的外部干预，从而不能自然产生经济的"增长极"。

融入全球价值链的发展中国家或地区当然希望通过激活内部生产要素并吸引更多更高级的外部生产要素，以实现在全球价值链分工中更高比例的收益分割以及更高的经济增长速度。但是，该过程的顺利进行势必使得新成长起来的发展中国家企业与原来的"链主"产生激烈的竞争关系。当发达国家跨国公司发现发展中国家在向全球价值链高端环节攀升时，它们一定会通过其主导的全球价值链分工体系遏制发展中国家向更高等级的环节迈进。而发展中国家的区域价值创造空间特别是深度融入全球价值链的区域核心城市，其价值创造被压制在较低等级的空间价值链环节上，既不能实现向更高层级价值链环节的演化，同时其对周边区位的辐射带动作用也十分有限。依据全球价值链的治理权，发达国家跨国公司甚至可以转移其附属的价值创造空间，直接将发展中国家或者地区变成"飞地"。

因此，我国东部沿海地区在全球价值创造空间体系中虽然取得了规模上的进展，但是成为全球价值创造高地的路径被封堵，形成具有空间价值链治理能力的增长极并不容易。区域增长级形成的不畅，不仅使空间整体价值创造体系的贡献大打折扣，同时又会压制区域其他层级城市在空间价值链上的演化，最终使得东部地区始终处于全球价值创造空间的边缘位置甚至有演化成"飞地"的风险。

2. 区域关联缺失与价值创造空间体系合力的弱化

在区域空间价值链的形成过程中，核心城市成为价值链高端环节的集聚地，并通过扩散效应以及对空间价值链的治理，实现区域发展资源的整合，同时次级城市依据比较优势发展自身最具效率的产业或产业链环节，由此形成首位城市与次级城市共同构成的体系完整、分工明确的价值创造空间体系。而在"中心－外围"格局下，我国区域价值创造空间体系各组成部分被割裂开来，分散、被动地融入由发达国家跨国公司主导的全球价值链，从而区域价值创造空间体系的整体合力被严重弱化。

具体而言，发达国家跨国企业往往只考虑不同价值链分工环节配置于不同地理空间所带来的最大化利润，而不会从区域经济可持续发展的角度，考虑经济体系的发展合力。这一做法产生的后果极有可能就是区域内产业关联的中断。尤其对于像我国这种原料在外、产品市场在外的"两头在外"的外向型发展模式而言，脱离当地的产业体系，集中优势资源于单一生产环节，不仅使生产更易受到国际市场原材料价格波动的影响，同时出口市场也更依赖发达国家。结果是本土产业关联和经济循环体系发生"断点"与"裂缝"，进而产业结构无法升级，区域最终陷入被"锁定"的"贫困化增长"局面。

在两个"中心－外围"格局下，区域价值创造空间体系合力的弱化不仅表现在以价值链环节关联缺失为主要内容的区域内部空间关联的缺失上，同时也表现在不同产业或价值链环节在区域内部更替演进的阻碍上。现代区域经济发展一方面要求主导产业不断由资源、劳动密集型产业向资本、技术密集型产业转变，另一方面又要求其主导的价值链环节不断由低附加值环节向高附加值环节转化，从而区域内部产业或价值链环节形成梯度式的更替演进。进一步而言，区域产业或价值链环节的更替演进本质上是产业中间需求不断拓展的过程。在区域产业结构升级顺畅的演进过程中，产业高级化将导致分工环节的不断细化，而分工环节的细化又将不断衍生出更多的服务需求，更多的服务需求又进一步发展出更多的行业，通过庞大的交易网络这些产业或环节紧密相连。与此同时，围绕生产与生产性服务的金融、通信、财务与法律中介等具有高知识与技术含量的外围服务产业也将得到更快的发展。由于传统的资源型基础工业、劳动密集型产业以及劳动密集型环节始终存在中间需求少、生产链条短的特点，而资本、技术密集型产业与资本、技术密集型环节则具有较强的产业链条扩张能力，更容易产生分工的拓展以及产业间的关联效应，因此，两个"中心－外围"格局事实上抑制了我国自然衍生出高端产业特别是高端现代服务的可能性，使得区域对高端产业的需求在很大程度上被发达国家跨国企业的直接供给所代替，区域产业无法实现更高层次的演进。

（三）区域发展差距的扩大

依据区域空间价值创造的演化规律，要素会首先集聚于能实现收益最大化的经济节点，经济节点也根据"自强化"机制实现自身的不断发展壮大。当集聚产生的收益递增效应明显低于"拥挤"产生的空间不经济效应，则经济节点的集聚要素最终会在区域内广泛扩散，并依据比较优势的逻辑进入更能实现其收益的地理空间。从而，要素向整个地理空间的溢出与自由流动、区域内部以及区域间比较优势的充分发挥，将共同促成区域内部以及区域间生产要素回报与价值创造效率的高水平趋同。在"中心－外围"格局下，生产要素回报与价值创造效率趋同的演化机制被"低端嵌入"全球价值链的模式所破坏，并且要素在区域范围内的优化配置也受到阻碍。

我国东部地区就普遍存在"低端嵌入"全球价值链的现象。尽管近年来我国的高新技术产业与高新技术产品得到了迅猛的发展，但其所体现出的竞争力仍然主要集中于低附加值的劳动密集型制造、加工、组装环节，获取的国际分工收益也极其有限。我国生产要素向东部沿海地区的集聚并未自然衍生出以"高位"产业为主体的区域空间价值创造的增长极，这不仅严重破坏了东部地区的"集聚－扩散"机制，也严重制约了东部地区对广大中西部地区的辐射带动能力。最终，要素不能按照市场规律在区域自由流动以实现对最佳价值创造空间的寻找，"低端嵌入"在使得我国东部地区与发达国家价值创造效率差距不断扩大的同时，也使区域内部的发展差距也不断扩大。特别是在出口部门效率放缓的状态下，这一差距体现得尤为明显。根据同样的逻辑，由于居于原材料提供、劳动力要素供给等价值链的低端，我国中西部地区与东部区域的差距也在不断扩大。

四 国家价值链构建与"中心－外围"格局的打破

应该看到，国际分工越深化以及建立在其基础上的合作关系越紧密，不同国家或地区越能够通过效率提升获得收入与社会福利水平的提高。鉴于全球价值链上各环节重要程度的差异，以及资本对利润的永恒追求，世界经济体系仍然符合垄断、控制与治理的逻辑。在全球价值链治理模式下，不同国家或地区之间的竞争态势更加复杂，并不断从企业之间的竞争转变为产业链条之间的竞争以及区域产业集群与区域价值链之间的竞争。依据区域空间价值创造的演化规律与我国东中西部地区已形成的发展条件，建立区域间分工协作与区域内价值创造紧密联系的具有价值创造升级演进能力的国家价值链，是打破低端锁定的"中心－外围"格局，缩小我国地区发展差距以及实现我国区域协调发展的可靠途径。

从我国东部地区来看，要在融入全球价值链中获得更高的收益，不可避免会遭遇发达国家与其他发展中国家的双重夹击。发达国家为了自身的垄断利益会运用各种手段阻碍东部地区实现价值创造的升级，同时如不能顺利实现向价值链高端环节的攀升，我国东部地区的出口地位也会逐渐被其他国家或地区所取代。为摆脱发达国家的控制与具有相同发展模式的发展中国家的排挤,充分发挥我国国内市场的规模优势,利用具有广度和深度的市场,整合区域空间价值链体系,形成反映集聚与扩散效应的区域空间产业升级模式,并通过产业转移等多种方式实现与中西部地区的价值链融合,成为我国东部地区实现可持续发展的必然选择。

一系列国际经验表明,率先在本土市场立足进而融入全球价值链的本土产业,在全球竞争中具有较强的抗压能力。利用我国东中西部地区发展不均衡所形成的产业梯度分布态势,东部地区可以逐步将一些已经丧失竞争优势但在国内仍然存在大量需求,同时符合中西部地区比较优势的产业向中西部地区转移,从而为其产业升级置换空间。一方面,这将有利于东部地区解放生产要素,促进价值链环节向更高层次延伸,并通过中间需求规模扩张衍生一系列的配套产业或产业环节,不断深化产业发展的系统性,形成更为完整的产业链体系;另一方面,这也将有利于东部地区培育区域经济的增长极,构筑发展层级分明、比较优势充分发挥的区域分工体系,从而形成更具系统合力的区域价值链体系。因此,构建基于我国东中西地区合理分工与各区域内部空间价值创造体系整合的国家价值链,将有助于推进东部地区产业升级,打破"发达国家-我国东部地区"这一"中心-外围"格局。

从我国中西部地区来看,构建国家价值链也有利于其突破发展"外围"的困境。我国中西部地区长期以来难以摆脱发展低端化的根本原因在于区域内产业联系的割裂,包括资源、劳动力等基本发展要素一直被东部地区所利用,未能转化为本地区产业体系构建与产业升级的有利基础条件。资源的流失与本地市场需求的割裂、价值链高端环节的稀缺均形成我国中西部地区发展的软肋。通过国家价值链的构建,能有效形成中西部地区经济腾飞的条件。依据市场规模优势与要素比较优势,通过承接东部地区资源、劳动密集型产业的转移,同时充分吸收东部地区多年来在国际代工体系中积累的先进技术、管理经验,以及充分利用东部地区已形成的市场信息网络,我国广大中西部地区能迅速构建起以满足国内市场需求为主的专注于加工、组装、制造等价值链环节的生产体系,从而延长产业链条,并产生关联更为密切的区域内部产业链网络，促进中西部地区产品附加值的提高。与此同时，要素与产业向中西部地区具有比较优势节点的集聚，也会进一步培育出具备"链条"治理能力的"高位"空间主体，以及形成层级势差的空间价值创造体系，从而形成我国中西部地区"内源式"发展的长效机制。因此，构建国家价值链，也将有助于中西部地区建立与东部地区的对等联系，缩小与东部地区的发展差距，从而打破我国"东部地区－中西部地区"这一"中心－外围"格局。

总之，构建国家价值链，有利于打破我国参与全球价值链以及我国现有区域、产业间的"中心－外围"格局，形成我国区域间以及区域内部的多元分工体系，实现我国国内生产迂回化程度的不断提升与市场容量的不断扩大，从而培育区域内部价值链向更高层次演进的自主发展能力，以及区域空间价值创造的合力，进而实现我国参与全球价值链"链条对链条、系统对系统"竞争范式的转变。

五 区域均衡发展与我国国家价值链构建

（一）出口导向转变、内需驱动与国家价值链的构建

在全球开放经济发展愈加深入的条件下，我国打破两个互相嵌套的"中心－外围"格局，实现东中西部地区发展差距的不断缩小，本质上是东部地区的率先发展、率先富裕与区域协调发展的良性互动，同时也是我国融入全球价值链与构建、完善国家价值链之间的良性互动。按照出口导向模式，我国在"发达国家－我国东部地区－中西部地区"的"食物链条"中已无法实现更高级别的均衡发展和更长链条的分工协同，同时该模式也消耗国家越来越多的资源。而从"出口导向"向"内需驱动"转变，形成以国民需求为"着力点"的经济增长的长效动力，将真正有利于经济发展目标的实现；从"出口导向"向"内需驱动"转变，兼顾不同区域对于发展的不同诉求，将有利于实现发展资源向拥有市场规模优势的我国广大中

西部地区转移，从根本上构筑区域协调发展的基础。同时，从"出口导向"向"内需驱动"转变，构建完善的国家价值链体系，不仅是我国维护国家经济安全、避免受制于人的必然选择，也是打破我国各区域产业升级困境、提升区域空间价值链竞争力、实现我国在全球价值创造空间体系位置不断攀升的有效途径。

当然，从"出口导向"到"内需驱动"转变，并不意味着要实行闭关锁国，也不意味着要追求东、中、西部的平均发展，而是要在充分利用我国本土市场规模优势以及区域差异所产生的空间优势的基础上，实现内部发展能力的整合与内部效率的提升，形成以内需为基础的空间价值链网络体系。同时，通过区域空间价值链网络体系，主动参与全球价值链竞争，既实现在全球价值创造空间体系中的整体跃升，又实现内部区域的平衡发展。因此，实现我国由"出口导向"向"内需驱动"的转变，构建基于"内需驱动"的国家价值链，成为开放经济新阶段我国提升区域竞争力、促进区域协调发展的一条全新路径。

（二）区域价值创造内涵改变与国家价值链的构建

针对我国东中西部地区"中心－外围"格局以及"发达国家－我国东部地区－中西部地区"层层控制的"食物链条"，通过发挥本土市场效应特别是市场需求规模优势，调整当前我国的价值创造空间，构建相对完善的国家价值链体系，是促进我国东中西部地区形成"内源式"经济增长方式、重构我国东中西部地区分工以及实现区域协调发展的有效途径。

1. 东部地区价值创造内涵改变与国家价值链构建

对于东部地区而言，一方面，必须继续坚持向全球价值链高端环节的攀升，并在全球价值链竞争中站稳脚跟。全球价值链作为最重要的国际经济分工方式与治理模式，因其可以更具效率地利用各国资源、发挥各国比较优势，从而将国际经济交流带来的福利惠及所有参与者。作为一个后进的发展中国家，我国要保持经济的持续增长并实现各领域的进步，就必须利用一切可以利用的外部资源，并以较低的成本获得先进技术。通过参与

第四章　NVC 构建与中国区域平衡发展

国际分工与国际经济交流对接全球价值链，进而分享国际技术进步，获取所需资源尤其是稀缺资源，无疑成为促进自身发展的一种高效方式。与此同时，东部地区向全球价值链高端环节的攀升势必遭遇各种压制与封锁，但如果这一目标不能成功实现，我国作为"世界工厂"的地位很可能也将逐渐丧失，如此一来，不仅是我国东部地区，我国长期为东部地区提供低廉要素的广大中西部地区，都将陷入经济结构升级的"恶性累积循环"，缩小东中西部的发展差距更是也无从谈起。另一方面，东部地区要率先在高端产业以及价值链高端环节取得突破的同时，将仍具国内巨大需求规模、仍能体现我国比较优势的传统产业转移到中西部地区，为本地的产业高级化发展创造条件。这也将有助于在全国范围内延长产业链条与增加生产的迂回程度，并培养出我国本土的价值链系统集成商与治理者，带动我国区域分工的进一步深化。

改革开放以来，事实上已经形成了我国东中西部地区梯度发展的格局以及以东部地区为增长极带动中西部地区发展的态势，高度异质性的区域市场不仅为产业业态差别化竞争优势的形成提供了充足的空间，而且也为在更广阔的范围内建立产业关联奠定了基础。同时，基于共同的文化以及更为熟悉的社会、市场环境，较之于国外企业，实力雄厚的本土企业特别是越来越成熟的东部企业，更能开发出具有市场吸引力的新产品，更能感知国内市场需求新动向，从而也更易于培育出具有强大生命力的民族品牌。此外，相对于世界其他经济体而言，中国市场规模巨大，且经过多年的高速发展，更具形成完整产业链条的潜力。当前，东部地区大批规模化企业已逐渐具备了价值链的系统集成能力以及治理能力，东部地区完全可以率先构建基于本土市场需求的自主发展型价值链网络（詹浩勇、冯金丽，2015），进而实现东中西部地区之间发展的协同互动。同时，通过关注价值链网络分工架构与相关制度设计，以及价值链参与者竞合关系的维护，东部地区也完全有能力引领形成有利于国际竞争的国家价值链体系竞争优势。

2. 中西部地区价值创造内涵改变与国家价值链构建

对于中西部地区而言，要实现与东部区域的协调发展以及自身的可持续发展，必须重点解决好三方面的问题。一是实现竞争优势的升级。在知识经济时代，简单劳动力与自然资源等要素已经越来越丧失其竞争优势，成为价值创造中的最低端要素。二是实现价值链分工体系的突破。中西部地区不能仅仅满足于参与全球价值链的低端环节或者是东部地区主导的价值链的附属环节，而应在国家价值链的架构中寻求更高价值创造的分工环节。三是培育"内源式"的价值链网络体系。特别是高度重视新经济形态带来的发展内涵的改变，通过新兴产业的集聚与扩散促进产业升级，并形成区域经济的增长极。因此，国家价值链构建并不是要将西部地区的发展限定于某些产业或某些环节，而是通过发挥其自身的优势，强化与东部地区的产业关联，改变其在全球价值链以及与东部地区合作中的从属地位，提升发展的自主性，最终实现经济发展方式的转型。

一方面，中西部地区要充分利用与东部地区形成的产业梯度，加速吸纳具有内需规模的传统优势产业，以充分利用中西部地区充足的劳动力、自然资源等要素，形成以国内市场需求为基础的具有自我演化能力的产业发展基础。中西部地区通过对接东部地区的产业转移，也能从整体上提高我国国内生产的迂回程度与区域产业的关联程度，从而形成东部地区率先发展与东部地区带动中西部地区协调发展的良性互动关系。另一方面，中西部地区更要把握经济发展的趋势，通过新兴经济业态的发展，或者通过全新技术手段升级传统经济业态，缩小与东部地区的差距甚至是"弯道超车"。特别是在当前以劳动分工为主导向以知识分工为主导的发展方式转换的过程中，中西部地区尤其是要形成高技能劳动力的竞争优势，在承接东部地区标准化、模块化服务外包的同时，依托知识密集型服务企业的集聚发展，主动蓄积知识和技能，从而绕开传统价值链升级的束缚，从根本上开辟出一条全新的产业升级路径。

在以知识分工为主导的发展方式下，知识密集型生产性服务业将取代制造业成为知识经济时代的核心产业，从而现代产业升级也具有了全新的内涵：依靠简单劳动力、自然资源等要素禀赋参与产业链分工的传统道路已愈加难行，通过知识、技术等高端要素塑造价值链分工体系才能最终获取高端核心竞争力。基于东西部地区的知识分工构建国家价值链，是对我国价值链传统分布模式和演进路径的双重跨越（詹浩勇、冯金丽，2015）。在以知识分工为基础的东中西部地区产业重构中，西部地区可以依据知识、技能的储量在更高的起点上寻求与东部地区的合作，而非仅仅是承接传统的低端制造业的转移，从而可以在进行低端代工和促进经济"跨越式发展"的权衡中寻找到新的突破点。鉴于知识要素的"黏性"程度较低，其在空间中更加"顺滑"的自由流动也为中西部地区知识密集型产业集聚提供了条件。把握知识分工主导下国家价值链构建的机遇，成为我国各地区尤其是中西部地区寻找自身产业升级方向、重新参与区域合作与竞争的新起点。而一条源自内生的主要以东部为发包方、中西部为代工方的自主知识型价值链的形成，将为我国各区域的发展提供更为强劲的动力。

从我国中西部地区的现实情况来看，其基本具备了承接和发展知识密集型生产性服务业的基础。一是中西部地区拥有人才培养优势与巨大的人才储备优势，中西部地区2015~2017年每年高等院校毕业生人数占全国的60%以上（见图4-5）；二是中西部地区拥有人力资本成本的比较优势，不仅城市平均工资水平远低于东部地区，同时住房等吸引、留住人才的成本也远低于东部地区；三是经过多年的发展，中西部地区已基本形成了知识密集型产业发展的基础，并涌现诸如成都高新区、贵阳国家高新技术产业开发区、西安高新区等一大批知识密集型产业园区或产业集群，为中西部地区大规模参与知识分工、承接服务外包创造了条件。

在东部地区率先发展并取得巨大成效的背景下，为促进区域协调发展，自20世纪末开始，我国提出了西部大开发、振兴东北老工业基地、促进中部地区崛起三大战略，从而我国事实上形成了以东部地区、中部地区、西部地区、东北地区"四大板块"为主体的区域总体发展格局。2013年以来，我国又进一步提出了"一带一路"倡议、京津冀协同发展和长江经济带建设战略。总体来看，"四大板块"就是要将我国划分为四个互不重叠的、具

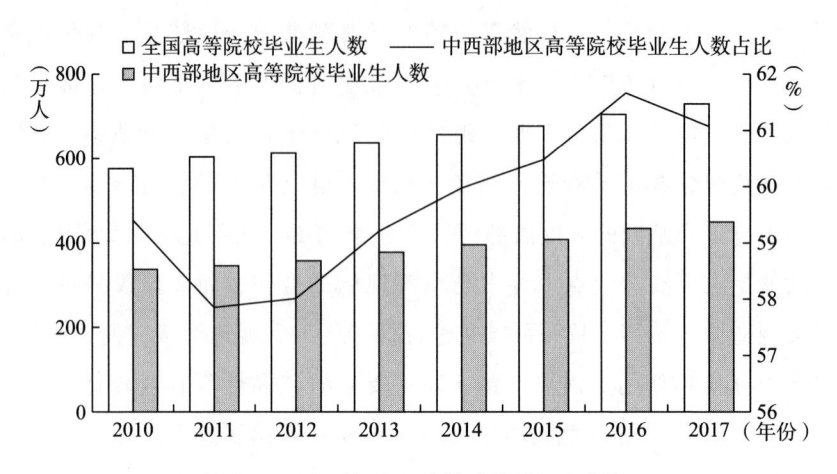

图 4-5 中西部地区高等院校毕业生人数

资料来源：《中国统计年鉴（2018）》。

有鲜明资源与要素特点且各具竞争优势的区域，并根据不同区域发展面临的问题，制定不同的区域发展战略。上述倡议和战略旨在打破特定板块界线，促进区域经济对内对外开放以及深化跨区域经济合作，并培育新的区域经济增长极。也就是说，"四大板块"更加注重不同区域之间的联系，上述倡议和战略则为区域间的合作以及区域全方位开放提供连接通道，由此形成了我国横跨东中西部、南北方紧密连接的"连横合纵"区域协调发展态势。在"四大板块"与上述倡议和战略的有效带动下，我国的区域空间发展格局将进一步优化，各区域也将形成互联互通、优势互补的空间价值创造体系。

（三）以城市群为基础的价值创造空间整合

随着工业化与城市化进程的加快，城市群作为经济增长节点在一国经济发展中的作用越来越明显，同时城市群也成为区域价值创造最具活力与最具潜力的核心载体，未来我国必将形成以城市群为主体形态的空间经济发展模式。

1. 区域空间价值链演化规律

区域经济增长不仅是以城市为主体的价值创造空间持续扩张的过程，

更是生产要素自由流动以寻求价值创造最大化的结果，以要素流动与产业转移为主要内容的城市价值创造空间的整合形成区域空间价值链演化的规律。这一规律首先表现为区域核心城市与次级城市在竞合关系中集聚与自身发展条件及优势相一致的产业或价值链环节，形成基于价值创造空间合理布局的城市群空间结构。在逐利性、空间增值性以及拥挤效应等多种力量的共同作用下，高端要素、高附加值产业或价值链环节倾向于向区域中心城市集聚，而一般低端要素、低附加值产业或价值链环节则更多分散于中心城市外围以及次级中小城市。通过城市间不同产业以及不同价值创造环节的协同，区域最终形成层级分明的体系化发展格局。在该体系中，由于核心城市占据价值创造的主导地位，具有更高的发展水平，其逐渐演化为区域经济发展规范的制定者，并对次级城市形成强烈的示范作用；次级城市则在规则指引下，通过发挥本地的专业化竞争优势，实现城市规模的扩张以及在区域城市体系中地位的提升。进一步而言，由于现代产业体系中制造业向现代服务业转变的增值效应更加显著，区域经济空间的演化一般体现为服务业向核心城市的集聚与制造业向次级城市的迁移。制造业向次级城市的迁移，不仅为区域核心城市的产业升级提供了空间，同时也推动了次级城市的功能升级，从而区域不同层级城市产业空间布局的整合实现了区域整体价值创造能力的提高。与此同时，区域空间价值链演化规律也表现为单个城市依据产业与价值链环节的价值创造效率对内部空间布局的调整。产业与价值链不同环节在城市不同位置的布局与其在城市群空间体系中的布局具有共同的理论基础。

总之，区域空间价值链在整个区域经济的空间演化过程中发挥着基础性作用，其在很大程度上决定了区域不同城市的层级以及发展方向，而城市内部空间价值链的形成与升级则是单个城市取得区域产业竞争优势与价值链分工优势的保障，也是单个城市在整个城市群体系中实现地位转变的关键。区域空间价值链与城市内部空间价值链的构建与完善共同形成区域价值创造最大化的根本途径。

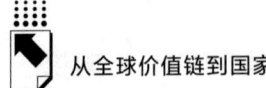

2. 我国区域空间价值链的构建

经济活动集聚与区域空间价值链共同构成区域经济增长的动力源。在我国经济转型发展的大背景下，以城市群为载体，以区域价值创造空间整合为手段，构建分工明确、层次分明的区域空间价值链体系，成为我国实现区域经济均衡发展的有效路径。

第一，通过破除旧有行政体制实现区域价值创造体系的整合。在区域经济的发展进程中，空间价值创造观念的缺失与过多的行政区划层级会人为地形成市场壁垒，限制生产要素在空间的自由流动以及产业的自由转移，从而不利于区域价值创造体系的形成。而统一的市场，将更有利实现产业在城市的布局与优化，也将更有利于空间层级组织的形成，从而统一区域价值链与空间价值链，实现城市间以及城市内部的合理分工、错位发展与功能互补，最终形成网络竞争优势。同时，也只有在统一市场下实现区域空间价值链与城市内部空间价值链的协同演化，才能有效避免核心城市产业"空心化"、中小城市陷入"价值链升级陷阱"。

第二，通过内部需求构筑更高层级的价值链体系。较之于以外部需求为主导的产业体系，以本地需求为主导的产业体系不仅将围绕研发、生产、销售等环节形成更加细化的价值链环节分工，形成迂回程度更高的生产链条，同时以此为基础，也将进一步扩大区域市场规模，支持区域形成更高水平的经济集聚，进而促进区域空间价值链的形成与演化。

第三，通过区域核心城市的发展形成要素、产业集聚的顺畅机制。在集聚与扩散机制的作用下，要素、产业首先向城市节点特别是大城市集中，相对较大的市场需求规模不仅能促进制造业通过深化分工提高效率，同时还能围绕生产制造衍生一大批生产、生活性服务业。当制造业与生产性服务业各自突破自身规模的限制，成为相对独立的部门，基于部门报酬率的差异，两者又将进一步产生空间分化，并促使制造部门向城市外围或者层级更低的中小城市扩散。与此同时，制造部门与生产性服务部门也逐渐产生了实力雄厚、在核心价值链环节具有重要话语权甚至对整个价值链形成治理能力的价值链"链主"。可见，在以资源高效利用与协同竞争为主要目的的区域空间价值链形成过程中,作为在区域空间价值链中拥有核心地位的大城市,需要不断扩大制造业与生产性服务业规模,并增强对下游城市的引导与带动,从而加速实现价值链整合意义上的区域空间价值创造。

第四,构筑基于比较优势的中小城市价值创造空间。按照区域空间价值链演化规律,要素回报率更高的现代服务业倾向于在区域核心城市集聚,而要素回报率不断衰减的制造业则不断向核心城市外围或者低层级中小城市转移,但这并不意味着中小城市的发展一定落后于大城市。中小城市同样可以依据其比较优势不断提高自身的价值创造效率,从而吸引更多高端资源向其集中,甚至实现在城市等级体系中的跃升。特别是,虽然区域空间价值链的形成加速了高端服务产业或环节向核心城市集聚,但中低端制造业在整个区域产业链条中仍起着重要的作用。不但高端生产性服务业是制造业中间需求持续增加的结果,同时制造业的发展对于生产性服务业的成长还具有显著的乘数促进效应。制造业与生产性服务业两者相辅相成,共同形成区域空间价值链完善的基础。从而,不仅控制金融、咨询、信息等高端服务业或服务环节成为区域获取竞争优势的关键,同时核心制造能力的提高也成为区域空间价值链增值的关键。这也是发达国家从未放弃制造业的原因之一。因此,区域中小城市要充分利用其自然资源禀赋优势以及其他竞争优势,将制造业放在更加突出的位置,避免盲目推行以服务经济、虚拟经济为导向的"跨越式发展",并通过制造业的分工深化与技术升级,潜心培育出在制造环节掌握核心技术的优质本土企业。

3. 我国国家级城市群与东京城市群的比较

根据区域空间价值链的演化规律,区域经济发展将最终形成价值链体系完整、空间圈层结构分明以及区域分工合理、比较优势均能有效发挥的城市群体系。该城市群体系将最大化发挥区域价值创造的潜力与整体合力,引领区域获得竞争优势。而我国当前的城市群发育程度与成熟的发达国家城市群还存在巨大差距。

(1) 东京城市群。东京城市群是同纽约城市群、巴黎城市群并立的世界三大城市群之一,并于20世纪90年代基本实现了发展的"稳态"。从东京城市群的整体状况来看,一个最为显著的特征是经济活动在地域上的集中,东京都以占东京城市群6%的土地集聚了将近30%的人口以及创造了近47%的GDP(见表4-2)。

表4-2 2001年日本东京城市群相关数据

地区	面积(千米²)	占城市群比重(%)	人口(万人)	占城市群比重(%)	GDP(万亿日元)	占日本比重(%)
东京城市群	36433	100	4134	100	19.2383	100
东京都	2187	6	1206	29	8.97221	46.65
内圈三县(埼玉县、神奈川县、千叶县)	11178	31	2136	52	7.1896	37.39
外圈四县(茨城县、栃木县、群马县、山梨县)	23068	63	792	19	3.0765	15.96

资料来源:杨盛标(2010)。

如表4-3所示,从就业结构来看,服务业与批发零售业两个行业在东京都就业结构中占据着绝对的主体地位;同时,即使经济已高度发达,制造业也仍稳居就业吸纳的第二梯队;此外,作为世界三大金融中心之一,东京都在金融保险业、房地产业以及运输通信业等产业的就业上也显示出一定的优势。从就业人口的空间分布来看,东京都也可以具体划分为明显的核心、内环与外环三个圈层。其中,核心区是居于东京都城市中心的千代田区、中央区与港区三个区,内环是除去核心区以外的其余20个区,而外环则是除上述23个区外的东京都其他地区。在这三个圈层中,批发零售业、服务业都是吸纳就业的主要产业。有所不同的是,金融保险业也对解决核心区就业问题发挥了一定作用。依附于世界金融中心的地位,这里集聚整个东京28%的银行以及37%的金融机构总部,同时制造业也主要是高附加值、占地少的印刷业。内环的制造业就业吸纳,除去印刷业外,金属制品、一般机械设备、电气机械设备和食品等制造产业的就业人数比重相较核心区有所增加;而在外环,制造业中的就业吸纳主力已转变成电气机械设备、一般机械设备、食品、精密仪器等一般制造业。

表4-3 2001年东京都各行业综合情况

行业	产出（十亿日元）	占总产出比重（%）	就业人数（万人）	占总就业人数比重（%）
服务业	25637.2	29.08	289.1	34.5
批发零售业	18492.2	20.98	265.4	36.7
金融保险业	11763.8	13.35	39.4	4.7
房地产业	10820.9	12.28	22.7	2.7
制造业	9318.3	10.57	109.8	13.1
运输通信业	6053.2	6.87	56.1	6.7
建筑业	4507.8	5.11	50.6	6.0
电气煤气水道业	1477.1	1.68	3.9	0.5
农林渔业	48.3	0.05	0.4	0.05
矿业	31.2	0.04	0.3	0.04
合计	88150	100	837.7	100

资料来源：杨盛标（2010）。

内圈三县各行业从业人员在东京城市群各行业中的分均较为均衡。如表4-4所示，除了金融保险业、农林渔业以及矿业的从业人数占比低于30%，其他行业均在30%~55%。整体来看，内圈三县尽管人口规模较东京都更大，但经济产出效能却远低于东京都。对外圈四县而言，农林渔业和矿业的就业吸纳能力较强。此外，外圈四县的经济产出效能也远低于东京都与内圈三县。

表4-4 2004年东京城市群各行业从业人数分布

类目	东京都	占比（%）	内圈三县	占比（%）	外圈四县	占比（%）
批发零售业	1817	44.4	1601	39.1	677	16.5
服务业	1482	38.0	1982	50.8	440	11.3
金融保险业	341	59.9	158	27.8	70	12.3
房地产业	240	56.1	150	35.0	38	8.9
制造业	883	29.0	1314	43.2	846	27.8
运输通信业	388	38.0	476	46.7	156	15.3
建筑业	465	36.2	538	41.9	280	21.8

续表

类目	东京都	占比（%）	内圈三县	占比（%）	外圈四县	占比（%）
电气煤气水道业	26	47.3	19	34.5	10	18.2
农林渔业	2.5	33.3	2	26.7	3	40.0
矿业	2.5	33.3	2	26.7	3	40.0

资料来源：《日本统计年鉴（2004）》。

由此，可以发现东京城市群的产业空间分布特征：核心城市以服务业与高端制造业为主导产业，尤其是以（生活性）服务业与批发零售业、金融、地产等行业为主；城市圈中间层产业发展则较为均衡，集聚程度较之核心城市大大降低，同时制造业也显现出附加值衰减的态势；而在城市圈外围，除去服务业外，主要是一般制造业以及农业等。

（2）我国的城市群。历经多年的发展，我国多区域形成了各具发展层次与发展阶段的城市群，并引领了我国区域经济的快速发展。截至 2019 年 2 月，我国经国务院批复建立的国家级城市群共计 10 个，这些城市群不仅覆盖了我国相当部分的国土面积，同时受近年来较快城市化进程的影响，我国城市群中核心城市的人口规模更是在城市群中占据了相当高的比重（如表 4-5 和表 4-6 所示）。

表 4-5 我国国家级城市群（经国务院批复建立）

城市群	所属区域	面积（万千米^2）	核心城市（城区常住人口一般在 500 万人以上）	大城市（城区常住人口一般在 100 万~500 万人）	中等城市（城区常住人口一般在 50 万~100 万人）
长江中游城市群	中部地区	32.61	武汉	长沙、南昌、襄阳、仙桃、上饶、常德、宜昌、抚州、宜春、岳阳、荆州、衡阳、天门、益阳、鄂州、潜江	株洲、孝感、新余、萍乡、湘潭、九江、荆门、黄石、咸宁、娄底、吉安、景德镇、黄冈、鹰潭
哈长城市群	东部地区	26.36	哈尔滨	长春、延边朝鲜族自治州、吉林、大庆、齐齐哈尔	牡丹江、绥化、四平、松原、辽源
成渝城市群	西部地区	18.5	重庆、成都	南充、达州、绵阳、泸州、遂宁、自贡、内江、宜宾、广安、眉山、乐山、资阳	德阳、雅安

第四章　NVC 构建与中国区域平衡发展

续表

城市群	所属区域	面积（万千米²）	核心城市（城区常住人口一般在500万人以上）	大城市（城区常住人口一般在100万~500万人）	中等城市（城区常住人口一般在50万~100万人）
长三角城市群	东部地区	11.66	上海、南京、杭州	苏州、常州、宁波、合肥、无锡、盐城、扬州、绍兴、南通、泰州、台州、芜湖、湖州、镇江	金华、嘉兴、宣城、马鞍山、安庆、铜陵、舟山、池州、滁州
中原城市群	中部地区	28.7	郑州	洛阳、开封、许昌、新乡、焦作、平顶山、南阳、安阳、商丘、邯郸、阜阳、蚌埠	漯河、济源、周口、信阳、驻马店、鹤壁、濮阳、三门峡、长治、晋城、运城、邢台、聊城、菏泽、宿州、淮北、亳州
北部湾城市群	华南地区	11.66	湛江、海口	南宁、茂名、钦州市、阳江、玉林、儋州	北海、防城港、澄迈、临高、东方、崇左、昌江
关中平原城市群	西部地区	10.71	西安	宝鸡、天水、渭南、咸阳	临汾、铜川、运城、商洛、平凉、庆阳
呼包鄂榆城市群	东部地区	17.5	呼和浩特	包头	榆林、鄂尔多斯
兰西城市群	西部地区	9.75	兰州、西宁	临夏回族自治州	白银、海南藏族自治州、定西、海东、海北藏族自治州、黄南藏族自治州
粤港澳大湾区	东部地区	5.6	广州、香港	深圳、佛山、东莞、中山、惠州、江门、肇庆、珠海	澳门

资料来源：根据相关政策文件、各省份统计年鉴、统计公报整理得到。

整体来看，虽然我国多个区域初步形成了以城市群为主体的经济发展态势，各区域城市圈层结构也初步显现，但除去粤港澳大湾区、长三角城市群等成熟度较高的城市群外，整体上我国城市群的发展程度特别是中西部地区城市群的发展程度仍然落后，突出表现在以下几个方面。一是中西部地区城市群核心大城市的缺失。在我国国家级的城市群中，兰西城市群、呼包鄂榆城市群、北部湾城市群及中原城市群缺乏城区常住人口在500万人规模以上的核心城市。二是城市群人口在全国人口中的比重仍然较低，我国十大国家级城市群人口规模约只占我国总人口的21%。三是核心城市在城市群中的经济规模仍然较小，特别是中西部地区城市群经济的分散化发展严重。归根结底，我国区域经济发展仍处于以发挥集聚效应为主的阶段，资源向城市集中仍是当前区域经济发展的趋势，而区域增长极仍未能形成并有效发挥带动作用。

表4-6 2017年我国国家级城市群核心城市人口与经济指标

城市群名称	人口（万人）	占全国人口比重（%）	核心城市人口规模（万人）	占城市群人口比重（%）
粤港澳大湾区	3503.244	2.52	2683.5996	76.60
成渝城市群	4934.914	3.55	3068.0684	62.17
关中平原城市群	1537.05	1.11	649.0759	42.23
长三角城市群	6456.967	4.65	2683.5996	41.56
哈长城市群	1993.641	1.43	550.768	27.63
长江中游城市群	4272.849	3.07	853.6517	19.98
中原城市群	3987.285	2.87	357.83	8.97
北部湾城市群	1837.965	1.32	441.7508	24.03
呼包鄂榆城市群	418.0808	0.30	134.711	32.22
兰西城市群	751.8469	0.54	304.4307	40.49

资料来源：由各省份统计年鉴、统计公报整理计算得到。

此外，从城市群产业发展来看，我国区域经济同样更多地显示出集聚发展的特征。特别是金融保险业、服务业等"高位"产业在各城市群中的分布以核心城市及大城市为主，形成了在区域核心节点集聚发展的态势。例如，东部长三角城市群核心城市金融保险业产值占城市群的比重与大城市金融保险业产值占城市群的比重分别为25.8%与73.5%，在中部中原城市群这两个占比分别为30.6%与48.6%，而在西部成渝城市群这两个占比分别达到74.6%与22.2%；长三角城市群核心城市服务业产值占城市群的比重与大城市服务业产值占城市群的比重分别为32.4%与65.4%，在中原城市群这两个占比分别为13.9%与64.9%，在成渝城市群这两个占比也高达58.2%与36.5%（由于成渝城市群中存在成都与重庆两个核心城市，故其核心城市产值占比较高)。但是，与之相对应的是，我国区域经济中核心城市与大城市对城市群整体发展的带动效应不足，突出表现为制造业等"中低位"产业在核心城市与大城市高集聚度。由表4-7可知，长三角城市群核心城市与大城市制造业产值占比分别为15.6%与84.0%，中原城市群的核心城市与大城市的占比分别为6.5%与69.3%，而西部成渝城市群制造业集中态势则更加明显，核心城市与大城市占比分别达到63.1%与29.4%。从而可以推断，无论是我国东部、中部还是西部地区的城市群，均未能形成以产业报酬率衰减为特征的产业空间布局。由此也可以判断，在我国城市群内部，事实上仍未能形成富有关联的产业网络体系，城市群节点城市的辐射带动能力仍然不足。

对比成熟度较高的东京城市群与我国的城市群，我国区域经济发展与国外发达地区经济发展的差距在于：仍未能形成基于经济活动集聚与扩散机制的以城市群体系形成为核心的协同发展态势。因此，鼓励要素与产业向区域城市特别是核心城市的集聚发展，充分发挥集聚的规模报酬递增效应，强化区域经济的增长极并有效发挥其带动作用，从而形成分工明确与优势互补的区域价值创造空间体系，是未来我国国家价值链构建的核心内容。

表4-7 我国主要城市群的产业发展情况

单位：%

城市群	数据指标	农林渔业	服务业	批发零售业	金融保险业	房地产业	制造业	运输通信业	建筑业	电气煤气水道业	矿业
长三角城市群	城市群总产值占全国比重	7.6	5.9	19.0	14.2	14.1	56.1	14.4	61.8	42.9	4.4
	核心城市总产值占城市群比重	16.0	32.4	15.6	25.8	20.7	15.6	38.5	37.0	18.7	6.4
	大城市总产值占城市群比重	79.7	65.4	83.8	73.5	78.5	84.0	60.5	62.7	81.0	92.8
	中等城市总产值占城市群比重	4.4	2.2	0.6	0.8	0.9	0.5	1.1	0.3	0.3	0.8
成渝城市群	城市群总产值占全国比重	10.5	4.5	8.2	7.0	4.9	24.2	6.6	25.8	16.9	6.3
	核心城市总产值占城市群比重	31.0	58.2	72.5	74.6	67.5	63.1	62.7	54.3	46.0	35.4
	大城市总产值占城市群比重	61.4	36.5	25.4	22.2	29.2	29.4	33.7	42.5	47.0	57.1
	中等城市总产值占城市群比重	7.6	5.4	2.2	3.3	3.4	7.5	3.6	3.2	7.0	7.5
中原城市群	城市群总产值占全国比重	13.8	8.6	7.7	5.4	6.5	21.8	8.1	22.1	19.5	19.6
	核心城市总产值占城市群比重	1.7	13.9	12.9	30.6	18.2	6.5	18.6	32.5	13.7	3.8
	大城市总产值占城市群比重	70.8	64.9	66.6	48.6	59.7	69.3	48.3	47.7	66.2	41.9
	中等城市总产值占城市群比重	27.5	21.2	20.5	20.8	22.1	24.2	33.1	19.9	20.1	54.3

资料来源：由各省份统计年鉴、统计公报整理计算得到。

第五章　NVC 构建与中国产业协调发展

　　生产性服务业与制造业的分化和整合成为现代产业分工的最核心内容。得益于生产性服务业的发展，制造业不断实现效率的提升与市场的扩张；同时在制造业的支持下，生产性服务业也不断增加知识容量并强化附加值获取能力。生产性服务业从内置、分化与独立到走向与制造业重新融合的过程，不仅促进了两个产业的共同发展，同时也细化了社会分工，催生了更多的新兴业态，并直接推动了现代产业结构的优化与升级。与此同时，生产性服务业与制造业分化与整合的过程，也是价值链环节更加细化、价值创造核心环节与辅助环节相互剥离与相互渗透并最终形成体系化价值创造能力的过程。该价值链体系的形成以及对体系中核心价值创造环节的掌握，成为一国经济持续发展与动态化国际竞争能力获取的根本途径。针对我国在出口导向模式下"低端锁定""链条短小""链条断裂"等发展困境，如何通过我国大国市场规模优势，内生形成基于制造业与生产性服务业互动发展的具有产业自我优化与自我升级能力的价值链体系，并培育出具有价值链治理能力、掌握价值链高端环节的我国本土企业，进而提升我国在全球价值链上的竞争力，成为开放新阶段实现我国产业协调发展所必须关注的内容。

从全球价值链到国家价值链：中国自主开放与创新之路

一 社会分工、价值链重构与产业结构演化

（一）社会分工与产业结构变迁的逻辑

经济服务化是经济发展的必然趋势与产业结构变迁的必然结果。在社会经济发展进程中，服务业在国民经济中的比重会显著上升，同时服务业内部结构也会发生显著改变。依据服务对象、服务内容以及提供主体的差异，现代服务业可以进一步细分为生产性服务业、生活性服务业与社会公共服务业。所谓生产性服务业，是指以制造企业为服务对象，为企业生产提供管理、技术、专业化知识等中间服务并促进最终消费品高效生产、贯穿于生产环节全过程的所有中间性服务行业的总和；生活性服务业，是指直接为消费者提供物质与服务以及精神生活产品的产业，主要包括住宿餐饮、家政、美发美容、维修服务、商贸旅游等业态；社会公共服务业，指公共组织机构依据并使用公共权力和公共资源向公众提供的公共服务，如社会治安管理、医疗卫生、基础市政设施、基础教育等。随着经济服务化程度的不断加深，生活性服务业在国民经济中的比重持续下降，与之相反，生产性服务业与社会公共服务业的比重则持续上升（邱灵，2014）。生产性服务业的持续快速发展成为服务业自身结构演进的一般规律和产业结构整体优化升级的重要内容。

在由制造业、生产性服务业、生活性服务与社会公共服务业共同构成的现代产业体系中，制造业与生产性服务业居于核心位置（见图5-1）。制造业与生产性服务业的相互配合与相互促进，不仅使两部门成为社会财富直接的来源与分配的基础，同时在两部门生产效率不断提高、社会价值创造不断累积的基础上，进一步衍生出对社会服务的需求，并不断拓展了服务业发展的广度与深度，最终从整体上提升一国的国民收入水平与社会福利水平。因此，就"经济服务化趋势"或者"产业结构服务化趋势"而言，无论生活性服务业与社会公共服务业在国民经济中占据多高的比重，其基

础仍在于制造业与生产性服务业相互作用所主导的产业结构的调整。

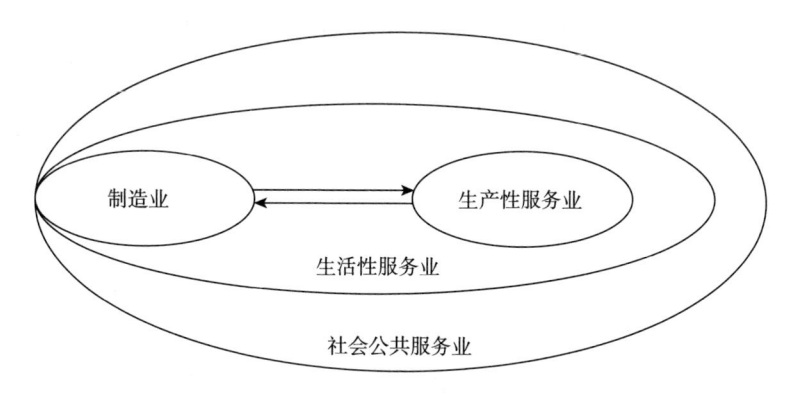

图 5-1 现代产业体系构成

（二）现代生产性服务业与制造业的分化

社会分工细化是社会经济发展到一定阶段的必然要求。在市场化程度较低的状态下，早期的生产性服务一般内置于制造部门，由企业自身提供，其发展更多反映了企业内部的资源配置效率以及专业化分工状况；随着市场化程度的不断提高与市场交易成本的不断下降，效率追求对分工与专业化程度提出了更高的要求，制造部门为集中优势资源于优势环节，逐渐将一些传统上内置于企业但不真正具备优势的服务环节剥离出去，并通过市场购买所需服务，进而经济系统中也逐渐产生了大量不具权属性质却依附于制造部门的生产性服务企业。具体而言，生产性服务业由"内部化"向"外部化"规律性演进的原因如下。

1. 生产成本的节约

利润追求是企业发展的永恒动力，出于成本与效率的考虑，如果外部交易成本低于内部组织成本，则外部任何更加低廉且同质性服务的提供都会刺激制造企业将生产性服务部门外移，甚至在可能产生技术外溢风险的状况下也是如此。

一是专业化条件下生产成本的降低。生产性服务部门从制造企业内部独立出来，由此带来的专业化水平的提升极大降低了制造部门的生产成本。

一方面，基于两个部门在投资风险、生产机制、技术构成、管理模式、人员结构等方面的巨大差异，如果将制造部门与生产性服务部门均内置于同一边界，则两部门必然产生冲突，最终整体降低企业的运营效率；而生产性服务部门的独立，不仅有助于解放自身生产力并且提高供给效率，同时也有助于降低制造部门获取生产性服务的成本、提高制造部门的生产效率。另一方面，生产性服务部门的分立成为其内部分工细化的基础，这将进一步带来生产性服务的高级化与多样化，从而对制造部门提供更大的贡献。同时，在生产性服务部门外置的情况下，制造部门对相关生产性服务部门往往能形成更加有效的监督，这在很大程度上克服了服务供给质量难以自我监督的问题，并促使外部生产性服务提供商加强对自身服务质量的关注；此外，生产性服务部门自身"标准化"程度的不断提高使其外置成本不断下降，这也成为其外部化倾向的原因之一。

二是规模经济下生产性服务供给成本的降低。随着分工的细化与专业化程度的不断提高，经济活动的效率将越来越取决于不同经济活动之间的联系，生产性服务部门从制造部门的分离，有助于其内部规模经济与外部规模经济的形成，从而整体上降低其供给成本。从内部规模经济来看，生产性服务部门从制造部门分离并自成体系以后，其市场需求将从单一企业转向整个相关市场，这意味着提供大量同类服务产品的规模经济的产生。同时，由于生产性服务业本身具有传播成本低而投入成本高的特点，其内部规模经济效应一般远远强于制造部门。此外，知识密集特性使得生产性服务业的市场更接近垄断竞争市场，从而只有规模化运作的服务提供商才可能在某些领域提供高质量的服务。在生产性服务部门与制造部门分离的状态下，资产的专用性特征将引致制造业与生产性服务业的协同，在空间上则强烈表现为制造业对生产性服务业的吸引所产生的产业集聚效应。从外部规模经济来看，这一方面反向促进了制造企业的集聚，进一步刺激了生产性服务业的市场需求，支撑了生产性服务企业内部规模经济的形成与维持；另一方面生产性服务企业的集聚，也将促进同类企业间的相互竞争、相互学习以及协作，从而形成有利于自身发展的外部规模经济效应。

2. 交易成本的节约

一是制度效率下交易成本的节约。"制度……旨在约束追求主体福利或效用最大化的个人行为"（North，1983）。在制度约束较强的情况下，经济主体倾向于将相关经济活动内置以应对外部性所导致的市场失灵问题，而有效率的制度则会通过降低交易成本促进社会生产效率的提高、资源的有效配置等，从而支持社会分工、刺激生产与交换。要素流动的便利化、市场交易成本的不断降低，意味着制造业可以通过服务外包提高其生产效率与收益，因此生产性服务部门的外置事实上成为制造部门自身资源配置对制度效率的反应。当然，生产性服务部门与制造部门的分离在实现某些类型的成本节约的同时，也不可避免地扩大了生产性服务部门与制造部门之间的交易成本，包括对产品生产与供给过程的监督成本、对产品质量进行认定的成本、运输成本、对生产性服务提供者知识产权的保护成本、对生产性服务接受者商业秘密的保护成本等，这也成为许多企业仍将生产性服务部门保留在内部的原因。生产性服务部门是内置还是外置，关键要看其对内部组织活动成本的影响，只有当外置的边际交易成本小于内置的边际组织成本时，生产性服务部门的外置才是合理且具有效率的。

二是现代信息技术及虚拟化运营方式降低交易成本。在现代生产能力与服务水平不断提升的情况下，市场需求也愈加个性化、多样化与动态化，这要求生产企业具备灵活化的生产能力以迅速响应市场的需求。同时，在交易频率不断提高的状态下，质量要求与技术要求的双重压力也迫使企业不得不考虑尽可能利用外部资源以适应市场发展的趋势。对于生产性服务部门内置带来的企业管理链条的延长对企业经营效率的影响，服务外包可以有效解决这一问题。利用现代信息技术手段，通过服务外包与虚拟化运营方式，制造企业可以与外部生产性服务企业建立长期的合作关系以降低两者的交易成本。所谓"虚拟化运营"，是指"包括虚拟现实技术和互联网技术在内的多种现代信息技术和虚拟组织方法在企业运营中的结合应用，它表现为若干市场主体之间通过电信结网的方式共同配置资源，以便迅速实现经济活动目标"（林子华，2006）。生产性服务部门的外置使其不得不尽自身最大努力提供更为优质的服务，因此，虚拟化的运营方式有利于分置的制造部门与生产性服务部门长期合作关系的建立。同时，由于在虚拟化的运营方式下，制造部门更换生产性服务部门的成本较低，或者制造部门能不断地在市场上筛选出最能满足自身需求的生产性服务提供商，从而也极大降低了制造部门监督与选择的成本。

3. 资源整合的需要

现代分工方式由产业间分工主导向产业内分工主导的转变，决定了一个企业要实现收益最大化，只能通过对高附加值生产或服务环节的控制而非对所有生产及服务环节进行控制予以实现。因此，充分整合外部可利用资源，并以此安排配套环节产品或服务的提供，成为企业不断提升市场竞争优势的必然途径。生产性服务企业的服务要素主要体现为知识，虽然知识本身具有无形性的特点，但知识载体的流动性在很大程度上受到地域的限制。因此，通过生产性服务部门外置的方式，向最具成本优势同时又最具完备知识要素优势的区域转移生产性服务部门，或者将辅助性服务业务直接外包给这些地区的生产性服务企业，从而更具效率地获得相应服务。西方发达国家将中低端软件服务业转移至印度等国就是一个典型的例子。

（三）现代制造业与生产性服务业的融合

分立的生产性服务企业通过在细分领域的探索，不断提高自身的业务水平以及创新能力，其提供的服务也愈加专业化与个性化；同时，专业领域知识的不断获取、技术创新能力的不断增强，使得原来依附于特定制造企业的生产性服务企业能够不断拓展市场范围，并通过承接外部业务实现专业化与规模化经营，从而同制造企业的关系也逐渐由传统的"依附"转向"相对独立"，包括审计、人力资源管理、培训咨询等在内的新兴服务行业迅速崛起。一方面，取得独立地位的生产性服务业基于自身专业化程度的提高，在制造业生产过程中植入更多的隐性技术知识，为制造业的优化、升级提供智力支持，促进制造行业价值创造效率的提升，并通过向制造业前后环节的渗透，为制造企业节约大量的交易费用。另一方面，制造业的优化与升级又不断对生产性服务业提出新的需求,通过制造业的市场反馈信息以及服务提供内容、方式与流程的改进,生产性服务业自身也在不断实现服务的创新与结构的升级。得益于生产性服务业的发展,制造业不断实现效率的提升与市场的扩张,而在制造业的支持下,生产性服务业也不断实现了知识容量的增加,附加值获取能力也更强。生产性服务业从内置、分化与独立再到重新走向与制造业融合的过程,逐渐促成了两个行业的共生态势。

社会分工在全球的拓展,进一步在更大范围内强化了生产性服务业与制造业的分化与整合态势。处于主导地位的生产性服务企业凭借技术、品牌以及营销等方面的优势,在全球范围内选择制造加工工厂进行贴牌生产,并通过技术研发、产品创新、营销渠道等建立自身所主导的加工制造基地,实现由单纯生产性服务向服务业制造化的转型。与此同时,制造业为谋求自身效益与核心竞争能力的提升,也不断强化对上下游产业的渗透与投入,通过提高产品的科技含量、创新设计、培育品牌、满足差异化产品需求、强化售后服务等,将分离的生产性服务重新聚集,实现产业分工细化基础上的再融合,并借此实现制造业服务化的转型。生产性服务业与制造业的相互渗透与融合最终细化了社会分工,催生了更多的新兴业态,而由低端的制造业驱动型融合发展阶段向高端的生产性服务业驱动型融合发展阶段的演进,则直接推进了产业结构的优化与转型升级。

特别是在全球经济一体化的背景下,随着社会生产能力的极大提高以及各国人民消费水平的不断提升,大规模流水线制造产品逐渐显现"过剩之势",且该"过剩之势"在国际贸易的推动下向全球蔓延。消费者不再满足于单纯的标准化、大众化产品,转而对产品消费的后续服务、消费环境与时效性等提出了更多的要求,交易方式也由传统的一次性买卖转化为持续性的售后服务甚至是终生的售后服务。市场需求的转变必然引致制造企业产品供给的适应性调整,产品在终端消费领域逐渐呈现定制化与个性化的发展趋势。一方面,制造企业越来越借助于高知识技术含量的生产性服务业增强其研发、设计与制造能力,从而通过向市场提供更加多样化的产品满足市场的差异化需求；另一方面，通过向产业链上游和下游的延伸，制造企业不仅能单纯地提供产品，还能提供内化于产品的服务，从而满足产品使用者"产品提供＋解决方案＋售后服务"的更深层次需求。同时，在个性化和定制化趋势下，社会需求的大幅度增加又引致生产性服务业分工程度的不断细化与规模收益递增效应的强化。因此，个性化、定制化需求以及社会消费由单纯的产品消费向产品与服务"融合消费"的转变，成为制造业与生产性服务业融合发展的促进力量。

在制造业与生产性服务业融合发展的过程中，同样表现出明显的阶段性特征，两大产业融合关系由制造业驱动向生产性服务业驱动演进本身就是不同发展阶段的直接反映。从生产性服务业的配置服务以及配置结构来看，受制造业驱动效应的影响，生产性服务业会对制造业形成依赖，因为其市场需求主要来自制造业；而随着经济服务化水平的不断提高，生产性服务业对于一般制造业的依赖程度会逐渐弱化，对于其自身发展的中间需求却越来越多，生产性服务业的发展更加依赖自身的内部循环。2000年以后，美、日、德、英等发达国家的生产性服务业配置到第三产业的比重基本在60%以上，而配置到制造业的比重却下降至30%以下。与生产性服务业对于制造业的依赖程度弱化相反，制造业的发展却越来越依赖生产性服务业为其提供的知识、技术支撑与不断扩大的市场需求。正是因为如此，一国经济发展水平越高，经济的服务化程度也就越高，同时生产性服务业的自我循环特征也越明显。

（四）制造业与生产性服务业的价值链融合

在社会分工的细化过程中，任何参与其中的经济个体愈加镶嵌于一个多重交叉的经济网络。具体而言，上游原材料与服务提供商以及下游经销商、售后服务部门等都是与生产单位紧密关联的生产链与服务链上的节点，同时这些节点也有与之相关联的其他提供生产或服务的节点，最终整个经济系统通过节点的联系形成一个网络关联体。在该关联体中，经济个体通过维护与其他经济个体的关系，最有效率地获取实现其战略目标所需的各种资源，进而各经济个体也依据其在网络中的重要程度共享社会整体创造的价值。

制造业与生产性服务业的分化与整合虽然具体表现为对成本的节约，但其本质仍在于价值创造环节的扩展与互动。生产性服务业从制造业分化并不断发展的过程，不仅是价值链环节愈加细化的过程，同时也是非核心的价值创造辅助环节从核心价值创造环节剥离的过程。该种剥离，既取决于技术上的可能性，更取决于其在形成或维护企业竞争优势上的重要性。基于核心能力以及由此形成的竞争优势差异，企业的资源与活动将更多聚焦于具有决定性意义的某些特定价值创造环节，而附属的价值创造环节会被有选择地分离出去，从而原有的价值链体系发生断裂与分解。与此同时，核心领导企业进一步依据其市场竞争优势对分解的价值链环节重新进行整合，最终形成新的价值链体系。

从制造业与生产性服务业融合发展的不同阶段来看，当价值链核心位于生产制造环节时，企业主要集中资源与活动专注于制造水平的提高，远离生产制造的非核心服务环节被剥离，与生产制造密切相关的核心服务环节则被留存，从而新的价值创造体系包括核心的生产制造环节、核心的生产性服务环节以及外围的生产性服务环节。分化与整合的结果是经济服务化水平的提高、生产制造与生产性服务环节收益水平的提升、价值创造各环节的协调，从而整体产业竞争能力也不断增强。当价值链核心位于生产性服务环节时，生产性服务与制造环节被重新整合，企业的资源与活动将主要集中在生产性服务部门，非价值创造核心的生产制造环节向外剥离，企业核心竞争力在产品生产制造上体现得越来越少，而在提供生产性服务、售后服务等环节则体现得越来越多，以产品生产制造为主导的价值链也逐渐转变成以提供生产性服务为主导的价值链。

价值链分解的主要形式是服务外包。服务外包的优势在于：一是能够增强企业的成本控制能力，有效降低企业的生产经营成本；二是有利于企业将有限资源集中于核心业务，提升其核心竞争力；三是有利于获取外部支持，弥补企业自身缺陷。随着社会分工细化与市场需求的多样化，服务外包更是成为企业整合外部资源、强化自身控制力的有效手段。处于价值链上游的企业，可以通过专业技术项目的外包，与相关科研院所建立合作关系，增强自身的技术发展能力；处于价值链中游的企业，可以通过生产制造、加工组装等劳动密集型环节的外包，将企业有限资源集于品牌管理、核心技术、售后服务等高附加值环节，从而剥离生产职能并从整体上提升企业的效益；处于价值链下游的实体企业，甚至也可以将采购、物流等环节外包，自身则专注于优质与多样化产品的提供。当服务外包越过一国边界在全球范围内广泛开展时，处于不同发展阶段的国家就可以同时整合与利用资源。当前世界上的发包国主要是美、日、德、英等发达国家，特别是美国，外包比重最高时甚至达到世界总额的 90% 以上，而主要接包国家则是中国、印度、巴西、越南、菲律宾等发展中国家，服务外包在很大程度上塑造了全球价值链体系以及不同国家在该体系中的地位。与价值链分解过程同时进行的是价值链的重构过程，具有共同技术基础、投入产出关联紧密的价值链环节重新集合形成更具交易确定性、更加节省交易成本、整体竞争能力也更高的全新价值链。

对应制造业与生产性服务业的融合发展，制造业价值链与生产性服务业价值链的融合也可划分为制造业的服务化转型与生产性服务业向制造业的渗透两个特征明显且前后继起的发展阶段。

一般而言，制造业价值链主要包括生产设施构建、原料采购、产品生产制造、市场营销、人力资源管理等环节，生产性服务业价值链主要包括产品研发、产品采购与配送、营销与售后服务、人力资源服务等环节。可以看出，两者实际上存在众多共同之处。在制造业服务化转型的价值链融合阶段，价值链的延伸主要体现为制造部门向上游设计、研发等环节以及向下游品牌管理、市场营销、物流、售后服务等环节的拓展。向上游的拓展，体现了以服务对象需求为核心的制造理念，企业生产制造的独立决策逐渐被体现市场需求的互动决策所取代；向下游的拓展，则体现了基于服务的制造理念，服务成为价值增值的主体，产品则是服务的载体，企业由专注于制造向以提供服务为中心转变。制造业价值链通过向服务业价值链的拓展，使原有价值链实现了重组,制造业与生产性服务业的边界也变得更加模糊。

制造业服务化转型中的价值链融合程度可以从制造业投入与产出服务化程度两方面予以评价。所谓投入服务化是指服务要素投入占整个生产制造过程要素投入比重不断提高的过程,而产出服务化则是指最终产品制造企业所提供服务的数量与种类不断增多的过程,投入服务化与产出服务化程度越高,则价值链融合程度越高。具体而言,当制造业只提供单纯产品而不提供相关服务时,价值链融合程度最低;当制造业既提供产品又提供相关服务,并且产品和服务高度相关时,则价值链融合程度大大提高;而当服务成为价值创造的核心,制造产品仅作为服务的工具时,价值链融合程度最高。制造业的服务化转型拓展了产业分工的范围,实现了企业由内部协同向外部、多产业协同的转变,同时也促成了市场竞争方式由企业间竞争向价值链竞争这一竞争范式的转变。

生产性服务业价值链是以满足生产性服务需求、实现生产性服务功能为目的,通过不断创造与延伸服务产品的价值,最终围绕价值链某些优势服务环节形成的价值增值体系。在生产性服务业向制造业渗透的价值链融合阶段,价值链的延伸主要体现为服务环节向制造环节的拓展。一方面,不仅部分服务企业凭借其拥有的品牌、核心技术、销售渠道以及先进的经营管理手段,选择制造企业代其生产,进而为市场提供产品与服务;另一方面,基于对核心业务与核心技术的掌控,处于价值链支配地位的企业还可以利用其对价值链整体的控制力,收购成熟制造企业或者建立自己的制造加工基地。特别是在信息技术飞速发展的背景下,更加充分的信息与更加多元化的沟通渠道使得更多的服务企业进入制造领域,有效促进了生产性服务业向制造业渗透,并形成了以技术密集型服务业为主导嵌入全产业链的纵向嵌入模式、以资本密集型服务业为主导收购制造企业的横向整合模式以及服务企业不直接参与的"创业者平台"模式(袁博,2017)。服务企业的制造化发展,为传统制造企业带来了先进的技术与管理方式,提供了传统制造企业转型发展的可能路径。

总之,生产性服务业的发展离不开制造业,而制造业的发展也离不开生产性服务业，两者相互竞争却又相辅相成。制造业服务化与服务业制造化前后继起、共同发展，最终形成了一条既包含制造增值环节又包含服务增值环节在内的融合型价值链。与单纯的制造业价值链与服务业价值链相比，融合型价值链的协调程度与效率更高，获取价值增值的能力也更强，从而在产业层次上表现出更强大的竞争能力以及明显的结构升级效应。

二 我国制造业与生产性服务业的协调度研究

生产性服务业与制造业的协调发展成为现代产业体系构建的核心内容。生产性服务业与制造业的协调不仅是我国形成完整产业体系、实现产业结构向高级状态演化的关键，更是我国通过系统竞争力获取全球价值链竞争优势的关键。从而，对于制造业与生产性服务业的协调性研究，也成为探讨我国产业协调发展的起点。

（一）协调度模型及耦合协调度模型

协调度模型是度量两个或两个以上系统协调程度的方法，主要有隶属函数协调度模型、灰色关联模型、距离协调度模型以及耦合协调度模型等。在经济研究中，耦合度概念常常被引入产业理论当中，用以度量产业系统中不同产业之间的相互作用，同时衡量不同产业系统之间的协调程度。耦合度的度量公式为：

$$C_n = n\left[\frac{F_1 F_2 \cdots F_n}{F_1 + F_2 \cdots + F_n}\right]^{\frac{1}{n}}$$

$$F_i = \sum_{j=1}^{m} \lambda_{ij} F_{ij} \quad \sum_{j=1}^{m} \lambda_{ij} = 1$$

（5.1）

其中，F_i（$i=1, 2, \cdots, n$）表示系统 i 的综合发展水平，F_{ij} 是系统 i 第 j 个指标的标准值，λ_{ij} 为各指标的权重，C_n 为系统间的耦合度，且 $C_n \in [0, 1]$，随着 C_n 值的增大，系统由无序逐渐走向有序。耦合度等级的划分标准如表 5-1 所示。

表 5-1 耦合度等级划分标准

序号	耦合度	耦合度等级
1	$0 \leq C_n \leq 0.3$	低水平阶段
2	$0.3 < C_n \leq 0.5$	颉颃阶段
3	$0.5 < C_n \leq 0.8$	中等水平阶段
4	$0.8 < C_n \leq 1$	高水平阶段

由于存在各系统发展水平均较低而导致的系统间耦合度较高的情况，直接用耦合度公式计算的结果显然与研究内容不符，而耦合协调度模型可以在测度系统间相互作用程度的同时，较好地度量各系统的发展水平，从而能够全面真实地反映系统间的协调程度。耦合协调度模型为：

$$D_n = \sqrt{C_n T_n} \tag{5.2}$$

其中，D_n 为系统间的耦合协调度，$D_n \in [0, 1]$；T_n 为综合发展水平，反映各系统发展水平对协调度的贡献程度，计算公式为：

$$T = \alpha F_1 + \beta F_2 + \cdots + \gamma F_n \tag{5.3}$$

其中，$\alpha, \beta, \cdots, \gamma$ 为各系统对整体的贡献程度；$F_1, F_2, \cdots, F_n$ 为各系统的综合发展水平。

由于仅涉及制造业与生产性服务业两个系统，故 $n = 2$，代入公式 (5.1)，其可简化为：

$$C = 2\frac{\sqrt{F_1 F_2}}{F_1 + F_2} \tag{5.4}$$

其中，F_1，F_2 分别为制造业与生产性服务业的综合发展水平。

结合产业的综合发展水平，简化后的耦合协调度模型如下：

$$D = \sqrt{C \cdot T} \tag{5.5}$$

其中，D 为制造业与生产性服务业两大产业系统间的耦合协调度，T 为制造业与生产性服务业组成的产业系统的综合发展水平，根据公式 (5.3)，其可简化为：

$$T = \alpha F_1 + \beta F_2 \tag{5.6}$$

就现阶段我国的发展而言,制造业与生产性服务业对于经济系统整体的贡献同等重要,因此赋予 $\alpha = 0.5$,$\beta = 0.5$。耦合协调度 D 值越大则协调程度越高,D 值越小则协调程度越低。为了更加直观地反映生产性服务业与制造业的耦合发展状况,参考廖重斌(1999)和师双双(2018)的做法,将耦合协调度划分为 10 个等级(见表 5 - 2)。

表 5 - 2　制造业与生产性服务业耦合协调度的划分标准

序号	耦合协调度	协调等级	序号	耦合协调度	协调等级
1	0.0000 ~ 0.1000	极度失调	6	0.5001 ~ 0.6000	勉强协调
2	0.1001 ~ 0.2000	严重失调	7	0.6001 ~ 0.7000	初级协调
3	0.2001 ~ 0.3000	中度失调	8	0.7001 ~ 0.8000	中级协调
4	0.3001 ~ 0.4000	轻度失调	9	0.8001 ~ 0.9000	良好协调
5	0.4001 ~ 0.5000	濒临失调	10	0.9001 ~ 1.0000	优质协调

(二)两大产业系统发展水平综合评价

1. 制造业与生产性服务业发展水平综合评价指标体系

构建产业发展水平综合评价指标体系的目的在于全面、客观地衡量产业发展状况,从而更好地反映两个产业之间的协调发展水平。根据科学性、系统性、可操作性、动态性以及相关性原则,制造业与生产性服务业发展水平综合评价指标体系的构建可以从产业规模、产业结构、产业增速、产业效率四个方面予以展开。

产业规模指标反映产业发展的整体规模。其中,产业增加值是反映产业规模大小的核心指标,同时产业中生产要素投入规模也可从侧面反映产业的规模。产业规模越大,产出水平越高,表明产业的发展水平越高,反之则越低。因此,选取制造业增加值与制造业固定资产投资额作为衡量制造业产业规模的指标,选取生产性服务业增加值与生产性服务业固定资产投资额作为反映生产性服务业产业规模的指标。

产业结构指标的选取应着重考虑相关性原则。从产业协调角度出发，选取制造业就业人数占总就业人数比重与高新技术制造业企业数量占规模以上工业企业数量比重作为衡量制造业产业结构的指标；选取生产性服务业就业人数占总就业人数比重与生产性服务业增加值占第三产业增加值比重作为衡量生产性服务业产业结构的指标。

产业增速反映生产要素的投入速度，投入速度越快则产业发展越快，从而产业成长潜力也越大。因此，选取制造业固定资产投资增长率和制造业就业人数增长率作为衡量制造业产业增速的指标；选取生产性服务业固定资产投资增长率和生产性服务业就业人数增长率作为衡量生产性服务业产业增速的指标。

产业效率侧重于对生产要素投入产出效果的衡量。因此，选取制造业劳动生产率和制造业税收占制造业增加值比重反映制造业的产业效率；选取生产性服务业劳动生产率和生产性服务业固定资产投资效果系数反映生产性服务业的产业效率。其中，劳动生产率反映劳动力要素的生产效率，税收占增加值比重与固定资产投资效果系数则反映资本的生产效率。

综上所述，制造业和生产性服务业发展水平综合评价指标体系最终由8个二级指标、16个三级指标构成（详见表5-3）。

表5-3 制造业与生产性服务业发展水平综合评价指标体系

一级指标	二级指标	三级指标	变量
制造业发展水平指数	产业规模	制造业固定资产投资额（亿元）	M_1
		制造业增加值（亿元）	M_2
	产业结构	制造业就业人数占总就业人数比重（%）	M_3
		高新技术制造业企业数量占规模以上工业企业数量比重（%）	M_4
	产业增速	制造业固定资产投资增长率（%）	M_5
		制造业就业人数增长率（%）	M_6
	产业效率	制造业劳动生产率 [元/(人·年)] = $\dfrac{产业增加值}{产业从业人员平均数}$	M_7
		制造业税收占制造业增加值比重（%）	M_8

续表

一级指标	二级指标	三级指标	变量
生产性服务业发展水平指数	产业规模	生产性服务业固定资产投资额（亿元）	S_1
		生产性服务业增加值（亿元）	S_2
	产业结构	生产性服务业就业人数占总就业人数比重（%）	S_3
		生产性服务业增加值占第三产业增加值比重（%）	S_4
	产业增速	生产性服务业固定资产投资增长率（%）	S_5
		生产性服务业就业人数增长率（%）	S_6
	产业效率	生产性服务业劳动生产率 [元/(人·年)] = $\frac{产业增加值}{产业从业人员平均数}$	S_7
		生产性服务业固定资产投资效果系数（%）= $\frac{产业增加值}{固定资产投资}$	S_8

2. 指标权重的计算

由于指标量纲不同，在计算指标权重前需要对数据进行无量纲化处理，无量纲化处理后的数据取值要在 [0，1]。本章采用离差标准化法进行无量纲化处理，计算公式如下：

$$R_{ij} = \frac{r_{ij} - \min\{r_{ij}\}}{\max\{r_{ij}\} - \min\{r_{ij}\}} \tag{5.7}$$

熵权系数法是在保留变量差异的基础上确定各评价指标权重的方法，能够客观反映由样本数据差异带来的指标变化程度对系统整体影响的程度，因此本章采用熵权系数法确定各指标权重。熵权系数的具体计算步骤如下。

通过无量纲化处理后得到矩阵 $\mathbf{R} = \{r_{ij}\}_{m \times n}$，如下所示：

$$\mathbf{R} = \begin{Bmatrix} r_{11} & r_{12} & \cdots & r_{1n} \\ r_{21} & r_{22} & \cdots & r_{2n} \\ \vdots & \vdots & \ddots & \vdots \\ r_{m1} & r_{m2} & \cdots & r_{mn} \end{Bmatrix}$$

首先，对指标进行比重变换。$P_{ij} = \frac{r_{ij}}{\sum_{i=1}^{m} r_{ij}}$，其中 r_{ij} 表示第 i 年第 j 项指标

的数据。其次，计算熵值 $h_j = -\sum_{i=1}^{m} P_{ij} \ln P_{ij}$ （$j = 1, 2, \cdots, n$），其中，假定 $P_{ij} = 0$ 时，$P_{ij} \ln P_{ij} = 0$。再次，将熵值标准化。$a_j = \frac{\max h_j}{h_j}$ （$a_j \geq 1$，$j = 1$, 2, $\cdots$, n）。最后，计算第 j 个指标的熵权系数：$w_j = \frac{a_j}{\sum_{j=1}^{n} a_j}$。

通过指标的确定与数据的搜集，选用 2006~2017 年的数据（即 $m = 12$，$n = 8$），根据上述步骤计算出的各指标权重如表 5-4 所示。

表 5-4 制造业与生产性服务业发展水平综合评价指标体系中各指标权重

指标	M_1	M_2	M_3	M_4	M_5	M_6	M_7	M_8
权重	0.1230	0.1265	0.1290	0.1194	0.1240	0.1291	0.1199	0.1290
指标	S_1	S_2	S_3	S_4	S_5	S_6	S_7	S_8
权重	0.1226	0.1248	0.1278	0.1207	0.1168	0.1423	0.1173	0.1277

3. 综合指数计算

依据制造业与生产性服务业发展水平综合评价指标的标准化数值和指标权重，可测算出我国制造业的综合发展水平和生产性服务业的综合发展水平（如图5-2所示）。

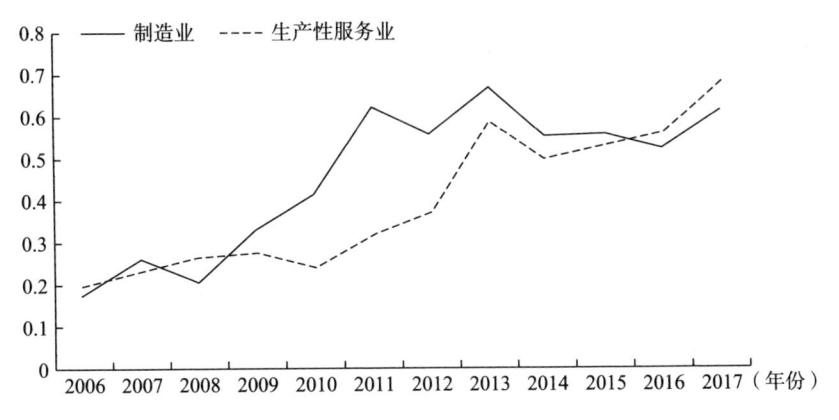

图 5-2 2006~2017 年我国制造业与生产性服务业的综合发展水平

可以看出，2006~2017 年我国制造业与生产性服务业的综合发展水平均呈现上升趋势。其中，生产性服务业的综合发展水平上升态势更为明显，而制造业的综合发展水平提升速度在2013年后则有所放缓。

（三）制造业与生产性服务业耦合协调度测算与结果分析

根据我国制造业与生产性服务业的综合发展水平，进一步计算出我国制造业与生产性服务业的耦合协调度，计算结果如表5-5所示。

表5-5 2006~2017年我国制造业与生产性服务业的耦合协调度

年份	协调度	协调等级	年份	协调度	协调等级
2006	0.43	濒临失调	2012	0.68	初级协调
2007	0.49	濒临失调	2013	0.79	中级协调
2008	0.49	濒临失调	2014	0.72	中级协调
2009	0.55	勉强协调	2015	0.74	中级协调
2010	0.56	勉强协调	2016	0.74	中级协调
2011	0.67	初级协调	2017	0.80	中级协调

通过表5-5可以看出，2006~2017年，我国制造业与生产性服务业的协调发展程度阶段性提高。自2011年开始，两个产业的协调度首度超过0.6，即进入初级协调阶段；2013年，两个产业的协调度达到0.79，进入中级协调阶段；虽然在2013年以后，两个产业的协调度有所波动，但整体也维持了缓慢上升的态势。通过对制造业与生产性服务业耦合协调度的测度可以发现，两个产业的发展互为基础，随着两个产业关联程度的不断提高，两个产业的发展水平也实现了持续提高。

（四）制造业与生产性服务业协调发展是我国的必然选择

从理论上讲，在经济全球化不断推进以及全球价值链不断完善的背景下，各国只需专注于具有比较优势的价值链环节，就能持续获取国际分工带来的好处，因而没有必要建立完整的产业体系。但是，对于大国而言，建立完整、协调的产业体系是必然的战略选择，这既是大国自然资源、技术、历

第五章 NVC构建与中国产业协调发展

史等多重因素共同作用的结果，同时更是未来国家竞争优势的重要依托。

首先，制造业与生产性服务业的协调发展是我国经济系统内生形成持续增长能力的重要保证。制造部门与生产性服务部门的协调发展是市场规模扩张与社会分工相互作用的结果，同时也是各自强化规模报酬递增效应、提高生产效率的选择。从根本上讲，制造部门与生产性服务部门之间由分工而产生的交换是具有不同技术内涵的不同性质劳动之间的交换，因此制造部门与生产性服务部门之间的交换事实上也成为不同技术之间的交换。从而，以知识、技术为特点的生产性服务部门向制造部门提供中间产品与服务的过程，本质上就是一个技术、知识同步流动的双向互动过程，这种双向互动过程决定了制造业与生产性服务业之间不仅仅是一种简单的供需关系或投入产出关系，更是一种协作创新、协作发展的技术依存关系。在该关系的协调下，制造业与生产性服务业将在技术上更加依赖、供求上更加匹配、发展上更加同步，并互相构成对方发展的决定性因素。制造业与生产性服务业之间相互作用、共同发展的"循环累积因果效应"，成为我国产业结构持续优化、生产效率持续提高以及国家竞争能力持续提升的重要保证。

其次，制造业与生产性服务业的协调发展是维护我国国际地位的必然要求。第一，完整的产业体系是大国的标志，同时也是大国避免"受制于人"的保障。完整的产业体系并不意味着要等比例、同等重视程度地发展各个产业，而是要依据产业发展的先后次序、规模以及技术关联等因素，优先发展重要产业尤其是对国家安全、社会稳定以及可持续发展具有重大意义的产业。依靠自身力量解决基本的生存与发展问题成为大国保持独立性的必然途径，构建完整的制造业与生产性服务业产业体系、促进两者的协调发展也成为维护大国地位的必然要求。第二，相关核心制造技术与体现前沿知识的高端服务无法完全通过进口获取。一方面，核心制造技术与高端服务往往被作为一国核心竞争力而被重点保护；另一方面，地缘政治、意识形态等多方面因素，又使得大国成为其他大国或者国际集团封锁的对象，对于发展中大国尤为如此。由此，对于大国而言，真正的核心制造技术与高端服务只能通过自身的努力获得,而制造业与生产性服务业的协调发展是提供该种高端制造技术与高端服务的基础。第三,核心制造技术与高端服务与国家经济安全紧密关联。自主核心制造技术与高端服务的缺失必然导致国外资本对相关领域的垄断,并使大国产业结构高端化受阻,甚至国家经济发展方向以及核心发展要素被他国所掌控,从而使国家经济发展安全受到严重威胁。

最后,制造业与生产性服务业的协调发展是避免我国产业空心化、增强经济发展韧性的需要。在制造业服务化趋势中,抓住了高技术含量、高附加值的服务环节,就获得了对其他环节的控制与支配地位,从而也就掌握了对整个价值链治理的权力。然而,制造业的服务化却有可能使产业结构陷入"空心化"的风险。制造业服务化本质是通过价值链攀升实现产业控制与价值增值。通过外包、OFDI以及资产出售等方式,发达国家跨国企业将低附加值劳动密集型加工制造环节转移出去,甚至在高资本利润率的驱使下,对一些技术含量较高的加工制造环节也实行了外移,仅在国内保留少量高附加值的制造环节,从而形成了制造业的"空心化"。可以说,制造业空心化无论表现为资本的大规模撤退,还是表现为新兴产业的形成速度赶不上旧有产业的衰退速度,均意味着一国制造业与生产性服务业在结构或比例上的失衡,这在不可避免地造成技术外流、国际收支失衡等问题的同时,也对一国就业,特别是中低阶层的劳动就业造成巨大影响,甚至有可能使一国陷入社会动荡。这也成为2008年国际金融危机后主要发达国家相继提出"再工业计划"、重振制造业的重要原因。从长远来看,制造业与生产性服务业的协调发展成为避免产业空心化的根本举措,同时也是一国增强经济发展韧性、持久维护社会稳定的重要措施。

三 制造业与生产性服务业的发展差异

生产性服务业的快速发展主导了现代经济向服务经济的演进历程,而依据制造业与生产性服务业的分化与整合,生产性服务业持续扩张的根本原因又在于两大产业分工与关联程度不断加深过程中中间需求力量的不断壮大。在产业结构优化与升级过程中，无论是在某一时点上，某一价值链的不同环节在不同区域布局从而形成新的产业空间分工，还是随着时间推移，价值链在区域内部的梯度式演进更替促成产业空间分工的改变，其本质均是以价值链为依托，通过不同分工层次与环节所产生的中间需求力量，促进新兴服务业态的不断产生以及服务业体系的完善与协调（郑凯捷，2006）。因此，一个合理的推断是，在全球价值链的分工体系中，基于不同地位、层次或者环节所衍生的中间需求力量强度的不同，一国的生产性服务业必然呈现差异化的发展态势。

（一）制造业产业链分工与生产性服务业发展的差异

相关国际贸易理论大多从分工成本与要素禀赋角度研究一国在国际分工协作下的贸易结构问题，而诸多的研究结论也表明，不同国家在全球价值链上中下游不同生产区段的分工是其产业结构形态产生差异性的主要原因。其中，垂直型国际分工以及产品内贸易对于一国产业结构的影响尤其显著。这也说明了在全球经济高度开放的今天，不同国家经济发展状态不同，很大程度上源自不同国际分工地位下经济结构的差异。

对于不同生产区段分工导致的服务业发展水平的差异，可构建一个简要的模型予以分析。在该模型中，首先将制造业产业链作为一个包含多个环节的生产过程，同时假定所有环节中间产品均投入的状态下，才能生成最终产品。

假设市场中仅存在 A 和 B 两个地区。生产函数技术可表示为：

$$Q_i = Q[S(K,L), R, i] = t(i) V^{\alpha_i} | R^{\beta_i} \qquad (5.8)$$

式（5.8）中，$i \in [0,1]$ 表示所处制造业的生产区段。$S(K,L)$ 表示各区段生产过程所具备的物质资源，可以看作由资本 K 和劳动 L 所组成的要素组合，R 则可看作一种服务型要素，各个区段产品的生产均由这两部分要素构成（此处不考虑要素逆转问题）。

当 $i\to 0$，β_i 越高，即相关产业所处的生产区段趋向于服务密集型。设 m 和 n 分别表示 S 和 R 的单位价格，那么该区段的单位成本可由下面的函数表达：

$$\mathbb{C}(m,n,i) \tag{5.9}$$

$$\frac{\partial(\mathbb{C}_m/\mathbb{C}_n)}{\partial i} > 0 \tag{5.10}$$

式（5.9）和式（5.10）表示随着 i 的增加，对 S 的需求将大于对 R 的需求。

两地区 A 和 B 的要素成本分别可用 m_A、n_A 和 m_B、n_B 表示，并且 $m_A > m_B$ 及 $n_A > n_B$。对于 A 和 B 两地区而言：

$$\mathbb{C}(m_A,n_A,i^*) = \mathbb{C}(m_B,n_B,i^*) \tag{5.11}$$

式（5.11）表示在区段 i^* 上，两个地区的单位生产成本相等，只有存在偏离时才会发生区段分工。当区段 $i > i^*$ 时，供应链中的产品则偏向密集型，价格较高的 A 地区表现为较弱的生产优势。

$$\mathbb{C}(m_A,m_A,i) > \mathbb{C}(m_B,n_B,i), i > i^* \tag{5.12}$$

式（5.12）中，两地区形成了不同区段的分工。地区 A 生产 $[0, i^*]$ 区段上主要投入的服务要素密集的产品，地区 B 生产 $(i^*, 1]$ 区段上主要投入的资源密集的产品。假设两地区存在不同区段产品的贸易，由贸易壁垒所引起的交易成本比原始成本增加 ρ 倍，地区 B 可称为"本国"或者"本地区"。因此，在生产区段的分工中，本国需要从地区 A 进口 $[0, i^*]$ 区段的产品，对应的价格成本扩大了 ρ 倍，最终产品的单位价格可表示为：

$$p = (1+\rho)\int_0^{i^*}\mathbb{C}(m_A,n_A,i)\mathrm{d}i + \int_{i^*}^1\mathbb{C}(m_B,n_B,i)\mathrm{d}i$$

$$= (1+\rho)\bar{\mathbb{C}}(i^*) + \mathbb{C}(m_B,n_B,i^*) = (1+\rho)\bar{\mathbb{C}}(i^*) + \mathbb{C}(m,n,i^*) \tag{5.13}$$

最终产品的单位成本可表示为：

第五章 NVC 构建与中国产业协调发展

$$(1+\rho)\bar{\mathbb{C}}(i^*) = \mathbb{C}(m,n,i^*) \tag{5.14}$$

假设制造业的最终产量为 Q，那么要素市场的均衡可表达为：

$$Q\mathbb{C}_m(m,n,i^*) = S \tag{5.15}$$

$$Q\mathbb{C}_n(m,n,i^*) = R \tag{5.16}$$

产品市场的均衡可表示为：

$$E = nV + mR + \rho\bar{\mathbb{C}}(i^*)Q \tag{5.17}$$

式（5.17）中，由贸易壁垒等因素导致的成本增加被记入本国居民收入中，从而征收关税、产品交易的不确定性等都会引起均衡状态的变化。

令 $D(p,E)$ 表示本国对产品 Q 的需求量，其由价格和居民收入决定。他国对产品 Q 的需求量为 $\bar{D}(p)$，则：

$$D(p,E) + \bar{D}p = Q \tag{5.18}$$

根据式（5.13）至式（5.18），可决定均衡中的 6 个参数 m，n，Q，p，E，i^*。

对上述 6 个方程组进行全微分及矩阵运算，有：

$$\frac{\partial i^*}{\partial p} < 0 \tag{5.19}$$

$$\frac{\partial i^*}{\partial R} < 0 \tag{5.20}$$

可以看出，在较高的贸易壁垒下，母国将形成相对较多的生产区段，反映在模型中即 i^* 和 1 之间存在较大的间距。但是，随着经济全球化与世界经济一体化进程的加速，贸易壁垒始终处于不断减少的趋势中。在要素禀赋不发生改变的状态下，母国倾向于将上游生产区段向服务资源丰富的国家或地区转移，而自身则集中于要素相对丰富的下游生产区段，从而形成了不同生产区段在不同要素禀赋国家的配置。这反映到国际贸易中，发展中国家参与国际分工时，往往由于自身服务业的落后以及服务要素的稀缺，更多集中在对服务投入需求相对较低的下游制造、组装、加工等生产区段。与此同时，制造业发展对本国服务投入需求较弱，又反向固化了其

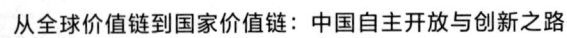

原有的分工地位。

全球化生产区段布局主要受发达国家跨国公司对外投资的影响。通过对外直接投资，发达国家跨国公司将不同产业链环节配置于要素禀赋差异较大的发展中国家，这对后者国内产业结构的演化产生了巨大的影响。在封闭状态下，发展中国家特别是发展中大国能够依据区域要素禀赋差异进行产业链的区段分配，从而一些发展条件较好的区域有可能从事产业的上游生产区段，并逐步带动国家整体的产业结构升级。但在全球化条件下，无论在发展中国家内部存在怎样的要素禀赋差异，较之于发达国家，其都更加适合发展纯粹的制造生产区段而非更为高端的服务区段，从而原有的产业结构高级化进程被阻断。这也成为发展中国家整体来看位于全球价值链相对低端环节的主要原因。

（二）制造业产业链区段高级化与生产性服务业发展的差异

在现实中，生产性服务本身是一种产业化行为，并处于不断发展与扩张的过程中。假设经济系统中仅存在制造部门与生产性服务两个部门，生产性服务投入占制造业要素投入的比重代表对服务投入的需求，且越高的制造层次对服务投入需求越大，从而其对生产性服务业的拉动作用也越大。以下采用简单的动态模型分析因不同制造层次对服务投入需求的不同而导致的一国两部门结构的动态变化。

$$Y_t = S_t^\alpha K_t^\beta (\varphi_L L_t)^\gamma \tag{5.21}$$

$$S_t = [(1-\varphi_L)L_t]^\mu K_t^\phi \tag{5.22}$$

$$\dot{K} = sY \tag{5.23}$$

$$\dot{L} = nY \tag{5.24}$$

式（5.21）至式（5.24）表示经济系统中包括制造部门 Y 和生产性服务部门 S 两个部门。其中制造业的投入要素包括服务产品、资本和劳动力，生产性服务部门的投入要素包括制造业所提供的部分物质产品以及劳动力。s 表示储蓄率，此处假设为常数；φ_L 表示在制造业中劳动力投入量占总量的比重。n 表示人口增长率。假设规模报酬不变，设参数 $0 < \beta, \gamma, \eta < 1$，$\alpha$，$\phi$，$n > 0$。

$$g_k = \frac{\dot{k}}{k} = s \cdot S^\alpha K^{\beta-1} (\varphi_L L)^\gamma \tag{5.25}$$

$$\dot{g}_k = \alpha g_s + (\beta - 1) gk + \gamma n \tag{5.26}$$

当达到均衡状态时，$\dot{g}_k = 0$，则：

$$g_s = \frac{(1-\beta) gk - \gamma n}{\alpha} \tag{5.27}$$

$$S = [(1-\omega_L) L]^\eta Y^\phi = [(1-\omega_L) L]^\eta S^{\alpha\phi} K^{\beta\phi} \omega_L^{\gamma\phi} L^{\gamma\phi} \tag{5.28}$$

因此：

$$g_s = \frac{\dot{s}}{s} = \eta n + \alpha\phi g_K + \gamma\phi n \tag{5.29}$$

当 $\dot{g}_k = 0$ 时，有 $\dot{g}_s = 0$。由式（5.25）和式（5.29）可以得到稳态均衡点：

$$g_k = \frac{\alpha\eta n - \gamma n}{1 - \beta - \alpha\phi} \tag{5.30}$$

令 $1 - \beta - \alpha\phi > 0$，由式（5.29）得到：

$$g_s = \frac{\beta\phi}{1-\alpha\phi}, g_k = \frac{\eta n + \gamma\phi n}{1-\alpha\phi} \tag{5.31}$$

当 $g_k > 0$，即 $\alpha\eta n - \gamma n > 0$ 时，

$$\frac{\partial g_k}{\partial \alpha} = \frac{\eta n (1-\beta) - \gamma n\phi}{(1-\beta-\alpha\phi)} > \frac{\eta n \alpha\phi - n\phi}{(1-\beta-\alpha\phi)} > 0 \tag{5.32}$$

$$\text{由于 } \frac{\partial \frac{\beta\phi}{1-\alpha\phi}}{\partial \alpha} > 0 \text{ 且 } \frac{\partial \frac{1}{1-\alpha\phi}}{\partial \alpha} > 0 \tag{5.33}$$

因此，由式（5.31）和式（5.32）得到：

$$\frac{\partial g_s}{\partial \alpha} > 0 \tag{5.34}$$

即 α 越大，服务业增长得越快。

$$\frac{\partial g_k}{\partial \phi} > 0 \qquad (5.35)$$

在达到均衡稳态情况下：

$$g_Y = g_k \qquad (5.36)$$

可以看出，作为制造业与生产性服务业相互作用的两个系数 α 与 φ，均对制造业与生产性服务业的发展产生积极的推动作用。当经济系统中的制造业发展对于生产性服务需求越强，且制造业与生产性服务业之间的联系更紧密时，生产性服务业的发展速度就越快，甚至有可能逐渐超越制造业的规模，实现向服务经济形态的转型。这也成为位于高服务投入生产区段的发达国家有着更快的服务经济发展速度，并率先迈入服务经济发展阶段的重要原因。

长远来看，发达国家凭借其高端服务要素的资源禀赋优势以及已形成的高端服务业发展在位优势，逐渐成为世界服务产品特别是高端服务产品的提供者，而处于全球产业链低端的广大发展中国家则主要从事加工、组装、零部件生产等生产性服务投入需求不高的生产环节。这在造成发展中国家普遍存在制造业比重过高这一问题的同时，也使其因缺乏生产性服务需求而难以提高经济服务化发展的水平。最终，在全球价值链分工体系下，发达国家与发展中国家产业发展与经济增长的不平衡日益加剧。

就我国而言，虽然在开放进程中不断引进国际先进技术，但我国处于全球价值链低端环节的状况一直未能得到根本的改变，具有高知识、高技术含量的高端服务环节仍被发达国家所掌控。由于长期滞留于低端制造环节，我国不仅缺乏产业体系内部的复杂分工以及各产业间的互动关联，同时也因产业链条过短而无法衍生大量的中间需求，尤其是对高端生产性服务的需求。这突出表现在我国产业结构中服务业整体比重不高，经济发展的"软化"程度提高缓慢。

四 本地市场效应、产业结构优化升级与国家价值链构建

（一）本地市场效应与产业结构优化升级

多年来，我国出口产品主要集中在附加值较低的劳动密集型产业，而进口产品则主要集中于附加值较高的资本、技术密集型产业，同时对外贸易也成为拉动我国经济增长的关键因素。这不仅导致了我国产业结构长期得不到优化升级，也导致了出口导向模式中形成的"世界工厂"地位极容易被其他国家超越或取代。而回顾西方发达国家的经济发展历程，无论是国内产业结构的优化升级还是对外贸易结构的优化升级，以及国际市场竞争主体——跨国公司在海外的开拓，几乎都离不开本国市场的支持。发挥本地市场效应，充分利用我国巨大人口基数所形成的规模化市场需求、辽阔地域所形成的多样化市场需求以及多层次消费主体所形成的差异化市场需求，成为我国促进产业结构优化升级的有效途径。具体而言，本地市场主要通过互动效应、诱致效应与终端需求效应三大途径对本国产业结构优化升级产生影响。

1. 互动效应与产业结构优化升级的需求发现

本土市场中企业、产业与消费者市场之间形成的"互动效应"，不仅有利于企业形成对市场现实需求"先知先觉"的能力，同时也能对市场的预期需求形成引导。较之于外部市场广泛存在的企业与市场消费者之间的隔阂与沟通障碍，本地企业更加熟悉本土市场，更能有效捕捉本土市场的发展动态。基于共同的地域、一致的文化传统以及对本地政策法规等的熟悉，本地企业开发潜在资源、应对市场环境不确定性的能力更强，同时市场消费者与企业间更为直接的互动交流也为本地企业抓住市场机会创造了有利条件。此外，政府也往往从国家利益出发对本地企业提供政策支持，从而本地企业与本土市场间的互动效果更好。无论是本地企业主动把握市场需求，还是通过其"需求发现能力"引导未来需求，这样的"需求发现"都

有助于本地企业开展更适合本土市场的技术创新活动，开发出更适合本土市场需求的产品，从而对本国产业结构优化升级产生促进作用，并形成本国产业或价值链环节的竞争优势：一是借助具有鲜明本地市场特色的差异化需求，可以避免与国外同类产品的正面竞争，从而获得更大的生存空间与产业升级回旋余地；二是本地企业可利用现有技术创新能力"量身定做"本土市场需求的创新产品，探索出一条实现技术进步的捷径，形成对产业优化升级的技术支持；三是借助于"需求发现能力"，本地企业可以快速形成本土市场的"垄断优势"，从而为产业结构优化升级提供更多必要的资本积累。

2. 诱致效应与产业结构优化升级的运营支持

如果说本土市场的互动效应有效促进了价值创造，则本土市场的诱致效应进一步强化了价值创造的增值效果。一般而言，本土市场的诱致效应主要表现为具有一定规模的市场需求对社会分工程度与企业规模经济的影响。一方面，本土市场的巨大需求规模将促使本土市场分工更加细化，而细化的市场分工又将促进市场规模的扩大，从而市场需求与社会分工间形成了正反馈。在市场需求与社会分工的互动中，社会生产效率得到不断提高，这也即著名的"市场范围假说"。另一方面，市场需求规模的不断扩大不但能诱导企业投入更多的资金、人力资本等生产要素以扩大生产规模、占据更大的市场份额，还能通过促进合作、降低生产运营与研发成本等途径产生企业规模报酬递增效应以及实现外部经济收益。对于本土企业而言，快速扩大的消费规模以及多样化、多层次的需求，不仅对市场主导产品提供各种形式的运营支持，同时也使得原本在小规模市场中难以获利的技术创新产品也能获得可观的收益，而诸多技术创新成果的产业化又将进一步拓展技术创新的发展与应用空间，为企业技术的"迭代"奠定基础。因此，只有足够大的经济体规模，才具有能创造足够利润空间的市场广度与深度，也才能可持续地支持长期技术创新投入这一产业结构优化升级的源动力。在需求规模巨大且高速成长的本土市场中，总能产生一批高端消费者，激发企业的"需求发现能力"并引领产品、产业结构的升级方向。

3. 终端需求效应与产业结构优化升级的参与式合作

本土规模化市场产生的终端需求效应是经济全球化与国际生产"碎片化"背景下的一种全新经济现象。随着国际分工的不断深入，企业原本在一个区域即可完成的设计、制造、组装、销售等环节往往被布局于全球不同的区域，从而产生了一系列产品生产工序与相应终端消费市场在空间层面上的分离。这使得跨国企业在全球市场上的竞争力不仅反映为对产品设计、制造等生产内部体系核心技术的掌握，更反映为对终端消费市场的洞察能力与控制能力。因此，在全球化生产模式下，产品价值实现场所也即市场需求规模的大小对跨国企业生产经营决策起着关键性作用。如果市场规模较小，本土市场消费需求将很难被跨国企业重视，则本土市场会沦落为跨国企业的边缘市场；与之相反，如果本土市场需求规模足够大或者增长足够迅速，则消费者的需求偏好往往会吸引跨国企业。进一步而言，跨国企业最理性的选择是基于成熟的产品原型以及成熟的营销体系，与本地企业展开合作，针对本土市场的需求特征快速推出高收益的改进型产品。在此过程中，本地企业不仅获得了接触先进技术与管理经验的机会，提高了自身的学习与模仿能力，同时通过合作，也获得了与本土市场消费者更多的互动机会，从而加深了对本土市场的了解，这些都为推动本国产业结构优化升级积累了宝贵的知识与经验。

综合本土市场的三大效应来看，企业、产业与消费者市场之间的互动效应形成产业结构优化升级的基础动力；而本土规模化市场需求的诱导，进一步产生本地企业的生产规模报酬递增效应，从而使其获得更高的利润空间，为企业新产品开发、技术能力提升提供更大的支持，并最终转化为本国产业结构优化升级的动力；本土市场的终端需求效应则通过鼓励跨国公司与本地企业的合作，帮助本地企业掌握先进的技术与管理经验，提高其学习与技术创新能力，从而也形成产业结构优化升级的重要推动力量。

（二）本地市场效应与我国国家价值链构建

1. 内需驱动型出口模式与国家价值链的形成

对于大国而言，实现本土供给能力与内部需求之间的平衡是经济安全的保障，对外贸易则是本土经济活动在空间上的扩展，并由此形成以内需支撑为基础、本土供给与出口结构高度趋同的内需驱动型出口模式。鉴于我国的大国特征，必须依托本土市场需求规模优势逐渐实现我国出口导向经济模式向内需驱动型模式的转变，以及逐渐实现我国出口贸易结构与国内主导产业结构的一致性，构筑我国经济可持续发展以及国家经济安全的基础。

如图 5-3 所示，实施内需驱动型出口模式，一是要根据我国当前规模巨大且仍处于快速膨胀期的本土市场需求，合理压缩对外部门特别是以外需为主的劳动密集型制造业的比重与规模，优先发展在我国具有内需优势支撑的主导产业。尤其是规模经济优势明显的制造产业或企业，应不断通过规模的扩张、生产运营成本的降低实现规模报酬递增效应，并进一步依靠高成长与高收益对研发投入的支撑，取得技术创新优势，逐步形成核心技术。二是要在以内需为主导的制造产业初具规模的基础上，进一步通过推行柔性化生产方式，促进其内部分工以提升整个制造产业的生产效率，并围绕分工细化下的不同制造环节衍生出更多生产性服务行业，同时通过价值链的整合，培育具有统治能力的治理者，形成完整的具有竞争力的价值链体系。三是要依据主导产业已形成的规模、技术、治理等方面的优势，诱导国内生产要素扩大供给，支持其产出能力的提升，进而反向参与国际竞争，形成在国际市场上与同类产品"链条对链条、系统对系统"的竞争模式。内需驱动型出口模式的建立，不仅有助于实现我国本土需求、主导产业与出口结构三者之间的良性互动，产生内部产业结构与对外贸易结构的同步优化升级效应，同时出口贸易还能基于出口部门与国内部门之间更加紧密的关联，通过资源配置效应、技术溢出效应以及规模经济效应等渠道，不断提升国内部门的生产效率，真正发挥对外贸易"经济增长引擎"

的带动作用。

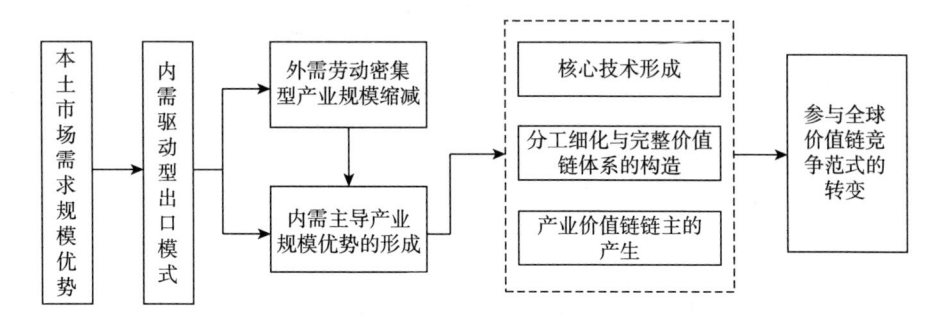

图 5-3　内需驱动型出口模式与国家价值链构建

2. 终端需求效应与国家价值链构建的技术支撑

基于本土市场需求所支撑的获利空间，大国能吸引更多高质量的国际资本流入，从而通过"虹吸效应"为本国产业结构升级以及在全球价值链中获得高层次竞争力提供要素优势。基于我国规模巨大且多样化、多层次的市场需求，同时考虑到我国整体技术水平与技术自主创新能力同发达国家之间的差距，首先我国可以通过本土市场的终端需求效应，采取"市场引致技术"方式促进我国本土企业与发达国家跨国企业的合作，为我国企业接触先进技术及管理经验、提升技术创新能力积累知识与经验。在激烈的市场竞争中，跨国公司必然依据本地市场所表现出的异质性需求，最大限度地在合作过程中提供相应的设计方案、技术、制造设备等，量身定做本土化产品。这显然有助于我国本土企业增加在产业以及价值链不同环节的相关知识积累，特别是通过对跨国企业成熟产品的改造，领会产品设计方法与核心制造技术。同时，利用跨国企业先进的管理经验与营销渠道，我国本土企业也能进一步强化其需求发现能力（见图 5-4）。在强劲的市场需求与技术水平不断提升的状态下，我国本土企业将有能力进行适应本土市场需求变化的技术创新，从而掌握产业核心技术，并建立起自主开放的价值链分工体系。

值得关注的是，我国早期"以市场换技术"的方式往往打开了市场却并未换回真正的先进技术，不仅使我国在诸多领域陷入了"落后—引进—

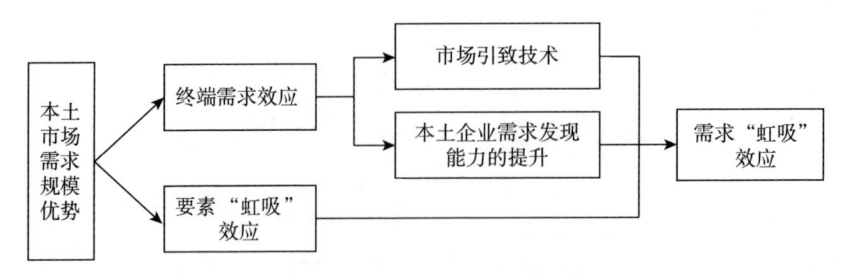

图 5-4 本土需求规模与技术进步

再落后—再引进"的技术依附怪圈,还逐渐使我国本土企业丧失了技术自主创新的能力与动力。这一方面源于未能构建符合我国市场与产业发展状况的技术标准,另一方面也源于我国没有前瞻性的技术引进与自主创新发展规划。因此,技术引进标准以及通过引进技术实现自主技术创新成为"市场引致技术"成功的关键。此外,本土市场具有较为明显的产业差异化特征,如果选择市场效应较弱甚至是逆本土市场效应的产业,则最终结果只能是既丢掉了市场也没能获得真正需要的技术。

3. 高端制造业、技术标准与国家价值链体系的构建

制造业与生产性服务业的分化与整合既是社会分工协作与市场规模扩张相互作用的结果,也是各自强化规模报酬递增效应、提高生产效率的必然选择。制造业对于现代产业结构演化起着基础性的推动作用,其不仅成为生产性服务业产生的基础,同时其发展也是生产性服务业不断细化分工并不断发展的条件。特别是在后工业化时代,制造业的发展更要避免产业陷入"空心化"。我国是制造大国,但不是制造强国,自主创新能力不强使得我国只能是"世界车间"和"世界工厂"。因此,我国发展实体经济,就是要大力发展制造业尤其是高端制造业,通过对制造业核心环节的掌控促进产业体系的完善、提升国际竞争力。如图 5-5 所示,一是以我国本土市场对高端制造业的需求为前提,大力发展"广化型"高端制造业,这不仅是我国转变以外部市场需求为主的出口导向模式的关键,同时也是我国形成以制造业与生产性服务业协调发展为核心的完备的价值链体系的关键。"广化型"高端制造业更能延长价值链条长度,从而社会分工的迂回程度将

更高，也更能带动我国以生产性服务业为主导的第三产业的发展。而凭借自主形成的制造业与生产性服务业协调发展的完整价值链体系以及价值链治理能力，反向参与国际竞争，通过对国际分工的重构，提升我国在全球价值链分工体系中的价值创造能力与附加值获取能力。二是在制造业发展的进程中，充分利用产业选择范围大带来的标准多元化优势、市场分工与专业化优势所带来的标准细分优势，自主建立我国制造产品的市场标准，形成我国制造企业技术创新的着力点，同时通过进一步利用"母国市场效应"在国际市场上推行"中国标准"。

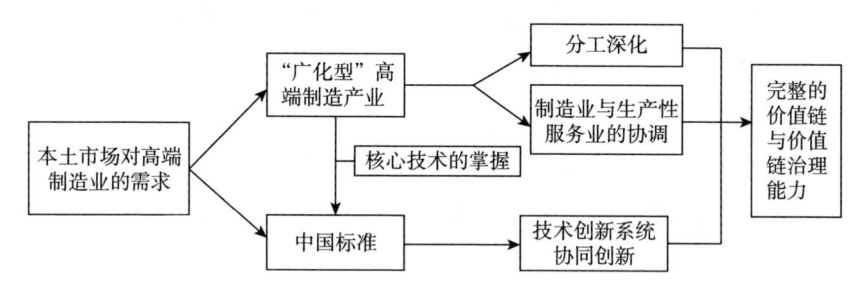

图 5-5 高端制造业、技术标准与国家价值链体系构建

4. 本土市场优势与国家价值链"链主"的培育

大国本土市场需求的巨大规模与多层次性较之于小国更能支撑众多产业的规模化发展，可以形成更具深度的产品空间，同时由于具有相同的市场环境、要素禀赋等条件，本土企业将面临替代性更强的产品与更加挑剔的消费者，这迫使本土企业在更为激烈的市场竞争中培育更高层次的市场竞争优势。近年来，我国经济增长的主要动力逐渐由投资向消费转移，一方面可借助本土企业对市场发展趋势的敏锐感知，快速形成一大批不仅能增强我国市场消费活力，同时也能改变全球相关产业格局的新兴本土企业，为产业升级提供微观主体支撑。另一方面，针对我国贫富差距不断扩大背景下的多层次性市场需求，特别是对于一些规模较小但能引领市场发展方向与产业结构调整方向的高端产品的市场需求，可通过本土市场规模所释放出的潜在利润诱导企业的生产，并辅之以一系列市场消费激励政策，促进富裕阶层的消费，从而在逐渐扩大的需求规模中维持企业的生

存、降低其成本与风险，以培育出价值链的治理者与众多的参与者（见图 5-6）。

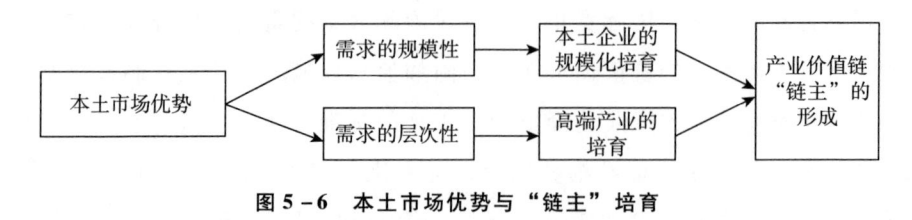

图 5-6 本土市场优势与"链主"培育

五 案例 我国装备制造业价值链体系的构建

装备制造业较之于制造业其他行业具有显著的特征：一是装备制造业作为生产设备及工具的制造行业，是制造业产业链的核心组成部分，为经济体系中各行业提供必需的生产资料，是决定国家综合国力以及事关国家经济安全的战略性产业；二是装备制造业的消费群体以制造厂商为主，而非传统上以家庭为主体，因此其在制造业产业链中处于前端位置（王成东，2014）；三是装备制造业产业链由装备制造业、制造业、生产性服务业和最终消费者共同构成，从而具有广泛的产业关联性，不仅能带动下游产业的发展，其本身的发展也需要大量配套产业的支撑；四是装备制造业是典型的资本、技术密集型产业，其发展离不开资本、技术、知识等高端资源的持续投入；五是装备制造业特别是高端装备制造业的技术创新具有极强的技术溢出效应，是国民经济其他产业技术创新和技术进步的助推器。从而，装备制造业的发展关系整个国民经济的运行质量，大力发展装备制造业也成为提升一国产业核心竞争力的必然要求。

发展装备制造业是我国抢占未来经济与科技制高点的战略选择。自 2000 年以来，我国装备制造业产出年均增速达 25% 以上，并跃居世界首位。2016 年，我国进一步通过了《装备制造业标准化和质量提升规划》，并要求其对接《中国制造 2025》。但是，在全球价值链分工背景下，我国与美国、日本和德国等装备制造强国相比，仍然存在大而不强、自主创新能力薄弱、基础制造水平落后、低水平重复建设和自主创新产品推广应用困难等诸多问题。同时，如果我国的装备制造业继续维持在全球价值链低端位置，则不仅会受到处于价值链高端位置的发达国家的进一步俘获、控制和盘剥，也会受到其他发展中国家以更低成本加入行业竞争的冲击。要实现可持续发展，我国装备制造业向价值链高端环节的攀升势在必行。

（一）装备制造业价值链

装备制造业分工的深化，不仅体现在装备制造企业内部制造环节的不断细化，同时也体现在衍生的生产性服务的不断增加，并大致可归结为两类：一类是保证装备制造业生产经营活动顺利进行的生产性服务，如入厂物流、维修服务等"支持性生产性服务"，该类生产性服务直接参与装备制造业生产经营活动，以实现规模经济效应、降低生产成本为目的；另一类是通过高技术含量与高价值属性提高装备制造业资源配置效率与产品附加价值的生产性服务，如研发设计、人力资源管理和市场营销等"增值性生产性服务"（王成东，2014），该类生产性服务不直接参与装备制造业的生产经营活动。装备制造业价值链由支持性价值环节、增值性价值环节和制造价值环节构成（如图5-7所示）。

在装备制造业价值链中，制造环节与生产性服务环节的相互支撑、相互促进，持续推动了整个产业生产效率的提高。一方面是制造环节对于生产性服务环节的拉动与引导。产业分工的细化不但造就了制造环节对生产性服务需求的广阔市场空间，同时制造环节对生产性服务需求结构的不断调整也引发了生产性服务业的结构性调整，从而引导了生产性服务业的发展方向。另一方面是生产性服务环节对制造环节的支撑。生产性服务环节主要通过自身专业化优势改造制造环节，实现装备制造业竞争力的提升和在价值链环节上的攀升。随着生产性服务不断融入制造环节，装备制造业也逐渐呈现高度服务化的趋势。制造环节与生产性服务环节的相互支持，形成了良性互动的"双螺旋"循环机制，随着互动水平的不断

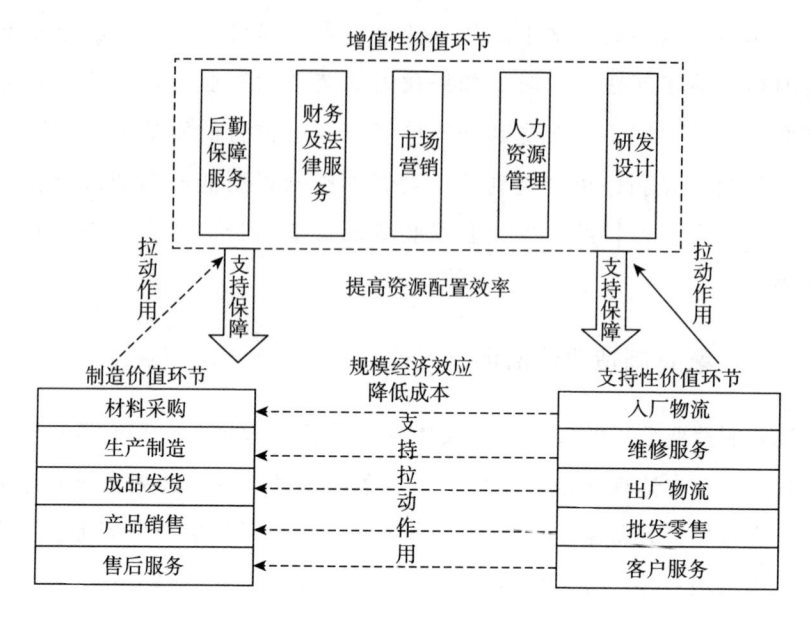

图 5-7 装备制造业价值链

资料来源：参照王成东（2014）绘制。

提高，两大环节也逐渐进入融合发展阶段并形成新的价值链体系（如图 5-8 所示）。

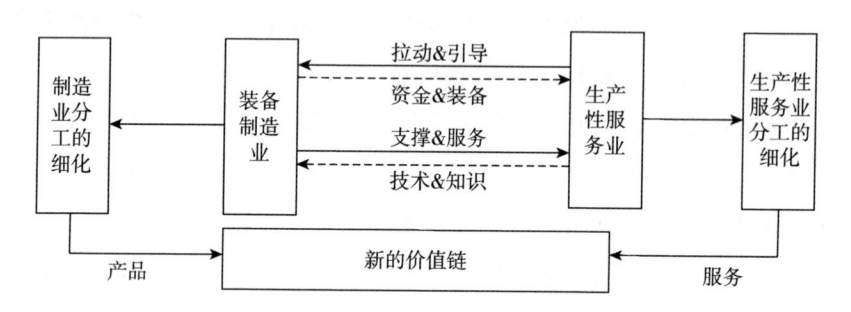

图 5-8 装备制造业与生产性服务业的互动

（二）装备制造业价值链环节

装备制造业是一个复杂的开放性经济系统，从而构成了以生产制造与生产性服务两大核心环节为主体的装备制造业价值链（如表 5-6 所示）。

表 5-6　我国装备制造业产业链主体与价值链环节

产业链主体	价值链环节	代表性主体
实体部件制造商	为产品集成提供部件支持	如为挖掘机提供标准铲斗、标准大小臂、液压器、底盘、发动机件等部件的企业；为汽车提供发动机、蓄电池、汽缸体、仪表板总成、传动轴、变速箱等部件的企业；为机床提供动力箱、切削头、支架、润滑装置等部件的企业
软件供应商	为装备制造自动化和智能化提供解决方案	如 IBM、朗新等移动通信设备的软件供应商；汽车智能控制系统供应商
系统集成商	为装备制造提供系统集成方案	如三一重工、徐工、柳工等电气机械及器材制造商；华为、中兴等通信设备集成商
营销商	为系统集成商提供产品营销服务	专注商业贸易，利用自身的渠道优势实现产品价值的营销商，如 4S 店
客户	为企业用户和个人用户提供售后服务	如挖掘机、装载机等产品的个人用户；飞机、机床等产品的企业用户

资料来源：作者整理所得。

此外，政府、行业协会、中介机构、科研院所和高等院校也为装备制造业的发展提供支持性服务。政府的产业政策直接决定进入壁垒，并对产业发展方向产生引导作用；行业协会有助于规范企业主体行为，为产业发展提供咨询服务，同时协助解决企业间的纠纷；中介机构可提供律师、会计等代理性中介服务；科研院所和高等院校作为知识、技术的"生产与传播"机构，为装备制造业的发展提供必要的智力支持。

（三）我国装备制造业的发展困境

整体而言，我国装备制造业发展最根本、最突出的问题就在于"大而不强"。当前，我国制造业产值占全球的比重已达 25% 以上，稳居世界第一；发电设备、工程机械等我国重点装备制造业产品的产量、产能也连续多年位列世界前茅。但除去个别行业，我国装备制造业整体仍处于全球价值链的中低端，特别是在装备制造核心技术领域，我国与美国、德国等发达国家相比更是存在巨大的差距。

第一，我国装备制造业结构失衡，尽管产能规模巨大，但中低端产能过剩、高端产能严重不足，供需矛盾突出。一方面，随着经济高速增长，

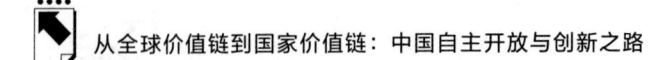

我国航空、汽车等行业对于相关装备制造产品的需求量越来越大，技术要求也越来越高，但由于我国自身技术发展水平落后，这些领域所需的高技术资本品只能通过进口的方式予以解决；另一方面，在巨大需求的推动下，更多的资本进入装备制造领域，但盲目扩张、粗放发展现象严重，其结果必然是高端产品不足、低端产品过剩。

第二，产业链高技术、高附加值环节发展滞后，特别表现为装备制造关键零部件和配套产品严重依赖进口，零部件与基础技术及工艺的配套严重滞后于主机的制造能力，未能形成完善、匹配的产业链条。当前，我国装备制造业在四个基础环节存在严重瓶颈：一是高档数控机床，二是高性能测试仪器，三是高档液压件，四是高档优质原材料。这些环节的发展深度与发展质量无法满足主机配套的需要，一方面导致了国内企业不得不削减产能，另一方面也导致了相关进口产品价格居高不下，行业利润大部分被进口零部件所挤占。

第三，产业链融合度低，产品标准不统一。虽然改革开放以来，我国通过体制改革与市场机制改革，不断促进多元化市场主体与市场竞争格局的形成，但我国装备制造行业"小而全，大而全"的现象仍然严重。各自为政的产品生产与产品研发，使得国内市场上的部分零部件的规格不一致，从而同种类、同性质与同流程的产业链不能形成融合发展态势。同时，产品品种数量与质量也不平衡，产品品种众多，但质量不高、知名品牌少。

第四，技术引进效率普遍较低。一方面对于国外先进技术与关键设备的长期依赖助长了我国企业的研发惰性，另一方面先进技术与关键设备进口的高昂代价也弱化了我国企业的技术消化能力，从而技术发展只能在"引进—落后—再引进—再落后"的怪圈中循环，陷入"只能制造、不能创造"的困境。此外，"重模仿、轻创新"的短期利润最大化倾向也使得我国企业缺乏创造顾客价值的动力，导致下游企业或者消费者缺乏选择权，只能被动接受相关企业提供的产品，从而不利于我国装备制造市场的创新。

我国装备制造业的"大而不强"进一步导致了整个产业链的效率低下与结构升级能力的弱化。一是产业无法产生规模经济效应。较低的产业链融合度、高附加环节发展滞后使得我国装备制造企业无法衍生出具有国际竞争力的大型装备制造商以及系统集成商,从而无法形成对软件供应、营销等价值链环节的整合,也无法实施对与装备制造相关的科研、设计、制造、贸易企业或机构的兼并与重组,最终导致我国装备制造业规模经济效应以及价值链治理能力的缺失。二是产业集群发展的效应不明显。基于国家发展战略的需要与政策的推动,近年来我国长三角、珠三角地区涌现一大批装备制造业产业集群,但是由于脱离市场的发展规律、关联度低、标准不一等原因,产业集群这一本身高效的产业组织形式出现了产业链较短、无序竞争、生产衔接不够紧密等各种问题。三是无法建立协同发展的体系。低端制造、核心技术的缺失以及较短的价值链严重抑制了服务型制造业的发展以及商业模式的创新,导致装备制造业赢利能力低下,同时也导致了装备制造业与工业互联网、大数据、人工智能融合发展的不足以及与金融行业跨界融合发展的不足,从而无法适应现代经济发展趋势。四是产业发展支持体系难以建立。较小的产业规模、附加值较低的生产组装环节,特别是创新需求的漏出,导致装备制造业无法与广大科研院所、高校研发中心等技术创新主体形成高效的互动,从而研发效率低下、科技转换能力弱,技术协同创新体系也无法建立。

我国装备制造业完备的产业系统与产业竞争能力的缺失,归根结底在于开放条件下"两头在外"生产模式造成的上下游关联的缺失。如图5-9所示,在出口导向模式下,一方面,外部市场需求决定了我国不得不按照国际市场与发达国家跨国公司的技术要求进行生产,另一方面,本土较低的技术发展水平又不能满足下游行业对于生产设备等相关资本品的技术要求。这在割裂了对上游行业技术、服务需求的同时,也减弱了对下游行业的供给支持。因此,以外需为主的出口导向模式事实上阻碍了我国装备制造业产业链上下游的互动与完整产业体系的构建,并进一步抑制了自主技术创新能力与核心竞争力的形成。

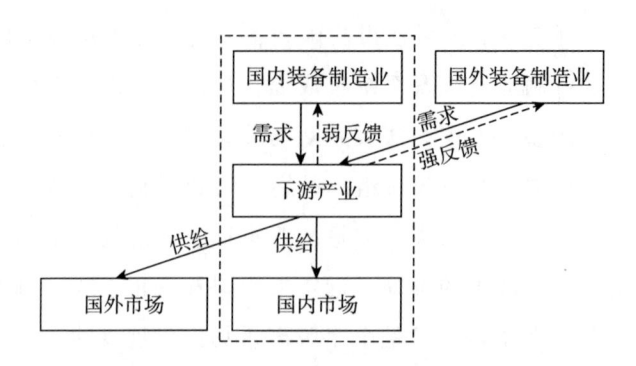

图 5-9 内外市场需求与我国装备制造业的发展

（四）价值链体系构建与我国装备制造业的发展

我国要实现装备制造业在价值链高端环节的突破，关键在于以自主技术创新能力为基础的核心竞争力的形成。然而，自主技术创新，特别是关键性技术的突破，不能只依靠企业的"单打独斗"或者政府对技术研发的支持，而是要通过价值链网络的构建与完善，形成产业技术创新体系的合力。

首先，要充分利用本土市场需求实现对装备制造业价值链主体的培育。一是通过国内市场产生的终端需求效应，实现对相关先进技术的引进。针对我国以"市场换技术"方式给装备制造产业自主发展带来的种种弊端，要在构建我国的技术标准体系以及制定技术自主创新计划的基础上，不断提升技术吸收能力与技术创新能力，最终实现世界装备行业的最新进展都能为我所用，以及从"市场换技术"向"市场引致技术"的内向发展模式转变。二是依据我国巨大市场规模的独特条件，从多样化的市场需求出发，制定多层次的市场细分战略，形成我国装备制造业的核心技术，并以此延长我国装备制造业的产业链条。其中，尤其要基于下游产业的庞大需求，充分发挥政府的宏观调控作用，利用政策引导下游企业购买我国自主装备制造产品，避免千辛万苦得来的技术"突破"被市场非理性地抛弃，从而降低对国外的技术依赖并逐步培育出价廉物美的自主产品。

其次，要围绕价值链条产生新兴服务以支持装备制造业规模经济效应的形成，并努力实现装备制造业"点、链、网"的互动。一是"由点到链"，即着力打造我国装备制造业的龙头企业。通过推进产业内部的兼并重组，逐步改变投资分散、低水平重复生产的状况，实现适度的规模化、集约化经营，并不断发掘潜在市场，培育一批具有相当竞争力的跨国大公司。二是"由链到网"，即形成具有核心竞争力的装备制造产业链网络。在充分发挥装备制造业龙头企业带动作用的基础上，促进在产品设计、系统集成、工程承包、人员培训、设备租赁、产品升级及设备维护、产品报废回收及再制造等环节开展增值服务的企业的建立与成长，不断拓展产业链条长度与产业集群的范围，形成装备制造产业链网络。三是"由网到网"，即构建全国性的装备制造业生产网络体系。通过集群式发展构建内部网络，不断整合产业资源与价值链环节，并进一步构建区域性甚至是全国性的生产网络，以优势互补实现内部网络与外部网络之间"由网到网"的互动（曲卉，2018），最终在国际市场竞争中充分展示价值创造网络体系的优势。

第六章　NVC 构建与中国技术进步

知识经济时代，技术创新越来越成为一国企业在国际竞争中取得胜利的关键因素。党的十八大报告指出，"要以加快转变经济发展方式为主线，把推动发展的立足点转到提高质量和效益上来，着力激发各类市场主体发展新活力，着力增强创新驱动发展新动力……不断增强长期发展后劲"，依靠技术进步提高创新能力并全面提升全要素生产率，实现增长动力由要素驱动、投资驱动向创新驱动的转换，是我国在经济发展新常态下拓展增长空间、参与新一轮经济全球化合作与竞争的必然选择。

自 20 世纪 80 年代以来，随着社会分工的深化以及信息技术的不断发展，产业链形态产生了从线性到网络状的深刻变革，产业链不仅是产业之间的连接链，同时更是创造递增报酬从而推动产业结构调整和升级的网络知识链。知识成为主要关联要素，决定了产业链的本质、运行和产业发展的核心（张琰，2012）。而在传统产业链解构、网络状产业链形成的过程中，创新模式嵌入产业链的演进过程随创新形态演进而发生变化：创新过程从线性创新向网络状创新演变，创新主体从单主体向多主体演变，创新方式从独立创新到合作创新再向协同创新演变。技术创新的过程不再是从一个职能到另一个职能的"序列性"过程，而越来越成为同时涉及创新构思的产生、研发、设计制造和市场营销的"并行化"或"同步化"过程。

技术创新既是一种技术行为，同时更是一种经济行为，如何在以知识为主要关联要素的网络状产业链中，通过研究我国巨大本土市场需求下不同价值链条的互动，促进关联技术成长与国内技术链条的延伸，并由此形成主导技术、关联技术、支持技术共生的技术链网络体系，最终强化我国在全球价值链分工中的自主技术创新能力，成为我国实现创新驱动所必须关注的问题。

一 市场需求、市场规模与技术创新

（一）市场需求与技术创新

自熊彼特（Schumpeter）开创性地提出创新理论以来，技术创新与市场之间的关系就一直成为学术界所关注的热点问题。由于技术创新本质上是一系列与商业运用密切相关的技术开发活动，因而不管是产品生产的工艺创新还是最终的产品形态创新，都必然与市场需求存在某种程度的关联。关于市场需求对技术创新的影响，相关研究主要围绕技术创新源于"供给侧推动"还是"需求侧拉动"或者供给与需求哪一因素更具决定性作用而展开，其中代表性的理论主要有熊彼特的"创新诱导需求"理论、施穆克勒（Schmookler）的"需求引致创新"理论以及莫威里（Movery）和罗森堡（Rosenberg）的"技术创新与需求互动"理论（张红波，2012）。而相关研究的结论也主要从早期的技术变革决定论向更加侧重于市场需求的影响转变，市场需求对于技术创新的作用逐步获得更为广泛的重视。

1. "创新诱导需求"理论

熊彼特认为，创新是企业为获取垄断利润而由其内部部门进行的生产经营活动，内生性的技术创新在使企业成功获取超额利润的同时，也相应改变了市场的结构。在该理论中，由于创新不是单一发明或技术在生产要素新组合中的运用，而是复杂、多样化新技术的联用，因此创新产品往往更加先进，甚至一些新功能在初期不易为广大消费者所接受；与此同时，消费者在有限理性下程式化、常规化消费的特点，也使得企图通过市场需求力量带动技术创新几乎变得不可能。因此，技术创新与市场需求的关系更多反映为企业的创新努力不断引导消费者改变偏好，即技术创新居于主导地位并诱导市场需求的产生和发展,通过改变市场上最挑剔、最前卫的消费者的消费偏好,进而借助示范与传导效应影响整个社会的消费选择。创新产品在改变社会消费结构后,企业也凭借对创新产品的垄断取得巨额利润,这不仅直接支持了新一轮的创新活动,也刺激了市场上的效仿行为,从而加剧了市场竞争,间接支持了社会创新活动的开展。熊彼特的"创新诱导需求"理论系统刻画了创新对于需求的决定性作用,但同时也受到了广泛的质疑,如 Witt(2000)和 Tomlinson 等(2002)在对该理论的研究中提出,新的创新产品往往就是根据最挑剔、最前卫消费者偏好所设计的,这些创新产品进入市场首先被消费先驱者接受后,经过一段时间的社会适应过程逐步改变普通消费者的偏好。

2."需求引致创新"理论

熊彼特的"创新诱导需求"理论提出后得到了广大学者们的推崇,然而对于创新如何更好地与市场的需求相匹配、创新产品如何适应市场从而避免盲目性等问题,"创新诱导需求"理论均不能很好进行解释。对于创新与需求关系的研究,研究者们的关注点也慢慢朝需求侧转移。

美国经济学家施穆克勒提出了与熊彼特"创新诱导需求"理论截然相反的观点。通过对美国铁路、农业、炼油、造纸四类支柱产业投入与创新之间数量关系的分析,施穆克勒发现投资与专利发明数量呈现高度同步的现象,同时投资的变化往往超前于专利发明数量的变化。在进一步对美国20世纪40年代20多个产业的研究中,施穆克勒发现此类现象较多,而相反的情况却极少。由此,施穆克勒得出结论:专利发明活动也即创新活动,本质上与其他经济活动相同,均受经济利润驱使,其受制于市场需求规模,旺盛的市场需求是引导企业开展创新活动的必要条件之一。施穆克勒关于创新与市场需求关系的研究也被总结为"需求引致创新"理论。

施穆克勒的"需求引致创新"理论得到了广泛的验证,例如 Marquis 和 Myers 在对美国 5 个产业共计 576 个创新项目的抽样调查中发现,3/4 的专利发明与技术创新可以从市场需求角度予以解释,而只有约 1/5 的专利发明或技术创新本身以技术进步为来源。在不断得到验证的同时,"需求引致创新"理论本身也不断得到了发展和完善,如 Rosenberg 和 Nathan（1982）就在施穆克勒研究的基础上进一步提出了"用中学"的概念,其认为创新产品在市场初期往往不完善,只有通过消费者的不断反馈才能使创新产品趋向于成熟与稳定。在"需求引致创新"理论中,市场需求成为企业技术创新活动的出发点,而开展创新性活动的意义则在于提供满足市场需求的产品。

3. "技术创新与需求互动"理论

"创新诱导需求"与"需求引致创新"引发了持久的争论,更有学者提出了折中的"技术创新与需求互动"理论,试图调和两个截然不同的理论。

1979 年,莫威里和罗森堡在合著的《市场需求对创新的影响》一文中,明确提出了"创新与市场需求以一种互动的方式不断促进技术的进步"。之后,一大批学者对这种互动关系的内涵进行了深入的挖掘与细致的阐述。总结他们的研究成果,一方面,创新行为引发产品功能的改进与升级,而创新行为的成效需要以市场上消费者的支付意愿来检验,如此,创新与市场需求的互动过程实质上就是产品功能改进和升级的过程。在该过程的初期,基础技术创新方向不确定,市场需求预期也不明朗,厂商更倾向于采取维持与模仿的策略,从而该阶段产品功能改进与升级速度较慢,技术创新进展缓慢;当基础技术取得重大突破,改造、升级后的产品或者全新产品将更能满足市场消费者的需求,从而在市场需求快速增长的条件下,产品改造、升级速度或者新产品出现速度将更快,企业创新活动也更加活跃;随后,市场需求趋于饱和,创新活动的边际收益也呈递减态势,创新产出与产品的功能均较为稳定,产业进入成熟期,当市场需求与市场创新收益进一步呈萎靡态势,则进入了现有技术等待被新技术替代的阶段。另一方面,创新与市场需求的互动过程也表现为市场消费者对创新产品的认可过程。技术创新（工艺创新）本身存在程度上的差异,只有当其突破了阈值（某一市场认可程度）,消费者才会表现出积极的消费与支付意愿,创新活动的持续开展才能得到更加强有力的支撑。但与此同时,在边际效用递减规律的作用下,市场消费者愿意为改进产品支付的意愿也将不断降低,并

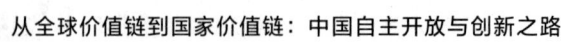

最终形成较为稳定的市场消费群体。

（二）市场规模与创新

1. 前期的研究

既然市场需求对技术创新具有重要甚至是决定性的影响，那么从这一结论出发，可以引申出市场规模大小成为技术创新重要影响因素的结论。对于这一论断，经济学界事实上早有研究，如在对市场规模与经济发展关系的研究中，亚当·斯密指出社会分工的日益深化和不断演进是劳动生产率不断提高的结果，随后阿林·杨格在斯密的基础上进一步提出社会分工与市场规模是相互限制的，在其"分工受市场范围的限制"的市场范围假说中，区域人口与劳动生产率决定了区域的市场规模，社会分工又决定了劳动生产率的水平，而市场规模的大小又进一步决定了劳动分工的水平（蒋亮，2017）。社会分工与市场规模之间的这种相互促进关系也被称为"斯密动力"，由此带来的经济增长也被称为"斯密型增长"。在"斯密动力"的作用下，市场规模的扩大可以促进社会分工的深化，从而带动劳动生产率的提高与企业生产规模的扩大，形成规模经济效应；同时，在分工深化的基础上，厂商可以整合处于不同部门的上下游或同类型的分工环节，从而节约生产成本或者交易费用，形成范围经济。在规模经济和范围经济的持续作用下，该区域一方面会产生诸多与分工网络相配套的本土企业，另一方面也会吸引诸多与分工网络性质相类似的外部企业，由此形成企业扎堆和产业集聚现象，并在地域空间上形成包括产业内知识溢出与产业间知识溢出的知识时空网络，进而有效增强与提高创新动力与能力。

马歇尔在其企业区位选择论中也提出：基于获取更多利润的目的，越接近规模巨大的市场，生产外部性、消费刺激等因素就越能够激发企业的生产意愿与分工合作，该区域也能不断从企业的集聚效应中获益。在规模经济、范围经济、技术外溢等因素的进一步作用下，该区域的生产规模将持续扩大，并在满足本地消费市场的同时，还有剩余可供出口，即所谓的"本土市场效应"。而在环境承载力、要素成本及资源稀缺性等因素的制约下，集聚的红利终将逐渐消失，取而代之的是企业为取得立足之地或稳固市场份额展开的激烈竞争。该竞争不仅仅是以数量为特征的价格竞争，同时更是以质量为特征的新技术和新产品的竞争，通过采取技术创新或者创新模仿等策略增强竞争力也成为企业立足市场的根本措施。具备了更强劲的创造活力和发展潜力，企业就能在更好满足市场需求的同时创造出更大的利润增长空间，进而进一步扩大市场规模，并引发新一轮经济活动的集聚。因此，社会分工与市场规模的互动过程，本身也是技术创新不断推进的过程。

2. 中后期的研究

沿着早期的研究轨迹，诸多学者进一步探讨了市场规模对技术进步及经济增长的作用。Rosenstein-Rodan（1943）认为，经济发展是一个从低技术水平向高技术水平不断上升积累的过程，启动并全面推进工业化，为规模收益递增的新技术提供足够大的消费市场，是经济体脱离"贫困陷阱"的重要条件。Poter（1990）在其国家竞争优势理论中指出，本地市场的预期性需求可能催生产业的国家竞争力，而市场规模则有强化这种竞争力的效果，当科技发生重大变革时，快速增长的内需更显现出重要性，因此市场需求构成了国家竞争优势的四要素（生产要素，市场需求，相关与支撑产业，企业战略、结构与同业竞争）之一。我国学者范红忠（2007）进一步认为，市场需求对其他三要素均具有决定性影响，从而市场需求规模越大，技术创新的效率也越高。Brun 等（2002）认为规模化市场的效率优势主要来自两个效应：集聚效应与企业选择效应。其中，集聚带来了"集聚租"，如规模经济、技术溢出等，这将诱导企业投资生产设备、发展技术以提高生产效率，从而有利于企业创新；而在企业选择效应下，市场规模的扩大、企业数量以及产品种类的不断增多，必然会加剧市场的竞争程度，由此也逼迫企业不断进行技术创新以获取或保持原有的技术优势。在这两个效应中，特别是企业选择效应所加剧的市场竞争对于技术创新的作用更大。Melitz 和 Ottaviano（2005）通过研究发现，市场规模扩大所导致的更加激烈的竞争会带来更低的产品价格与更高的厂商生产效率，无论市场是封闭还是开放该结论均成立。Klaus 和 Stephen（2010）认为较大市场规模的需求价格弹性会更高，从而激烈的市场竞争会迫使企业进行生产工艺的创新或者吸收先进的技术。Krugman（1980）指出在存在贸易成本与规模报酬递增效应的条件下，拥有较大国内市场需求的国家的生产规模将更大，效率也将更高。Ossa（2011）基于对新贸易理论的分析也得出：市场规模扩张会不断深化生产组织间的劳动专业化分工程度，而分工的细化与贸易自由化下的市场范围扩张是厂商生产效率提升的源泉。总之，市场规模的扩张能促进各类生产要素的流动与整合，从而其对技术创新或生产效率提升的影响也是多样化的（Duranton 和 Puga，2003）。

市场规模对技术创新的巨大促进作用也不断得到相关实证研究的支持，如有学者在对日本劳动生产率的研究中发现，区域市场规模每增长一倍，则劳动生产率会至少提升 3.5%；我国学者范红忠（2007）使用世界各国在美国申请专利的相关数据，证明一国企业整体的自主技术创新能力与其面对的有效需求规模呈高度的正相关。

国内外相关研究均证明，市场需求构成企业技术创新的重要条件，较大的市场需求规模有利于推进一国或地区的技术进步进程。改革开放 40 多年来，我国经济持续增长，巨大人口规模与经济规模不断推动本土市场规模的扩张，那么，像中国这种一个具备了大规模市场需求的国家，理应可以通过本土市场激发企业的研发动力，成为技术创新大国。然而，一个直观的认识是，我国整体的技术创新水平无法与经济的高速增长及庞大的国内需求规模相对称，技术进步滞后问题一直成为制约我国产业发展与对外经济交流的关键问题。如何借助本土市场需求规模来推动技术创新的发展，从而整体上促进我国全要素生产率的提升，是一个值得深思的问题。

二 市场需求规模影响技术创新的机制

技术创新是促使创新主体产生创新欲望并主动进行一系列创新活动的所有因素与条件的总和。正是由于较大市场规模所内含的需求规模性、多样性、层次性、替代性等一系列特征，不断从需求端对创新主体的技术创新活动形成潜在或现实的激励与压力，从而诱发创新欲望的产生、激发创新的动力，市场需求规模也成为企业技术创新的主要驱动力之一。整体来看，市场需求规模通过降低研发成本、降低创新风险、促进竞争性市场结构形成、激励关联产业创新四个途径对技术创新产生影响。

（一）规模化市场需求能有效降低技术创新的研发成本

企业技术创新的成本主要来自两个方面：创新时期内产生的固定成本与创新失败导致的损失，两方面成本均较为高昂。据 Mansfield（1981）一项关于化学、药品生产、石油和电子产品开发四个行业技术创新的研究，仅约20%的研究项目能成功实现商业化，而其中又仅约12%的项目能最终实现赢利。技术创新特别是原始技术创新体现为一种高投入、高风险的活动。较大市场规模或者是市场需求规模的扩大，一方面分摊了企业前期投入的固定研发成本并不断降低了产品创新的边际成本，提高了研发的赢利水平，从而激励企业的技术创新活动；另一方面保证了企业能源源不断地获取利润，使企业有充足的资金投入到后续的技术研究与开发以及创新产品的推广中，从而也保障了技术创新活动的连续性。

（二）规模化市场需求能有效降低技术创新的市场风险

第一，规模化市场需求指明了技术创新的方向。按照产品本身的代际转换及产品功能的进化程度，市场需求可以划分为现实需求与潜在需求。现实需求主要针对市场上已经出现的产品，其功能需要更好地完善以适应市场要求并在与同类型产品的竞争中取胜，由此迫使厂商不得不积极改进技术或者采用新工艺。如果厂商更贴近于较大规模的市场，则获取消费者需求以及反馈的信息就会更加准确，从而有助于其实现产品供给与市场需求的匹配，提升技术创新的效率。潜在需求则针对市场上尚未出现的新产品。受制于技术发展水平，潜在需求往往只存在于消费者的心理偏好之中，需要进一步加以激活，同时由于企业获取潜在需求信息的有限性，研发新产品以满足这一需求往往具有较大的不确定性与风险。较大的市场规模则是有效降低该不确定性与风险的重要条件。值得一提的是，满足潜在需求往往能促成原始的创新，当消费者期望能有当前并不存在的工具或手段来实现某一功能，但对蕴含该功能的具体产品状态并不完全清楚时，厂商根据众多潜在消费者需求反复研究、设计的产品，往往能形成原创性的成果。

第二，多样化的市场需求是技术创新的重要来源。该多样化首先是产品需求的多样性，正是由于较大市场规模带来的需求多样性，激发了厂商开展技术创新活动的兴趣，并有效支撑了竞争性市场结构的形成，为技术创新奠定了市场基础。其次，该多样化还表现为市场需求的多层次性。类似于产品的多样性需求，如果市场需求只是集中在传统的、技术应用成熟领域的低端市场需求，则厂商将很难有开展技术创新活动的动力；而高端市场对产品品质以及性能提出的更高要求，对生产者研发能力、技术水平、生产工艺以及生产管理等提出更高的要求，才能有效激励企业技术创新活动的开展。

第三，规模化市场需求的巨大伸缩性为厂商技术创新提供了条件。从供给端来看，频繁变动的市场需求必然对厂商的生产经营形成挑战，所以企业要通过创新来维持或扩大其市场份额。一方面，通过技术创新，厂商能向市场提供功能更为完善、更能满足消费者需求偏好的产品，甚至是可以引领市场消费潮流的产品，从而厂商能从容面对产品有限的生命周期；另一方面，较大的市场需求规模意味着即使某一细分市场需求发生了较大的变化，厂商仍然能源源不断地获取收益，从而也保障了其技术创新活动的持续开展。长远来看，随着科技发展水平以及居民生活水平的不断提高，社会需求必将更加复杂且多样，技术创新成为企业发展的长远之道。

从需求端来看，规模化市场中的收入差距通过需求规模效应与消费结构效应两方面对企业技术创新产生影响。一方面，不同的收入阶层对创新产品的需求也不相同，低收入阶层对高端创新产品的消费能力有限，而高收入阶层则愿意为高端创新产品支付更高的价格，从而在低水平的收入均等化条件下，企业创新产品需求规模较小，不利于企业技术创新活动的开展；另一方面，社会消费结构的升级意味着新的消费内容的出现，企业必须进行技术创新进而推出全新产品或者升级已有产品的功能与品质，以满足市场需求。整体来看，当一个国家或者地区在收入水平整体较低时，高端消费者对创新产品的消费需求对技术创新的意义巨大；当社会平均收入水平较高时，低收入阶层成为标准化产品的主要购买者，中高收入阶层则更青睐非标准化的个性化创新产品，从而中高收入阶层比重的增加有利于技术创新。较大市场规模天然地提供了该种引致技术创新的收入分布条件，如王俊和刘东（2009）就发现我国居民收入差距与技术创新两者之间具有显著的倒"U"形曲线关系。

第四，规模化市场中的各类市场需求为创新技术的运用与创新产品的推广提供了空间。在市场需求难以激发的状态下，新产品的市场空间较狭窄，难以形成生产的规模经济效应，从而技术创新能带来的产品市场份额与产品利润的增长空间具有高度不确定性，厂商不愿也不敢进行技术创新。较大的市场规模则天然提供了易于诱导的市场需求，这在给各类创新产品市场拓展留存了空间的同时，也激励了厂商开展技术创新活动以博取预期市场增量的行为。因此，市场需求规模事实上对技术创新的速度起着关键性的影响。

（三）规模化市场需求通过促进竞争激发技术创新活力

厂商的创新行为与市场结构存在紧密的关系，而市场的有效需求规模又成为影响市场结构的重要因素。市场结构对于厂商的技术创新意愿起着关键性作用，在一个竞争性的市场环境中，市场被众多厂商所分割，厂商要想占据更大的市场份额、获得更高的市场利润，必须提高产品质量、完善产品功能，并不断推出能满足消费者需求的创新产品。随着市场竞争程度的降低，厂商往往满足于市场垄断所带来的利润，从而失去了进一步创新投入的动力。因此，如果垄断市场结构的形成原因是有效需求规模不足阻止了其他厂商进入该市场，则垄断厂商不会有技术创新活动；如果是特定的排他性技术形成了市场进入障碍，则这种因技术垄断形成的市场垄断结构在市场规模足够大时必然不持久，模仿者与创新者会选择进入市场以获取超额利润，这在强化行业竞争的同时，市场垄断结构也逐步向竞争结构转变。可见，市场规模通过影响市场竞争的程度进而对技术创新活动产生重大且长久的影响。此外，较大的市场规模也容易产生替代性强的市场需求，这意味着厂商要同时面对行业内部与跨行业的竞争，为了获取或保持竞争优势，企业也必须持续开展技术创新活动才能确保不被挤出市场。

（四）通过关联效应激励上下游产业的创新

创新产品消费规模的扩张会通过产业关联效应带动消费者对上下游产业的需求，激励相关产业的技术创新活动，而规模化市场通过"虹吸效应"驱动创新要素集聚则进一步支持了相关技术创新活动的开展。产业的关联带动作用，从微观来看，体现为提升技术创新的预期收益从而分摊厂商技术创新的成本，以及降低技术创新失败的风险；从宏观来看，则是有利于改善技术创新活动的基础条件，从而优化国家创新系统的产出功能。

三 内需、研发与我国技术进步：实证分析

众多研究显示，技术创新不仅是"供给推动"的结果，同时更是"需求拉动"的结果，即技术创新不仅取决于科学知识、研发投入、技术研发效率等供给方面的因素，同时也取决于技术可能性与市场可能性的有效结合、市场需求规模、收入水平分布及产品消费结构等。供给因素与需求因素在相互制约、相互促进中共同决定了技术创新活动的规模与效率。

（一）理论基础与假说

1. 研发投入与技术创新

增加研发投入是促进技术创新成果产生的直接途径，无论是革命性的技术创新成果还是已有产品的功能提升或本地化改进，研发投入形成这些技术创新活动的基础。从来源来看，企业研发投入可以具体划分为两部分：

一是政府对于技术创新活动的支持，不仅包括直接的资金支持，同时也包括税费减免、人才引进、产业指导等一系列财政、金融政策的支持；二是企业的自主研发投入以及缺乏自有资金时向金融机构的融资。政府投入不仅直接支持了相关技术创新活动的开展，同时也指明了未来的产业发展方向。可见，政府投入规模越大，越能激发企业的技术创新热情。技术创新活跃度一般也与企业自主研发投入成正比，自主研发投入越多、相关研发部门在企业整体架构中的地位越高，则企业技术创新活动也越多；当企业缺乏自有资金而选择向外部融资以解决研发投入问题时，由于融资往往带有严格的附加条件且企业面临按期偿付的压力，因此，在高财务杠杆下，即使企业具有强烈的技术创新动机，也可能因为缺乏足够的资金而停止相关的研发活动（Hottenrott 和 Peters，2009）。据此，提出假设1：

研发投入是促进一国技术创新的重要因素，其与技术创新成果具有显著的正相关关系。

2. 内需与技术创新

基于价值规律，市场机制可以不断激发市场主体技术创新的内在动力、优化创新活动的资源配置，同时还能密切技术协同创新方以及技术创新供需方的联系，保障新技术、新发明的有效转化。

经过多年来的高速发展，我国已经成为仅次于美国的全球第二大消费市场，特别是近年来，中国开始扮演全球商品市场重要消费者的角色，本土市场需求规模优势更加凸显。考虑到中国巨量的人口规模、中产阶级规模不断扩大、收入水平仍有待提高的事实以及第二个百年奋斗目标等对于市场的要求，中国本土市场规模在可预见的未来还将继续扩张。在整体规模优势不断强化的同时，我国也是一个高低端需求并存、二元需求结构特征明显的发展中大国，特别是以农民、城市低收入人群为代表的低收入群体的规模仍较为庞大，低端市场需求规模效应仍较为显著。如前所述，内行且挑剔的高收入消费者的规模化本土市场需求更能刺激企业创新活动的开展，而低收入阶层的低端产品规模化需求将导致厂商更多通过提供"价廉质低"的粗放产品、采取低价策略抢占市场份额。我国本土市场规模优势与二元需求结构特征形成影响本土企业技术创新活动积极性的相对作用力，高端市场的需求规模效应能有效促进厂商的技术创新活动，而低端市场的需求规模效应则对厂商的技术创新活动产生阻碍。

与规模化需求与技术创新关系的自然演进不同，与发达国家厂商首先取得内部市场竞争优势进而拓展国际市场的发展路径也不同，我国以代工方式参与全球价值链，经济增长严重依赖国际市场需求，从而导致了一个严重的后果：发展较快的本土企业事实上基本处于与国内市场相隔绝的状态。具体而言，通过"两头在外"的加工贸易方式，我国整体融入到发达国家跨国公司所主导的全球价值链分工体系中去，与此相对应，我国的经济发展更加关注对外部门，相关对外部门也更多关注国际市场而非本土市场，从而无论本土市场需求规模发生何等变化，事实上很难对本土企业的技术创新活动产生影响。基于该种发展模式，如果不按市场导向对我国企业进行分类，则很难辨别我国企业的技术创新活动究竟是来自国内还是国际市场的推动。此外，技术创新有赖于市场特定要素条件的组合，规模化市场需求虽然有助于技术创新活动的开展，但其有效性也取决于市场可能性与技术可能性能否充分结合。据此，提出假设2：

> 国际市场需求并不必然促进我国企业的技术创新，融入全球价值链的方式可能弱化了我国本土市场规模对于技术创新的拉动作用。

3. FDI 与技术创新

经济全球化在很大程度上体现为资本的全球化，随着世界经济发展更加开放，跨国公司在全球范围内的投资活动也更加普遍化与常态化，而通过吸收 FDI 促进经济发展，同样会对一国的技术创新活动产生深刻影响。具体而言，FDI 能产生三大效应：直接的技术进步促进效应、间接的技术进步溢出效应与技术创新挤出效应。就直接的技术进步促进效应而言，任何国家都不可能拥有开展技术创新活动的所有资源，也不可能在所有领域都保持技术领先地位，最大限度吸收、利用国外先进技术成为取得技术进步的理性选择，FDI 可以直接带来相关领域的先进技术，这成为一国尤其是落后国家实现关键领域技术突破的有效手段。同时，在 FDI 产生的示范作用下，通过学习、模仿行为，东道国企业可以提升自身的技术创新能力；通过跨国公司对员工的培训以及人力资本的流动，东道国企业可以提升相关领域科研人员的技术水平；通过为国际投资提供原材料、半成品、零部件、市场营销服务等而建立起的前后向联系，东道国企业可以吸收先进技术，借鉴跨国公司技术创新经验。

然而，FDI 也可能对东道国技术创新活动带来负效应。从静态来看，发达国家跨国企业往往占据着技术发展水平的制高点，其产品较之于落后国家同类产品也往往具有不可比拟的代际优势，东道国可能被迫终止相关领域的研发活动，放弃对技术创新知识的积累；从动态来看，由于掌握着更多的市场标准话语权，跨国企业在东道国的投资往往伴随着大规模、高标准、高规格资本品的进口，这在很大程度上阻断了经济部门之间的联系，使东道国并不必然产生关联领域的创新。以我国为例，所谓"两头在外"的代工模式，其实不仅仅是原材料与产品销售市场在外，相关资本品的提供也在外，因为跨国企业要在国际市场上销售产品，尤其是在母国市场销售产品，首先必须要满足严格的技术标准。据此，假设 3：

> FDI 及其所引致的进口贸易规模的扩大，可能会在一定程度上割裂我国产业之间的联系，从而抑制我国的技术创新活动，考虑到我国东、中、西部区域的发展差异，这一状况在东部地区可能更加明显。

（二）模型构建与数据说明

1. 模型构建

基于研究需要，构建如下省级面板数据计量模型：

$$invention_{it} = \beta_0 + \alpha_1 \ln rd_{it} + \alpha_2 \ln demand_{it} + \alpha_3 \ln fdi_{it} +$$
$$\alpha_4 \ln import_{it} + \alpha_5 \ln export_{it} + \alpha_6 index_{it} + u_{it}$$

被解释变量为技术创新（$invention$），用国内发明专利申请授权量表示；影响创新的内部因素为研发投入（rd），用研究与试验发展经费内部支出表示；市场化指数（$index$），参见樊纲编制的市场化指数；本土市场需求（$\ln demand$），用制造业内需表示；影响技术创新的外部因素主要是外商直接投资（$\ln fdi$）、进口（$\ln import$）、出口（$\ln export$）。此外，考虑到制造业需求在不同层次上可能会引致不同的创新效应，进一步构建门槛回归模型，具体形式如下：

$$invention_{it} = \alpha_0 + \beta_1 \ln demand_{it} I\{\gamma_{it} \leq \gamma_1\} + \beta_1' \ln demand_{it} I\{\gamma_1 < \gamma_{it} \leq \gamma_2\} +$$
$$\hat{\beta} \ln demand_{it} I\{\gamma_{it} > \gamma_2\} + \beta_2 \ln rd_{it} + \beta_3 \ln fdi_{it} +$$
$$\beta_4 \ln import_{it} + \beta_5 \ln export_{it} + \beta_6 index_{it} + \varepsilon_{it}$$

其中，I 为示性函数，γ 为门槛变量，γ_1、γ_2 分别为两个门槛值。

2. 数据说明

使用数据均来自国家统计局网站、wind 数据库、EPS 数据库、历年中国统计年鉴。鉴于数据的可得性，使用 2005~2016 年全国 30 个省级面板数据（不含港澳台；西藏缺失数据较多，故剔除）。数据描述性统计见表 6-1。

表 6-1 数据描述性统计

变量	样本量	均值	标准差	最小值	最大值
$\ln invention$	360	7.114	1.591	3.135	10.620
$\ln rd$	360	4.801	1.444	0.467	7.618
$\ln fdi$	360	5.252	1.590	-0.007	7.722
$\ln demand$	360	9.131	1.340	0	11.785
$\ln export$	360	6.890	1.668	2.603	10.732
$\ln import$	360	6.855	1.614	2.376	10.435
$index$	360	6.325	1.780	2.530	10.920

（三）回归结果分析

1. 基准回归分析

依照逐次回归的顺序，模型（1）、（2）采用固定效应的估计策略，模型（3）、（4）采用随机效应的估计策略。对模型（2）、（4）进行豪斯曼检验，P=0.00，chi2=72.27，结果表明，固定效应的回归结果更具参考价值。

在表 6-2 中，本土市场需求（ln$demand$）的回归系数均为正，且在固定效应模型中回归系数分别在 10%、5% 的水平上显著。据此判断，本土市场需求能显著刺激我国企业的技术创新活动，且该促进力量较之于二元需求结构特征所形成的阻力更大。进一步考察 R&D 对技术创新的影响，在模型（1）至模型（4）中，研发投入（lnrd）的回归系数均显著为正，可见，研发投入是企业开展技术创新活动的直接动力，加强 R&D 投入力度能显著提高我国的技术创新水平。就控制变量而言，进口（ln$import$）的回归系数为 -0.1920，且在 10% 的水平上显著，即进口在一定程度上抑制了国内技术创新。这也印证了我国的进口特别是大量资本品的进口，阻断了我国产业体系通过内部的关联与互动内生产生创新技术的途径，同时，我国进口贸易所产生的技术溢出效应也越来越有限。市场化指数（$index$）的回归系数为 0.0848，在 10% 的水平上显著，表明要素市场环境的改善有利于国内技术创新活动的开展，形成完善的市场机制仍然是我国技术进步的基本保证。此外，外商直接投资（lnfdi）的回归系数均不显著。

表 6-2 基准回归结果

变量	（1） FE	（2） FE	（3） RE	（4） RE
ln$demand$	0.0637*	0.0786**	0.0637*	0.0529
	(0.0329)	(0.0331)	(0.0329)	(0.0469)
lnrd	1.2863***	1.2782***	1.2863***	1.2892***
	(0.0522)	(0.0738)	(0.0522)	(0.0752)

续表

变量	(1) FE	(2) FE	(3) RE	(4) RE
lnfdi		0.0003		-0.0098
		(0.0472)		(0.0549)
ln$import$		-0.1920*		-0.1423
		(0.1027)		(0.1199)
ln$export$		0.1888		0.0024
		(0.1362)		(0.1236)
$index$		0.0848*		0.0401
		(0.0446)		(0.0357)
Constant	0.3563	-0.2645	0.3563	1.1987**
	(0.3245)	(0.4986)	(0.3245)	(0.4796)
Observations	360	360	360	360
R-squared	0.9022	0.9102	0.9022	
Number of pro	30	30	30	30

注：括号内为稳健标准误，***、**、* 分别表示在1%、5%、10%的水平上显著，下同。

2. 稳健性检验

按照东、中、西部的区域划分，进一步考察不同地区的本土市场需求（ln$demand$）、研发投入（lnrd）对技术创新的影响。分别采取固定效应、随机效应估计策略，并进行豪斯曼检验。结果显示：在东、中部地区，P值分别为0.00、0.02，即应使用固定效应模型进行估计；在西部地区，P=0.24，即应使用随机效应模型进行估计。表6-3分别展示了相应的回归结果。

就回归结果看，本土市场需求（ln$demand$）的回归系数均为正，并且在东、西部地区，回归系数均显著。这说明，无论是经济与技术发展水平更高的东部地区，还是发展相对落后的西部地区，本地市场需求均形成对企业技术创新活动的巨大刺激。研发投入（lnrd）的回归系数在1%的显著性水平上均显著为正，该结果也进一步表明，加大研发投入对技术创新具有显著的直接促进作用。

观察控制变量，在东部地区，进口（lnimport）、外商直接投资（lnfdi）对技术创新具有明显的抑制作用，表明外商直接投资规模的扩大以及进口规模的扩张，在我国更多呈现贸易导向型与资源寻求型特征，发达国家跨国企业不仅缺乏在东道国培育本地化技术的意愿，甚至还打压东道国企业寻求技术进步的动力；在中、西部地区，市场化指数的回归系数显著为正，表明改善市场环境可显著促进我国企业开展技术创新活动。

表6-3 分东中西部地区的样本回归结果

变量	(1) 东部 FE	(2) 中部 FE	(3) 西部 RE
lndemand	0.0351*	0.1404	0.7774***
	(0.0164)	(0.2126)	(0.1672)
lnrd	1.6316***	1.1722***	0.5731***
	(0.1330)	(0.2186)	(0.1328)
lnfdi	-0.2662**	0.1596	0.0153
	(0.1126)	(0.1229)	(0.0393)
lnimport	-0.3954**	-0.3088	-0.1872
	(0.1521)	(0.2626)	(0.1299)
lnexport	0.0417	0.0998	0.1278
	(0.4001)	(0.1976)	(0.1720)
index	-0.0428	0.1323*	0.1375***
	(0.0350)	(0.0647)	(0.0498)
Constant	3.4619**	-0.2698	-2.9393***
	(1.3054)	(0.6477)	(0.9863)
Observations	132	96	132
R-squared	0.9518	0.9358	
Number of pro	11	8	11

3. 门槛回归检验

门槛回归检验结果表明，模型分别存在6.2816、10.3030两个门槛值。门槛模型的再估计结果如表6-4所示。

表6-4　门槛模型的再估计

变量	回归系数	t值
lnrd	1.3109 ***	26.8700
lnfdi	-0.0344	-1.0000
lnimport	-0.1560 *	-2.4700
lnexport	0.1278	1.9200
index	0.0797 ***	3.4200
lndemand 区间1	0.1640 ***	4.0500
区间2	0.0700 *	2.0200
区间3	0.0860 *	2.4700
Constant	0.0036	0.0100
R-squared	0.9180	
sigma_u	0.6706	
sigma_e	0.2747	
rho	0.8563	
F	22.5200	

从门槛回归结果来看，本土市场需求（lndemand）在三个区间上回归系数分别为0.1640、0.0700、0.0860，且在1%、10%、10%的水平上均显著。这说明巨大的人口规模、经济结构多元性与多层次性所决定的本土市场需求的规模性、多样性与稳定性，无论在我国经济发展的哪一个阶段均形成技术创新的推动因素。此外，研发投入（lnrd）对技术创新的作用在1%的水平上仍然显著为正。

整体来看，门槛回归结果与基准回归分析的结果基本保持一致。据此，通过实证研究，可以得出如下结论：一是本土市场需求是引致我国企业开展技术创新活动的重要力量，即使在我国以代工方式参与全球价值链、严重依赖国际市场需求驱动经济增长的状态下，内需市场仍然有力促进了我国的技术创新；二是技术创新活动的产出与研发投入规模直接相关，研发投入成为技术创新的直接推动力量；三是外商直接投资以及进口贸易的增长，严重抑制了我国国内的技术创新，两头在外的加工贸易方式在很大程度上割裂了我国产业之间的联系，尤其是制造业与资本品工业的关联，这一点在东部地区表现得较为明显，外商直接投资甚至对我国东部地区技术创新活动产生了显著的挤出效应。

四　社会分工、技术进步与创新模式：随机创新向网络状创新的演化

1912年，熊彼特在其著作《经济发展理论》中开创性地提出了"创新"的概念，并认为"创新"就是将生产要素的"新的组合"引入现有生产过程，通过变革生产技术体系构建一种"新的生产函数"。随着社会分工的深入与各国经济的发展，"新的组合"在不断出现的同时，其产生方式本身也发生了深刻变化，并加速了生产技术体系的不断革新。特别是随着知识经济时代的到来，知识日益成为企业获取核心竞争力的最可靠来源，同时知识资源的生产、占有、利用与配置对于一国也越来越具有战略意义，成为国家培育竞争优势的最重要要素。因此，知识成为创造"新的生产函数"的"最有力的发动机"。在经济发展与科技进步的背后，发展差距与技术差异本身也只是表象，其实质仍在于知识分工的差异。知识分工所带来的报酬递增推动了传统纵向产业组织与经济连接方式的变化，以及知识转移、共享与整合基础上横向知识关联的形成。企业之间不再是上下游生产环节的线性关联，创新也不再是单个企业的孤立"行为"，而是知识分工、知识共享与合作的综合效应，从而知识分工、知识共享与合作也成为传统价值链解构、模块化生产条件下"网络状价值链"形成过程中技术创新的根本方式。

（一）线性创新模式

工场手工业时期，以"单体企业"为主体的产业组织结构形态决定了企业的生产经营以内部各职能部门的协作为主，"单体企业"内部分工明确，产品设计、生产、组装、监督管理等都由专门部门负责。至20世纪七

八十年代，同样由于生产工序与生产工艺客观上的不可分割性，以及相对较低的信息技术水平下市场资源配置效率的不足，大规模流水线生产被广泛引入由工业制造部门占主导地位的产业结构体系。标准化生产不仅提高了零部件的市场通用性，同时物料与工件在制造过程中的自动转移也实现了企业效率的提高与成本的节约，从而生产过程大大简化，大多数企业尤其是规模报酬递增效应明显的资本密集型企业更加倾向于将原料采购、生产制造、产品运输、销售及售后服务等一系列产业链环节全部纳入企业内部，以便充分发挥范围经济效应与规模经济效应。

前向一体化与后向一体化的整合，促成了多功能、多单位纵向一体化大型企业的产生，也导致了企业纵向一体化治理结构的形成。基于"单体企业"与大型企业的企业治理结构与产业组织结构，技术创新与企业生产之间更多存在简单的单向推动关系，也即线性创新模式。具体而言，线性创新模式可以分为技术推动型和需求拉动型两大类别（张琰，2008）。

1. 技术推动型模式

技术推动型模式由 Price 等人于 1969 年首先提出。在该模式中，技术创新是"一个发现的过程，其中新知识通过一系列的程序最终呈现为新产品"。因此，新技术产生于创新的初始阶段，并反映为单向的线性过程。技术推动型模式的基本思路如图 6-1 所示。

产品新构想 → 产品设计 → 试验与研发 → 产品制造 → 产品销售

图 6-1 技术推动型模式

2. 需求拉动型模式

技术推动型模式对于市场需求的忽略，可能导致技术创新与最终产品销售环节的脱节，从而受到广泛的质疑。自 20 世纪 70 年代开始，学术界对于市场需求在连接产品生产与技术创新中所发挥作用的关注，使得技术创新不再被认为是"实验室"中的新设想，而是满足市场需求的产物。通过对美国农业、交通运输（铁路）等产业的时间序列数据的研究，美国经济学家施穆克勒（Schmookler）发现投资的变化往往超前于专利发明数量的变化，并且两者展现出相当强的正相关趋势，由此其认为"专利活动即发明活动，作为一种追求利润的经济活动，受到市场需求的引导和制约"（Schmookler，1966）。需求拉动型模式的基本思路如图6-2所示。

市场需求分析 → 产品构想 → 试验与研发 → 产品制造 → 产品销售

图6-2 需求拉动型模式

无论是技术推动型模式还是需求拉动型模式，线性创新模式均将技术创新过程作为新设想、新知识按照特定顺序转化为新产品的过程，其中研发既是该过程的起始阶段同时也是该过程的关键环节，而新技术的产生与新产品的推广只是研发活动最终取得成功的结果。从而，创新过程本身也被作为"黑箱"处理而不加分析。但是对创新过程的"简洁化"描述，也未能顾及创新主体与环境等因素对创新过程的影响，线性创新模式无法准确、深入揭示技术创新的复杂性。

（二）反馈互动创新模式

鉴于线性创新模式过于"简单化"，众多学者继续对技术创新过程进行深入探讨，不但深化了对创新内涵的理解，同时也形成对传统线性创新模式的理论改进。其中，较具代表性的有相互作用创新模式与链状创新模式。

1. 相互作用创新模式

Rothwell（1973）等人综合考虑了线性创新模式中的技术推动与需求拉动因素，认为两者共同构成创新过程"闭路循环"中的重要环节，并以此为基础提出相互作用创新模式。相互作用创新模式的基本思路如图6-3所示。

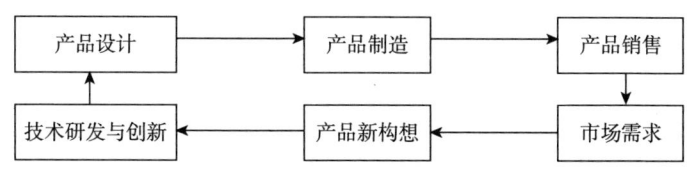

产品设计 → 产品制造 → 产品销售
↑   ↓
技术研发与创新 ← 产品新构想 ← 市场需求

图6-3 相互作用创新模式

2. 链状创新模式

Rosenberg（1986）等人认为，在整个创新系统中，经济、科学与技术既相互促进又相互制约。其试图改变研发活动是唯一起点的惯性思维，并提出了技术创新的链状创新模式（如图6-4所示）。该模式重点刻画了创新的两类反馈机制：一是长反馈回路，即察觉新的市场需求后直接返回下一轮产品设计，从而进一步完善产品或者改进服务；二是短反馈回路，即创新的后续阶段与之前阶段的反馈回路。

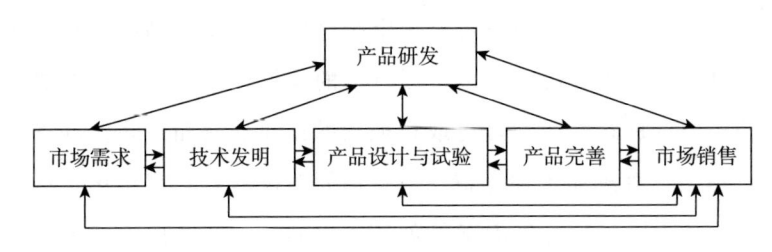

图6-4 链状创新模式

相互作用创新模式与链状创新模式可以统一归纳为反馈互动创新模式。在科层式的管理架构下，反馈式创新并没有脱离线性逻辑，但它的边际贡献在于刻画了创新与需求的双向互动。由于纵向一体化分工体系下技术的不可分性，企业只能依靠自身的创新资源与创新潜力，并通过内部有效的组织管理与资源整合及协同实现技术创新。因此，企业构成创新的单一主体，创新活动也更多体现为一体化的纵向过程。在该种独立的创新方式下，所有相关创新的重要资源均集中于企业内部。同时，受有限市场的影响，创新的时效性至关重要。从而，企业都将技术创新视作自身的高度机密，不同其他企业分享。此外，虽然在纵向一体化治理模式下，由企业内部独立的研发部门承担产品设计开发有利于细化分工以及专业知识与技术的产生，但技术外溢的效果却十分有限，整个产业系统创新效率无法更好促进单个企业的技术突破。

（三）网络状创新模式

1. 网络状创新模式的产生

20世纪80年代以来，产品种类的极大丰富与市场范围的不断扩大使得产品质量已不再是消费者所关注的唯一焦点。由于受到多样化与个性化需求、生产过剩、技术革新等多重因素的冲击，以提供标准化产品为主要特征的规模化生产方式越来越不适应市场需求，同时以灵活性与快速响应为特征的能满足多样化要求的定制化生产方式快速发展。定制化生产方式通过快速反应与高度柔性的模块化"敏捷制造"，有力实现了生产与需求的对接，减少了生产过程中的浪费，降低了规模化生产所必需的组织管理成本，同时生产者也可以根据消费者的反馈及时修正产品缺陷、改进产品质量，保持生产的灵活性。

鉴于定制化生产所带来的交易效率的大幅度提高，定制化生产方式也快速发展成最主要的社会生产方式。在新生产方式下，过去纵向一体化的治理模式已经越来越不适应现代企业的发展需求，大型企业更加倾向于剥离非核心业务，并采用外购、外包等方式满足自身对配套产品与配套服务的需要，自己则专注于效益更高的核心业务（即归核战略），如产品设计、研发、品牌管理与营销等，从而整个产业组织形态也呈现纵向分离的演化趋势。

20世纪末，在信息技术革命的进一步冲击下，一方面，市场需求更新速度加快，更加多样化与个性化的产品需求以及替代品的大量出现，使得产品生命周期更短，市场也变得更加不稳定与不可预测；另一方面，交易费用的不断降低与技术标准化程度的不断提高，又使得生产的可分离性不断增强。此外，全球市场一体化进程的加速、国际分工重点由产业间分工向产业内分工的转变，也促进了全球性生产网络的形成。这些均使得钱德勒式的"单体企业"日益被更加专业化、模块化的竞争者们所超越，企业的内部分工更多让位于企业间的市场合作，纵向一体化的企业组织结构逐渐被外包、联盟等柔性的模块化与网络化组织所代替，并逐渐形成了"小企业"与"大网络"的模块化生产网络。在模块化生产网络中，知识与技术创新不再依赖"单体企业"的投入，技术创新模式也呈现出与纵向一体化分工不一样的网络状创新模式，并且新技术可在生产网络中快速传播。

2. 网络状创新代表模式

一般而言，网络状创新包含两个层次：一是实现创新要素集成，在企业的整个关联网络体系中寻找创新资源，通过合作、共享等多种方式提高创新效率；二是突破创新对于上下游关联环节的依赖，模块化分工条件下各分散化、片段化的独立环节均可同时展开创新活动而不受其他环节的约束。与这两个层次相对应，网络状创新代表模式主要包括创新网络关系模式与网络状创新模式。

（1）创新网络关系模式。信息技术革命不仅有力促进了经济发展阶段的转变与经济发展方式的转型，同时也引发了巨大的创新浪潮。在信息技术革命背景下，不同于线性创新、反馈互动创新等模式，技术创新不仅内化于企业的生产经营过程，同时更存在于企业之间及企业与其他关联组织的联系中，从而为保持技术优势，企业必须不断强化与相关企业或组织的互动，实现对外部创新资源的高效利用与整合。因此，技术创新更多体现为一个组织在集体网络中参与知识创造与积累的学习过程。创新网络关系模式如图 6-5 所示。

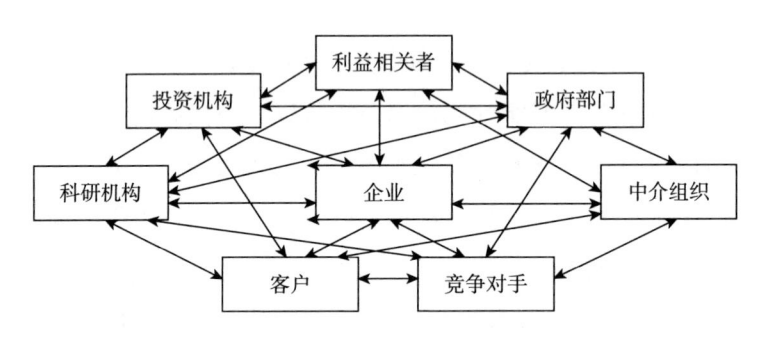

图 6-5 创新网络关系模式

资料来源：参照张琰（2008）。

创新网络关系模式得到了广泛的关注。Freeman（1991）认为所谓"创新网络"，是指通过企业间关联性、联通性所构建的创新要素来整合体系，因此创新网络是一种基于系统性创新的制度安排和企业创新合作关系的连接机制。在此基础上，他按创新的合作方式将创新网络进一步划分为合作

R&D 协议网络、合资企业与研究公司网络、生产分工与供给者网络、政府资助联合研究网络等。此外，有学者从地域角度将创新网络划分为"区域创新系统"和"国家创新系统"两个不同层次；还有学者则根据网络基本性质的不同将创新网络区分为企业联合研发、联合采购、联合生产、共同销售的"硬网络"与基于信息分享、技能获取、共同问题解决平台构建的"软网络"。

创新网络为企业更快速获得知识等创新要素提供了更便捷的路径，从而也使得先进企业的竞争优势得以巩固并增加后进企业模仿市场领导者的机会，同时通过市场交易或者契约关系建立起来的创新组织间的信任与合作关系，也促使创新网络维持对正式与非正式制度性安排的高效产出。

（2）网络状创新模式。网络状创新模式强调产品的独立性、分割性、衔接性，即创新整体可以被阶段性分解，形成彼此关联但又相对独立的模块，这意味着在该模式下可开展平行化的创新设计。单个模块的研发过程必须充分考虑产品的整体功能，全面评估自主研发模块与其他模块之间的协调性。此外，网络状创新模式也要求承担单个功能模块研发设计的机构能及时反馈信息以改进产品的整体设计、优化产品的功能布局，最终提高产品性能及经济效益。

网络状产业链模块分工可以从横、纵两个方向解构，横向解构是将产品分解为不同的功能模块组合，纵向解构则是设计、制造、组装测试、售后服务等产业链的纵向分解。从横向解构来看，由于单个模块均可独立进行技术创新，因此每个模块均形成一个知识的创新点，而从纵向解构来看，每一环节均有大量不同的模块供应商，同样形成不同的知识创造主体。因此，在横向模块分工与纵向模块分工的共同作用下，整个产业链系统呈现网络状的创新特征（如图 6-6 所示）。在该系统中，由于不同模块之间的关联程度被分工所降低，这大大增加了创新主体的数量以及提高了创新的频率，同时也形成了合作创新的基础。此外，网络状创新模式更适用于复杂性的创新工作，因为模块组的创新逻辑的运用，可以平衡各方利益，减少创新阻力，提高创新主体的合作创新效率，从而降低创新的风险。

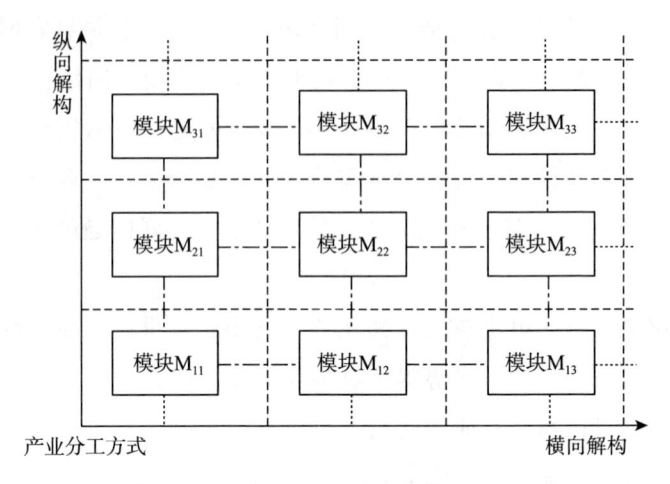

图 6-6 网络状创新模式

模块化分工条件下的网络状产业结构特征使得创新主体发生了显著变化。与传统产业链上单一创新主体的显著差异是，模块组允许串联产业环节的并行化，即链条式的线性创新可以被分解、切割，实现研发同步，同时却又相互独立，其优势在于创新集成与竞争选择。基于该特征，独立研发的创新环节可以实现无缝对接，而系统集成权力最终由最具创新能力的模块所获取，因此网络状产业结构上的创新主体更加多元化。由于每一创新环节上都有若干模块，而每一模块又有若干独立创新主体同时开展研发活动，同时创新环节之间也不存在必然的前后继起或者是投入产出的关系，如此，串联创新过程实现了复杂创新的平行分解，不仅节约了创新时间，同时加快了创新迭代的速度。毫无疑问，创新网络的模块化搭建、并行化合作机制构建、创新系统集成的标准化制定，成为企业打造核心竞争力乃至一国形成国家竞争优势的重要手段。

（四）创新模式的演进

总体而言，技术创新模式先后经历了线性创新—反馈互动创新—网络状创新的更替。技术创新模式演化的动力来自两个方面：一是 R&D 能力的强化与内部创新潜力的挖掘不再是提升技术复杂性的"唯一"手段，即便是最具创新能力的组织也不可能拥有实现自主创新所需的全部知识与资源，通过与其他组织的交流与相互学习成为技术创新不可或缺的重要途径；二是科技革命在更大程度上解放了生产力，产品更新迭代的速度加快、生命周期持续缩短，这决定了技术创新速率在竞争优势获取中的重要地位。由此，企业间的相互学习、知识共享与研发合作也成为实现共赢的迫切需要与必要手段，"R&D 合作组织""技术联盟""虚拟研发组织"等以共享与合作为理念的创新组织也应运而生。相对于传统分工模式下的独立创新，这些组织最大限度整合了成员间的优势资源，提高了知识容量，从而也提高了知识生成的速度并节约了技术创新的投入成本。此外，不同于一般意义上的企业知识整合，网络状创新模式的显著特性可以总结为模块化、并行化、集成标准化，即创新过程可以被分解，各环节可实现并行或同步创新，并在统一标准的体系下实现再集成。据此，网络状创新的关键在于模块化知识链的构建、并行的模块创新过程中分享通道与共享机制的构建及创新网络知识体系的合成。

分工深化带来产业组织形态的变革，而技术创新过程亦嵌入产业组织形态的演进过程。从宏观的产业技术创新来看，传统产业的解构必然伴随网络状产业的重构，所有模块在系统规则下的协同创新形成了基本的创新框架；从微观层面来看，同类功能模块企业之间存在"背靠背"式的独立创新，而不同功能模块之间存在合作创新。因此，网络状创新模式也成为独立创新、合作创新与协同创新的综合。不同产业组织形态及特征见表6-5。

表6-5 不同产业组织形态及特征

产业组织形态	"单体企业"	纵向一体化	网络模块化
生产规模	经济规模小，成本高、产量低	具有规模经济效应，批量生产标准化产品	小批量、多品种生产，以范围经济为主兼顾规模经济
技术创新	不具有系统开发技术、新产品的资源和能力	创新周期长、成本高，过程创新少，以突破性系统创新为主，与市场需求脱节	创新过程形成于生产过程，创新时效性强、周期短、创新速率快、成本控制有效

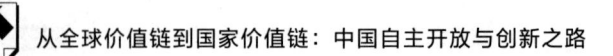

续表

产业组织形态	"单体企业"	纵向一体化	网络模块化
经营战略	企业直接关联性强（包括合作方、消费者）	价值链环节的内部化布局，追求企业生产的规模效应与生产效率的最大化	业务归核化发展、配套服务与产品外包，强调企业合作，追求生产与非生产过程整体效率的最大化

资料来源：作者整理所得。

五 模块化分工下的技术创新

基于模块化分工条件下系统知识（界面规则和技术标准）与模块知识（模块内部专有知识）的划分（青木昌彦和安藤晴彦，2003），技术创新也可大致分为两大类：围绕标准形成的"标准创新"与围绕模块本身形成的"模块创新"。

（一）标准与标准创新模式

所谓标准，即为推动经济活动以一定秩序进行而制定的规则，在网络状分工架构中，标准表现为界面标准与技术标准两种基本形态。其中，界面标准是避免模块在匹配与连接过程中产生矛盾与冲突的一种预设的且公布于整个系统的协议；而技术标准则是让相关产品与服务达到一定质量与技术要求而制定的、得到行业大多数厂商认可并共同遵守的具有强制性或者指导性的技术规范。界面标准的设定从整体架构上保障了系统的完整性、各组成模块的兼容性与协调性；技术标准则是一种通用语言，旨在实现分工模块间信息的交换。由此可见，技术创新的标准化、通用性共同保证了模块化分工协作网络竞争与合作的规范性与有序性。当然，标准创新具有很强的稳定性，界面标准与技术标准一经确立就会产生稳定性特征：在"干中学"等规模报酬递增效应下，最先确立的标准使得生产成本快速下降，并演变为最终标准，同时由于使用成本的存在，标准往往被锁定，从而产生使用时的路径依赖。因此，标准创新事实上成为技术创新网络形成的基础。

一般而言，标准创新可以归纳为"自上而下"与"自下而上"两种形式。所谓"自上而下"的标准创新，是指相关标准管理机构制定并通过正式渠道公开推行的新标准，或者将某一领导企业的内部标准作为行业正式标准予以推广，并要求所有成员共同遵循；所谓"自下而上"的标准创新，则是产品与技术在市场上处于主导地位的企业，将其内部标准发展为行业中事实标准的过程。无论哪一种标准创新形式，均需要市场的支持并建立在市场扩张的基础之上，同时创新标准推行的最终目的也是为了有效占据市场。标准确立的正反馈效应刺激着主导不同标准的企业不断创新并推出新的标准以获得更大的市场份额，从而在市场竞争中居于有利地位。

值得一提的是，行业标准并不具有唯一性，假设市场上存在多个标准，且不同消费群体对基于不同标准的每一种最终产品都具有稳定的消费偏好，则市场将出现多种标准共存的稳定均衡点。如果消费者偏好既定，则标准竞争优势获取的通道具有唯一性：赢得更大的市场份额。扩大市场份额的途径有很多，但终极途径均可归结为相对于竞争对手的标准占优。当一种标准对于市场上所有的消费者而言均优于其他标准，市场原有的均衡被打破，旧标准被新标准所替代。

（二）模块与模块创新模式

模块是具有独立功能的可组成系统的半自律性子系统，从而模块创新即构成整个系统的不同功能子系统的创新，也是通过对不同模块的选择与集成实现系统组合优化的创新。据此，模块创新表现为两种基本形式：具体功能模块内部的技术创新与功能模块组合系统的创新。组成系统的各功能模块，通过知识的吸收与学习不断提高科技研发能力，在使自身掌握更加先进技术的同时，科研能力的上升也使技术创新的周期不断缩短；而通过重新组合具有不同特征的知识模块，也能显著提升系统层面的模块化创新。与标准创新相同，模块创新也可以总结为两种基本模式：网络主导式独立创新与模块化协同创新。其中，前者是指不同模块相对独立的并行的创新活动，而后者则更加强调各模块间的创新共享与整合。

1. 网络主导式独立创新

随着分工深化、价值创造构成以及企业、产业的模块化，单个企业的内部价值链正逐步演变为网络化、开放化的价值集成网络，即各企业核心能力的系统集成：创造→分享→交换→整合。对于单个企业而言，一方面，模块网络贯通了技术创新"接口"，通过标准化的对接机制，企业内部价值模块与企业外部价值模块相互融合成价值链网络；另一方面，模块化分工以及由此引致的"归核化战略"，在改变传统产品开发次序、缩减企业业务组合的同时，也使其可以在更广阔的空间内整合创新资源以快速实现技术创新。此外，由于所有的功能模块都具有相对独立性，因此构成整个系统的功能模块事实上都成为一个可以自由进行技术创新的创新点，只要遵守产品整体构造与设计规则，模块创新就可自由进行，从而大大提高了企业的创新参与度。因此，模块网络下的知识链构成企业进一步创新的基础，企业创新知识又将通过集成与共享上升为创新网络的新知识。从而，模块化分工下单个企业的创新又可以简单概括为网络主导式独立创新。

简言之，网络主导式独立创新是在主导企业的规则设计下，参与模块化分工的企业相对独立完成技术创新的模式。网络主导式独立创新具体表现在三个方面。一是平行作业。模块化分工不仅将以往复杂的产品设计等环节划分成独立的功能模块，同时产品制造本身也实现了模块化的生产与集成，分布于不同功能模块与生产模块的厂商平行作业，将复杂的产品创新过程变得更加简单，同时基于整体规则的模块研发与生产并不影响最终产品的合成，因此大大降低了整个生产与研发网络的风险、缩短了创新周期。二是"背靠背"式竞争。遵守共同界面标准的同一模块生产厂商不需要过多考虑其他竞争对手的行为，而只需要按照整体规则就能独立地完成自主研发，但与此同时，模块采购商或集成商会依据成本、功能等原则对模块供应商进行相应的筛选，从而这也将有效刺激厂商的创新行为。三是自行演化。整体规则约束下的模块供应商不必事前商讨模块间的对接，而只需保证最终创新产品满足整体规则即可，这种自行演化的方式不仅使企业作为一个创新系统免受外界的干扰，同时也节约了大量的协调成本。

网络主导式独立创新的主体分为两类：一类是规则主导者，也即创新知识的整合者，另一类是实现具体模块功能创新的模块供应商。规则主导者除了设计标准规则，还通过竞争规则的制定实现具体模块的优胜劣汰，最终形成由最佳模块组合而成的生态系统。虽然规则主导者处于系统治理者的地位，但其本身也面临优胜劣汰的挑战，具体模块的独立与协同创新的发展不断推动着系统设计规则的进化从而实现规则主导者的易位。通过技术规则预先设定的方式，规则主导者具有很强的选择与控制能力，各模块在封闭的、不对称的竞争体系内只能通过"背靠背"式的研发竞争获得优势。最终，在规则主导者的整合下，各模块通过技术创新协作实现系统整体的改良。网络主导式独立创新模式如图6-7所示。

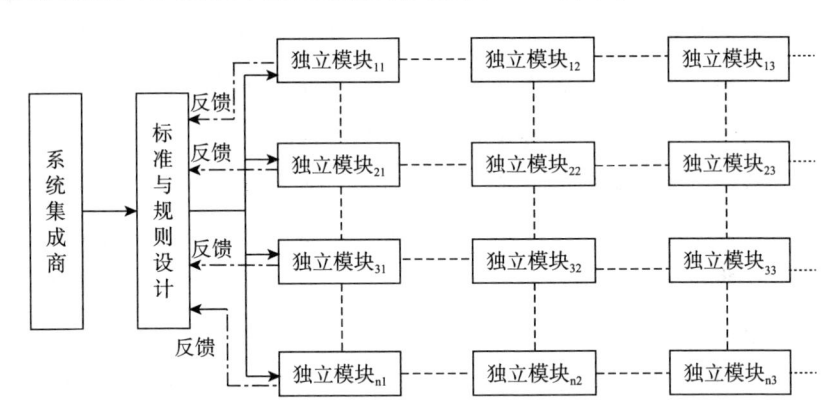

图6-7　网络主导式独立创新模式

资料来源：参照张琰（2008）绘制。

网络主导式独立创新的实质是串联思维的并行化转型，即将复杂创新环节分解成简单创新模块，进而通过创新集成以及在此基础上对初始模块标准与设计规则的反馈，实现系统整体技术知识进步。一般而言，网络主导式独立创新可以划分为前后继起的四个阶段：设计规则与标准的制定以及模块划分阶段、模块内部独立创新阶段、模块成员之间协同创新阶段、创新深化与标准演进下的产业升级阶段。完备的规则一般包含三类信息：

设计架构的模块组成以及模块角色，模块之间连接的技术界面，模块集成、测试的技术标准（卡丽斯·鲍德温，2006）。在系统初始设计规则和模块标准的要求下，创新体系被刻意分割为相对独立的研发单元（或称之为模块），研发单元必须通过独立创新以获取规则主导者的排他选择。通过各模块的平行作业，不仅复杂产品的创新过程被简化，创新速度也得到加快，同时模块间的优胜劣汰使整个系统趋向于最优化的模块组合。另外，初始模块的设计规则缺陷往往在不同模块的集成测试中显露，因此，标准本身处于动态变化之中，但标准变更下模块"接口"的兼容又需要不同模块间的协同。由此，基于标准的不断演进与新标准的形成，系统进入下一轮创新过程。

2. 模块化协同创新

在模块化分工条件下，各模块间既要保持创新的相对独立性，又要保持某种形式的联系以保证创新的协同性、可集成性以及系统整体创新的协调性。功能模块间信任、合作与依赖等协同效应的发挥，能使系统产生整体效率远高于单体效率之和的效果。就技术创新而言，不同模块通过技术、组织乃至战略层面的合作与交流，能更好更快速地对市场反馈与市场机遇做出反应，创造更能满足市场需求的创新产品。因此，所谓"协同创新"，即不同模块间通过协作以实现整体创新效应最大化的创新方式，其基本特征是独立模块间的共享性与互补性。

关于协同创新产生的原因，一是标准竞争引致的稳定性需求效应。一旦创新体系内无法生成统一且稳定的标准，或存在多标准竞争的状况，模块之间需要构建协同机制以不断扩大某一开放性、前瞻性、技术性更强的标准的使用范围，从而让最优化的技术标准主导市场需求。二是网络效应。构成网络系统的不同模块在结构、功能与技术上的互补性决定了一个标准要成为行业标准必须扩大其市场占有率，而被市场所认可的标准又将更具吸引力，由此该标准在正"累积循环"下规模收益递增效应愈加显著。系统中采用共同标准的协作能迅速扩大模块化网络范围。三是知识关联与组织学习。在知识快速更新的知识经济时代，企业不可能拥有自身发展所需的全部知识，不断消化、吸收外部知识，成为企业提高创新速度、增强创新能力的必然途径。四是节约研发成本。技术创新应用范围拓展产生的技术溢出效应能带动系统整体技术水平的提升，从而通过协同创新合作，还能实现研发成本的节约。

对照网络主导式独立创新模式，模块化协同创新大致也可以分为四个前后继起的阶段：模块划分的协同与合作、系统的集成与检测、信息反馈与知识学习、模块组合优选与产品创新。系统设计规则的确定是模块划分的前提，市场上不同设计标准体系的存在，决定了始终存在围绕不同标准体系的模块之间的竞争。由于基于同一设计标准体系的模块之间存在知识的互补或关联，因此不同模块只有通过协同与合作，才有可能帮助该系统最终赢得标准之争。实践中，模块的协同与合作包括技术转让、R&D 合作、技术标准化联盟等多种形式，其中技术标准化联盟与 R&D 合作应用最为广泛。标准确立下模块间的"背靠背"式独立创新须经过检测模块的检验以及系统集成以确保模块间的协同性，从而实现系统内模块创新的同步性与系统整体模块组合的优良性。经过检测模块的检验以及系统集成，一方面，标准主导企业将测试结果反馈给各模块，各模块依据检测结果不断调整自身的研发创新方向，同时通过对反馈信息的吸纳与借鉴不断提升技术创新能力；另一方面，模块进一步将创新改进方向与知识学习成果反馈给系统集成与检测模块。据此，模块改进与系统集成、检测相互促进，大量的技术创新以及知识存量的积累又将持续推进标准创新的进行。最后，通过系统检测与集成测试的最优秀模块被系统所选择并组合成最终产品，而代表设计标准的最终产品通过市场竞争，不断扩大其市场份额并最终使这一标准上升为市场主流标准。模块化协同创新过程如图 6-8 所示。

3. 创新深化与标准演进

当一项设计标准成功成为市场标准时，模块发展的路径依赖与规则本身的自我维持往往会导致系统进化的迟滞。基于模块网络中独立创新与协同创新所形成的大量新知识与新技术的累积，各独立模块也往往产生对设计标准的新要求，以至于标准主导者必须修改旧有设计标准甚至对旧有标准进行重构，此时新规则与新标准的产生就成为必然，这也意味着模块化

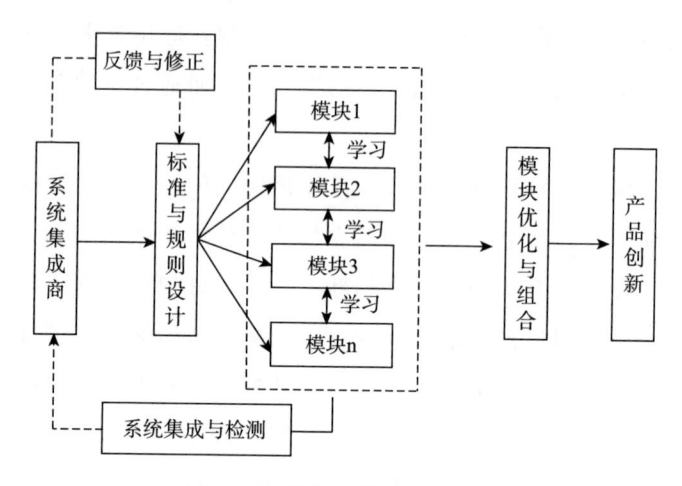

图6-8 模块化协同创新过程

分工条件下新一轮技术创新的开始。依据于这一"肯定—否定—肯定"的过程,模块化分工条件下的技术创新大致可以划分为平稳期、协调发展期、反馈修正期、重构期四个阶段。在平稳期,标准主导者参照现有或可预期产品及模块组合,制定尽可能完美的规则,并尽可能考虑模块间的相互依赖性,事先协调系统标准与系统各模块的对接,以提高集成测试的通过率;至协调发展期,系统组成模块通过"背靠背"式竞争推出技术创新成果,标准主导者进一步依据设计规则对模块进行选择,同时依据模块的反馈对标准与设计规则进行修正,市场上出现基于相同标准的全新模块化组合产品;随着外部技术进步与模块本身创新的发展,系统标准的滞后性愈加明显,从而进入了对原有标准进行修正的反馈修正期;到重构期,旧的标准与规则因无法容纳新的重大创新而崩溃,新的标准与新一轮技术创新又将产生。

六 规模化本土市场需求、国家价值链构建与我国的技术创新

规模化市场需求无疑成为技术创新的重要条件,而规模化本土市场需求更是一国实现技术创新的关键。一个拥有多元性、异质性及多层次性市

场需求的大国，本身就具备小国所不具备的技术创新潜力。

（一）本土市场需求规模与我国技术标准的确立

首先，巨大的市场需求规模不仅能给技术创新企业带来丰厚的回报，同时也有利于标杆企业创立市场标准，引导市场需求方向并形成新的消费热点。一方面，在本土市场技术标准确立的背景下，规模化市场需求带来的市场可能性与技术可行性的结合，使企业的进入风险大大降低，这将吸引大批企业进入从而壮大创新队伍，形成更具规模的创新体系；另一方面，新技术标准将引致高端要素特别是高端人力资本的进入，而高端人力资本以自身较高的消费能力与较超前的消费意识形成具有一定影响力的偏好，进而会带动产品的创新频率，并加速技术标准的演化进程。

其次，任何市场无不被打上历史、文化的烙印，无不受制度、传统文化等因素的影响，市场需求与文化的互动将使得本土市场产生异于其他地域的"市场特征"。我国是一个多民族、多区域、历史文化悠久的大国，本土企业较之于国际市场上先进的外国企业，能更加容易地获悉、掌握该种市场特征，从而获得形成我国本土产品技术标准的先机。同时，面对本土市场需求的变化，本土企业还能更加敏锐地洞察市场趋势并捕捉市场商机，从而更迅速地推进技术标准的更新，引领甚至直接改变市场消费者的偏好。

最后，发达国家先进跨国企业较之于我国本土企业，可能整体上处于技术领先地位，但不可能满足或占领所有的细分市场。基于需求的多样性与多层次性，我国本土企业容易进入被遗漏的细分市场，建立起更加细分的市场标准与更加独特的生产网络体系，从而有效规避激烈的主流技术竞争，为自身技术创新活动争取空间，同时这也为技术能力向更高层级迈进甚至是"迂回"地向主流市场跃进提供了可能。具体而言，在与本土市场需求相匹配的条件下，我国本土企业不仅可以利用细分市场创建本土产品的技术标准，结合本地要素禀赋优势与市场供需特征形成异于其他成熟市场特别是发达国家跨国企业主导的产业链网络体系，甚至是形成独特的分工高度发达的模块化网络体系，从而为以技术创新为主要内容的产业培育创造更好的条件，并形成技术创新资源配置的能力。同时，对于细分市场的占领也意味着企业的市场份额、技术能力、企业形象等均得到了有力的提升，这显然也为企业的技术创新活动提供了良好的环境。本土企业为占领更大的市场、获得更高的利润，往往并不满足于在细分市场上的产品创新，通过前期的"干中学"、持续的创新要素投入以及相关知识的不断积累，其将进一步开发出更能满足市场普遍需求、技术更先进、更加体现模块化分工效率的产品，从而实现向主流市场的迈进。

总之，无论是对本土市场现实需求的把握，还是对本土市场潜在需求的诱导，我国本土企业更能产生对产品开发标准的全局性认知，也更有机会将全新知识应用于全新领域，从而通过本土市场的"特色需求"实现技术容量与技术能力的持续提高。同时，伴随着知识积累与创新要素获取的交互作用过程，本土企业可以整合创新知识，并逐步掌握生产经营领域的核心技术，加速向主流市场迈进的步伐。我国本土市场特征与市场标准的建立过程见图6-9。

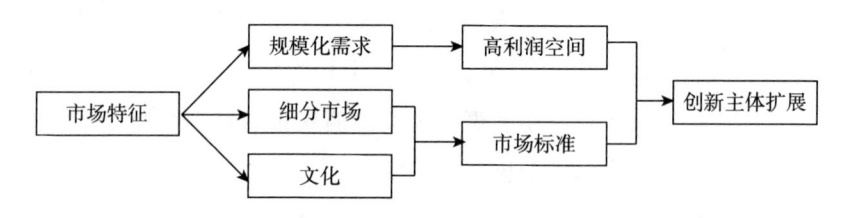

图6-9 我国本土市场特征与市场标准的建立

（二）本土市场需求规模与我国创新体系的扩展

首先，我国具有规模效应的本土市场需求不仅有助于激励企业开展技术创新活动，还能通过先导企业的"示范作用"，对其他企业或创新机构加入创新网络产生诱导，从而产生创新资源的优化整合效应。一方面，我国规模化的市场需求能产生对相关企业或组织的利润刺激，激发其技术创新以及加入创新网络的热情。由于创新网络由具备不同优势的参与者共同组成，其技术创新合力远远大于单个创新主体创新能力的简单相加：自由的外部要素引入与内部"背靠背"式激烈竞争能有效不断促进创新网络的优化；要素的自由流动与多层次创新主体的密切交流能确保创新网络系统运行的成效；创新网络有利于克服知识分散性从而有助于知识传播与扩散，推动集成创新的形成。网络化创新体系的形成将使技术创新模式向更加高效的模块化创新演进，从而科技创新成为我国推动生产力发展的第一要素。另一方面，我国技术创新先导企业基于本土市场的创新，将为其他企业提供相关技术标准的参照，从而形成对关联企业或组织技术创新活动的有效引导。

其次，较之于小国，我国拥有前后向关联链条较长、辐射带动效应较大以及规模巨大的能源、钢铁、汽车、装备制造、电子信息等国民经济主导产业，而在我国本土市场需求规模的引致下，主导产业的创新将进一步带动更大规模的技术创新活动。技术创新产品的价格需求弹性往往较大，高于市场平均利润水平的收益将吸引其他厂商进入，同时创新主导产业的不断发展壮大要求相关配套产业的不断完善，从而创新主体大大增加；在初始创新产品的刺激下，市场消费者对产品功能与服务质量的要求越来越高，这反向对价值链各环节、各组成模块、配套产业及相关要素投入的质量提出了更高要求，刺激了各环节及各模块的"背靠背"式竞争与技术创新活动，同时也刺激了配套产业的技术创新以及增强了创新产业对配套产业的必要技术支持，强化了技术创新向关联产业的扩散。这种关联效应也是技术创新偏爱技术密集型产业的原因之一。对于相关技术创新活动的刺激以及技术创新在产业间的溢出，又将使上下游产业的产业关联整体建立在更高的技术水平上。通过产业间供需、技术与竞争的关联以及交叉作用，我国相关主导产业的技术创新将波及国民经济的更大范围，进而使各个产业的投入与产出均发生改变，我国的整体技术发展水平以及产业结构水平也将随之提高。

最后，作为经济活动的主体，市场消费者不仅是最终产品的使用者，同时也需要向市场提供人力资本要素以求得生存与发展，当市场消费者将技术创新产品使用过程中获取的经验反馈于生产过程时，也能产生技术创新与改进的效果。我国本土市场巨大体量的消费者规模将成为技术创新体系扩展源源不断的动力。我国规模化市场需求与创新体系的扩展机制见图6-10。

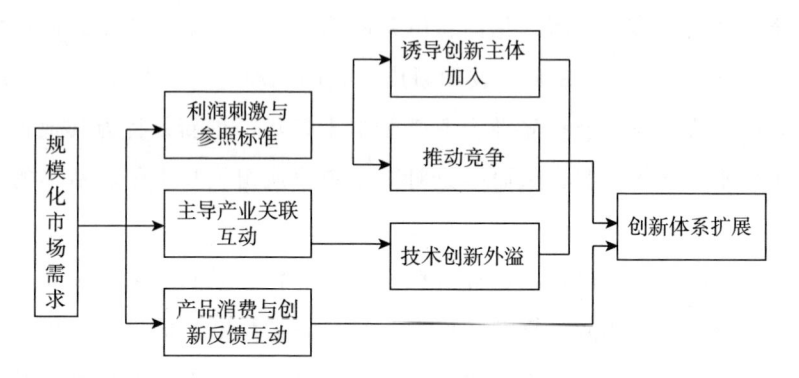

图6-10 我国规模化市场需求与创新体系的扩展机制

总之，需求规模与赢利能力成为技术创新活动最直接而又最有效的激励因素。我国本土市场规模效应不仅会"内生"地推动本土企业的技术创新活动，诱导产业链条的延伸与社会分工的深化，从而拓展我国技术创新网络的边界，同时也有利于实现创新知识的流动与共享，为我国技术创新创造必要的条件。

七 案例 我国智能手机行业的技术创新

作为移动互联网产业的重要终端，智能手机行业的技术创新异常活跃、技术更迭异常迅速，同时对互联网经济及衍生服务的发展也带来了超乎寻常的影响。自第一部智能手机问世以来，其技术与市场结构均发生了剧烈的变化，对于该行业技术创新的研究，有助于加深对现代技术创新模式的认识。

（一）我国智能手机行业的发展

得益于移动互联网的飞速发展，我国智能手机行业也发展迅速，突出表现在以下几个方面。一是自主品牌的崛起，国内市场由最初被诺基亚、摩托罗拉、三星、苹果等跨国公司垄断到发展出金立、华为、OPPO、小米、vivo等一大批自主品牌（见图6-11）。二是自主高端产品的产生，由最初以低端机型为主的仿冒货、"山寨机"实现了向高端手机产品的转变，并引领了全球高端智能手机的平价化趋势。三是市场占有率的快速上升，国产品牌不仅在国内市场的份额持续提升，而且在世界市场的份额也不断扩大，同时市场向华为、小米、OPPO、vivo等主要品牌集中。由于智能手机市场是一个高度竞争市场，这些成绩意味着中国手机厂商的设计、研发与制造水平已经逐步靠近世界领先水平。

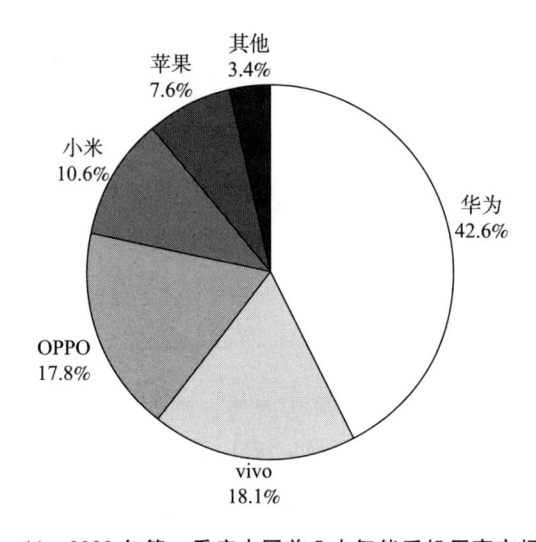

图6-11　2020年第一季度中国前5大智能手机厂商市场份额

资料来源：国际数据公司IDC发布的《中国2020年第一季度手机市场跟踪报告》。

与我国智能手机行业的发展相一致，我国本土市场对各类移动互联网产品的服务需求日益增加，智能手机用户规模不断扩大，手机已成为人们维护社会关系、日常办公、休闲娱乐等必不可少的工具。截至2018年12月，中国手机网民规模达到7.53亿人，较2012年增加了3.33亿人，同时手机销售量更是比2012年增长了60.44%，达到了408.0万部（如图6-12所示）。

我国智能手机行业的崛起固然同产品更换周期短的特征、充分的市场竞争环境以及我国企业高超的市场营销技巧等密切相关，但是需求规模效应所产生的成本优势、多层次与多样化需求对于技术创新的引导以及本土企业对于国内消费者需求偏好的敏锐感知，更是我国智能手机行业快速发展的重要条件。

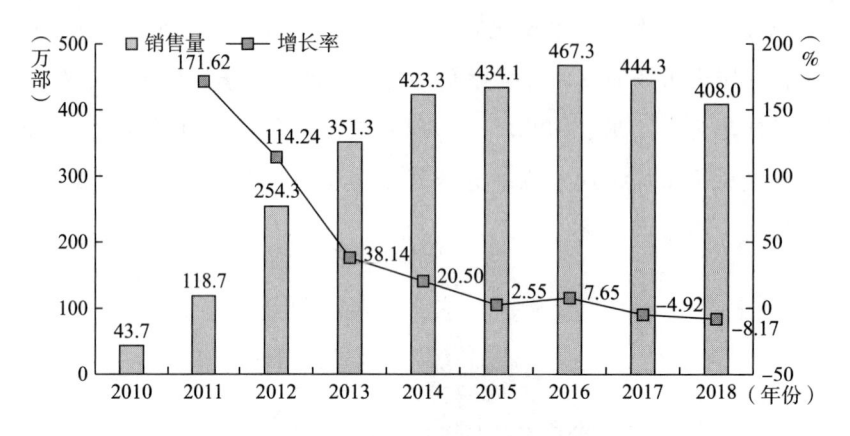

图 6-12　我国国内市场的手机销售量与增长率

资料来源：由网络数据整理得到。

（二）智能手机价值链构成

智能手机的产业链环节主要包括通信标准制定、芯片制造、手机操作系统设计等环节（见图 6-13）。其中手机操作系统主要是以 Android 系统、IOS 系统为主导的智能手机系统平台，鉴于 Android 系统为开放系统，而 IOS 系统仅供苹果公司自身使用，因此手机操作系统在很大程度上可以看作品牌商的内部价值环节。此外，应用软件商通过向用户提供收费服务项目或软件以获取收益。

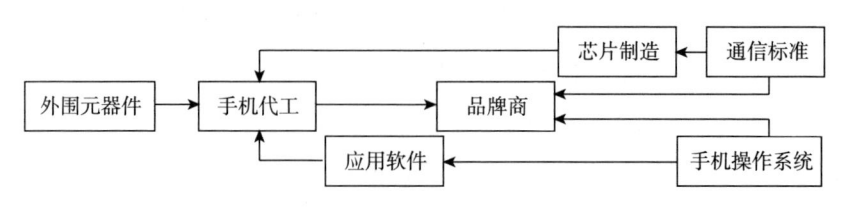

图 6-13　智能手机产业链

第六章　NVC 构建与中国技术进步

依据智能手机产业链的构成，智能手机的价值链也大致可以划分为以下几大环节。

一是标准制定环节。通信产业是具有严格正式标准的产业，谁掌握了底层核心技术与专利，谁就事实上成为通信标准的制定者，并可通过专利授权或转让收取费用。因为标准专利具有市场垄断的特征，从而即使通信模块在整个智能手机的成本构成中只占很少部分，其仍然是价值链附加值最高的环节。

二是核心模块研发与一般部件制造环节。智能手机核心部件主要包括芯片、处理器、闪存、显示屏等，这些元器件的制造门槛较高且可替代性较低，是典型的技术与资本密集型产品，具有较高的产品附加值。智能手机一般部件主要包括电池、手机外壳、电路板等技术含量相对较低的标准化零部件，该环节企业主要按照下游代工厂商等的需求进行规模化生产，其生产进入门槛较低、产品可替代性较高，从而产品附加值也相对较低。

三是代工厂商环节。智能手机代工厂商主要从事最终产品组装以及零部件研发与生产。该环节通过全球工厂体系实现成本节约与规模经济效应，其竞争优势体现在大规模的制造能力，因而具有营业收入较高而利润率较低的特点。同时，该环节也易受品牌商的影响，一旦与之相关的主要品牌商销量下滑，则代工厂商的生产规模也必然随之萎缩。

四是品牌商环节。智能手机的品牌商主要从事品牌手机营销与手机模块架构的研发，其不仅通过塑造产品品牌、打造快捷高效的销售渠道以获取高额的利润，同时还通过大量的技术研发以及对通信、互联网、娱乐等领域前沿技术的整合与集成，保持本品牌产品的先进性，不断提升品牌的内在价值，从而获取更大的市场份额与更高的品牌溢价。智能手机全球价值链环节与代表企业见表 6-6。

表 6-6　智能手机全球价值链环节与代表企业

价值链环节	产业链环节	代表企业
核心标准制定	上游	高通

续表

价值链环节	产业链环节	代表企业
核心模块研发	上游	高通、联发科、英伟达、LGD
品牌商	中游	苹果、三星、华为
一般部件制造	下游	海力士、英飞凌、美光科技
代工厂商	下游	伟创力、富士康、鸿海、比亚迪电子

资料来源：根据作者整理所得。

（三）智能手机行业的技术创新

智能手机有效集成了通信设备、电脑、网络软件等多个相关领域的技术模块，实现了对传统手机核心架构的颠覆，从而革新了整个手机行业技术进步的方式。尤其是三星、苹果等品牌智能手机对摩托罗拉、诺基亚等传统手机垄断地位的成功挑战，充分显示出手机架构多技术模块交叉融合的发展趋势。而我国以华为、小米、OPPO等为代表的一大批在传统领域并不具备竞争优势的企业，能迅速抓住这一行业创新规则变革的本质，或开发出全新的技术模块，或利用已有核心模块集成其他领域的技术模块，实现了智能手机领域的技术优势，并赢得了市场。与传统手机时代相比，我国与国际先进技术的差距不断缩小。

受限于"摩尔定律"，技术创新速率成为通信产业中厂商生存的命脉。从表面上看，智能手机行业的技术创新大致可以分为产品与用户体验创新、行业应用与解决方案创新以及核心技术与平台创新三个层次，其中特别是产品与用户体验的创新，从消费者的直观感受出发，增加消费者的消费意愿，这也是众多智能手机厂商初始利润的主要来源。从本质上看，该三个层次的创新仍然是标准创新与技术模块创新尤其是技术模块集成创新的外化表现。例如，在产品创新与用户体验创新方面表现优秀的苹果公司，其手机的创新主要包括三个组成部分：以新技术采用与用户界面更新等为核心的产品创新、以品牌忠诚度与产品高溢价构建的营销模式创新、以iTunes与App Store核心平台系统搭建的内容营收系统创新。苹果手机不仅集成了

第六章 NVC 构建与中国技术进步

最先进的手机芯片技术，自主开发了专用的 iOS 操作系统，同时更是搭建了 App Store 软件应用生态系统，提高了智能手机的个性化应用价值。而我国企业则是利用跨国企业对智能手机行业技术模块的分解，主要抓住了设计、制造等环节模块化分工与创新以及模块重构与集成的机会，开启了我国智能手机技术突破的"机会窗口"。

首先，模块集成的方式在很大程度上降低了技术创新的门槛。一是模块集成方式降低了我国智能手机行业模仿的门槛。模块开发需要较高的知识存量，而跨国公司核心技术模块以集成方式实现转让，客观上为我国企业学习国外相关领域的先进知识、感知技术进步方向提供了更加有效的途径。二是模块集成方式降低了对我国智能手机行业技术创新知识储备的要求。虽然智能手机软件、芯片等核心技术模块的创新需要较高的技术水平，但通过集成的方式，这些模块更多以"黑箱"的方式存在，从而我国企业只需要掌握各技术模块的功能以及相应的接口标准即可进行集成创新，并以此推出新机型。三是模块集成方式拓展了我国智能手机行业创新的空间。模块化分工模式使智能手机行业产生了电池、摄像头、耳机等一系列配套的外围模块，形成了更精细化的产业创新链。以外形设计为例，我国既形成了大量的手机外形设计公司，同时涌现出一大批专门进行外壳代工生产的企业。

其次，模块集成的方式在很大程度上弱化了跨国企业的创新垄断优势。模块集成的方式改变了手机行业原有的创新路径，打破了手机行业原有的创新格局，在不断催生新兴技术的同时也不断产生行业分支，从根本上影响了手机行业的发展。一方面，模块架构的革新产生技术模块构成的重组，原有核心模块可能被新核心模块所代替，也可能被边缘化为外围模块，从而跨国企业所具有的传统技术优势可能随之削弱。摩托罗拉、诺基亚等著名传统手机企业在国际市场的垄断地位被苹果、三星等新兴智能手机企业快速取代就是很好的例证。另一方面，智能手机模块架构的重构可能推动不同领域技术模块的整合与交叉运用，从而我国在其他行业的竞争优势可以促进我国在手机行业中比较优势的形成，并形成相关产业的综合优势。

例如，华为本身是主营大型通信设备的企业，但通过将长期在通信、网络等领域积累的技术整合到智能手机，其手机业务实现了飞速发展，进而在操作软件、芯片等核心模块领域也实现了很大的突破。此外，智能手机多种架构并存，对于全新架构而言，我国企业与跨国企业的技术差距不大甚至处于同一起跑线，发达国家跨国企业并不比我国企业更具技术优势。

正是由于模块集成方式不断降低了我国智能手机行业技术创新的门槛、拓展了技术创新的空间，并在很大程度上拉近了我国手机企业与发达国家跨国公司在技术上的距离，进而在我国巨大本土市场需求规模的支持下，智能手机行业实现了爆发式的增长。当前，我国不仅成为智能手机制造第一大国，同时智能手机企业也成为我国最具创新活力的企业（如表6-7所示）。

表6-7 2017年我国企业发明专利申请受理量

单位：件

排名	申请企业名称	发明专利申请受理量
1	国家电网有限公司	3622
2	华为技术有限公司	3293
3	中国石油化工股份有限公司	2567
4	京东方科技集团股份有限公司	1845
5	中兴通讯股份有限公司	1699
6	联想（北京）有限公司	1454
7	珠海格力电器股份有限公司	1273
8	广东欧珀移动通信有限公司	1222
9	中国石油天然气股份有限公司	1008
10	中芯国际集成电路制造（上海）有限公司	862

资料来源：由国家知识产权局网站整理得到。

然而，专注于模块集成以及配套模块的创新也会带来利润率低下、核心模块供应受制于人等诸多问题。同时，这种模块化的创新方式加大了发达国家跨国企业对智能手机行业创新链上核心模块创新活动的控制力度，并有可能使配套模块的技术创新更容易跌入全球产业创新链"系统整合者"

的"模块化陷阱"。一方面，模块集成的方式更易造成核心模块相关知识的"内隐化"，从而将创新活动锁定于边缘模块的创新，提高了其学习核心模块知识的难度；另一方面，集中于外围模块的创新对于产品功能的提升有限，不利于差异化竞争优势的形成，并同时造成产能的过剩与有效供给的不足。此外，面对模块新架构产生、新核心模块形成等带来的冲击，如果缺乏相关技术的积累以及对技术创新的快速响应，也将带来已有技术积累的巨大浪费，并对原本基础薄弱的产业造成更大的冲击。智能手机企业即便如知名度较高的苹果公司，由于缺少对核心芯片技术等的投资，无法提供标准技术以及参与标准制定，而只是将大量资源集中于架构设计与供应链管理，也不可避免地遭遇了国际市场份额大幅下降的尴尬（见表6-8）。

表6-8 全球智能手机国际市场的占有率及企业排名

单位：%

企业	2010年	2012年	2014年	2016年	2018年
排名第一企业	27.6	39.6	28	21.2	20.5
排名第二企业	15.9	25.1	16.4	14.6	14.1
排名第三企业	14.3	6.4	7.9	9.5	10.5
市场集中度（排名前三企业的市场份额）	67.2	77.1	58.3	45.3	45.1
排名第一企业名称	诺基亚	三星	三星	三星	三星
排名第二企业名称	苹果	苹果	苹果	苹果	苹果
排名第三企业名称	黑莓	诺基亚	联想	华为	华为

资料来源：由网络数据整理得到。

就我国而言，过低的技术创新门槛不仅是我国智能手机行业迅速发展的推动力，同时也成为其持续发展的巨大阻碍。由于整体上缺乏芯片模块以及其他关键元器件模块研发或者制造的技术能力，国内大部分厂商主要集中于模块架构设计、模块集成、配套模块开发以及产品的销售与售后等价值链环节。这不仅导致了市场竞争环境的恶化、高低端产品市场供求的严重失衡，同时价格大战下市场利润的降低，又进一步削弱了相关企业在核心模块开发中的投入，造成我国在芯片、操作系统等上游价值链环节中竞争能力的不足。因此，以底层技术创新为主要内容的核心模块创新成为我国智能手机行业"供给侧改革"的关键内容。

此外，核心模块的技术创新还具有更为直接的效应：有助于企业增强行业话语权并建立由其主导的行业标准。较之于单纯的核心模块，技术标准的商业回报力度更可观（如图6-14所示）。这不仅意味着作为标准提供者能获得高额的"保护费"，同时也意味着一系列围绕核心模块创新而抢先申请的专利成为核心专利，从而进一步实现全产业链的互利共赢。

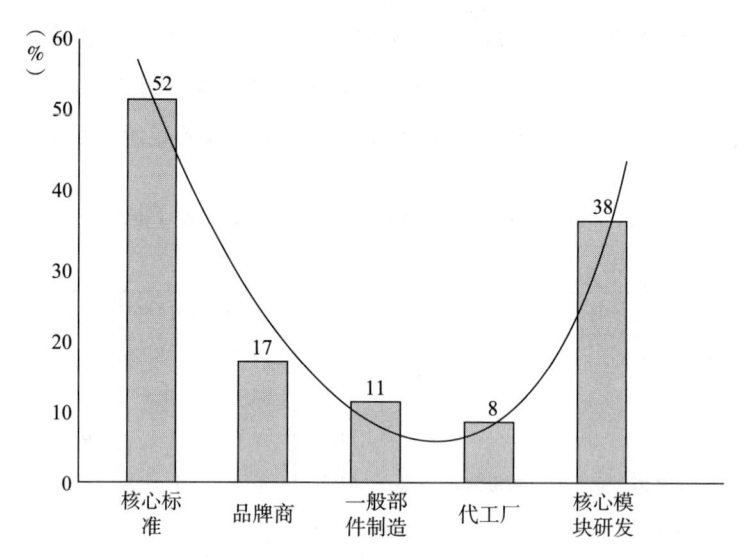

图6-14　智能手机行业不同价值链环节的平均资本回报率

资料来源：引自代昕雨. 智能手机产业链分析及行业发展趋势［J］. 中国市场，2019：63-64。

在智能手机领域，不能不提及另外一家与苹果公司创新内涵截然不同，但苹果公司必须向其支付高昂专利授权费用的公司——高通公司。为什么苹果公司必须支付高昂的专利授权费用呢？就是因为高通公司掌握了3G/4G的核心技术，发明了必要专利，可以说没有高通公司提供的技术，苹果手机很难如此智能。高通公司拥有一大批大师级的研发科学家团队，并将每年20%以上的营业收入投入到核心模块的研发中去；同时，高通公司通过标准制定与核心模块的提供，与世界上主要手机生产商以及各国的移动通信运营商组成稳固的"三角联盟",促进各国移动通信产业生态系统的构建,并以此为基础推动全球移动互联网行业的发展。"高通不和中国手机厂商竞争,相反,我们把最好的技术分享给这些合作伙伴使用,丰富合作伙伴的产品线"①,高通公司也是通过专利授权许可模式与中国企业共同培育智能手机产业链。可以说,我国智能手机行业的崛起,除了低廉的要素成本优势、高超的营销技巧以及品牌厂商对市场需求的洞察与快速反应外,高通公司提供的专利许可与芯片解决方案也发挥了极其重要的作用。正是"核心模块+行业标准"的战略,在成就高通行业龙头地位的同时,也极大地推动了全球通信行业的发展。

(四)我国智能手机行业的发展方向

当前,我国智能手机企业在一般配套模块的创新、模块集成的创新以及相关个性化软件开发与运用的产品创新等方面取得了巨大的成就,并以此获得了全球性的品牌影响力与极高的品牌溢价,形成了较强的产品设计与应用升级国际竞争力,并占据了较高的国内、国际市场份额。然而,在核心模块以及建立在核心模块技术基础上的行业标准方面,我国企业与发达国家先进企业还存在巨大的差距,这也是我国通信产业最大的短板。实现核心模块技术创新的突破,建立由我国企业主导的行业国际标准,是我国获得整个智能手机价值链话语权与议价权的关键所在,同时也是保障我国智能手机行业安全与可持续发展的关键所在。

首先,要促进由配套模块技术创新向核心模块技术创新的转变。以底层技术创新为代表的核心模块创新无疑需要投入大量资本、人才以及时间,同时这也是需要承担更多风险、面对更多不确定性的领域,但其一旦成功,可以推动和加速整个行业的系统创新与业界生态圈的形成。因此,应鼓励我国智能手机企业将巨大需求规模带来的丰厚利润投入研发活动,特别是鼓励行业龙头企业对于核心技术模块的研发,同时加大对知识产权的保护

---

① 网络资源整理形成,网址:https://www.sohu.com/a/143240071_114950。

力度，以持续激发企业的创新热情。

其次，要通过形成多层次的创新网络实现对创新资源的优化与整合。创新网络中多层次创新主体的密切交流不仅能整体提高我国智能手机行业的创新绩效，同时也有利于克服知识的分散性从而推动技术创新的集成。具体而言，要鼓励我国智能手机芯片商、软件供应商、终端制造商、运营商等进一步强化协作，引导价值链各环节骨干企业推进垂直一体化整合，营造上中下游协同，"芯片—系统—终端—运用"互动发展的智能手机行业良性生态环境。

最后，要利用巨大市场需求规模推动行业国际技术标准的形成。技术标准话语权的形成不仅是标准提供商高额商业回报的来源，同时也是我国抢先占据核心模块研发制高点，降低系统创新主体研发风险，实现价值链各环节互利共赢的有效途径。具体而言，要利用我国海量的市场需求，形成既体现智能手机行业发展趋势又兼顾我国特色、具有最大受众群体同时又由我国技术先导企业提供核心技术模块的技术标准，有效引导我国手机行业关联企业与组织的技术创新活动，并进一步以规模优势与技术优势反向参与国际竞争，确立由我国企业主导的国际技术标准。

第七章　中国构建国家价值链的政策建议

"加快形成以国内大循环为主体,国内国际双循环相互促进的新发展格局",这不仅是我国应对复杂国际政治经济形势的重大战略部署,同时也是我国作为大型经济体从外向型为主的发展思路向"自主开放,内外兼顾"发展思路转变的长期战略抉择。当前阶段,通过国内大循环带动国内国际双循环,就是要依托我国的市场规模优势,加快构建基于自主开放体系的国家价值链体系,并形成与之适应的全球化理念、为之服务的开放发展战略以及行之有效的政策支撑体系。

一　中国国家价值链的构建

从融入全球价值链到构建国家价值链,就是要从依附性开放结构向内循环与外循环网络融合的自主开放结构转变,并最终走出一条发挥要素比较优势与兼顾国内需求的均衡的产业结构高级化道路。基于国家价值链的内涵与特征,并参照世界大国的发展经验,我国国家价值链构建的要点在于:一是基于我国国内庞大的市场需求规模,实现我国经济增长动力从"外需依赖"到"内需驱动"转变;二是通过本土企业自主技术创新能力的形成与产业核心技术的突破,培育我国的价值链"链主",实现对价值链高端环节的掌握以及更强的功能与链条升级能力;三是通过本土市场销售终端渠道、品牌效应等产业链高端竞争力的获得,构建我国完整的价值链分工体系以及具有内生增长能力的国内经济循环体系;四是依据国家价值链形成的体系优势，反向参与全球价值链竞争，实现我国在全球价值链中由"被动依附"向主动治理的转变，甚至建立由我国主导的全球价值链分工体系。内需市场、价值链体系、价值链治理者、价值链核心环节与核心技术成为我国构建国家价值链的关键要素。

同时，国家价值链的构建也必须体现我国经济发展的阶段性特征，并在其形成过程中解决我国经济发展的长期矛盾。

第一，通过国家价值链的构建，打造以分工协作为基础、我国东中西部区域比较优势均能充分发挥的全国价值链分工体系，构建基于市场规模效应的具有强大内生增长动力的区域空间价值链体系，形成区域经济增长以及各区域协调发展的长期动力，从根本上缓解我国东中西部地区的不平衡发展态势。一是通过转变我国的出口导向模式，彻底打破"发达国家－我国东部地区"与"我国东部地区－中西部地区"两个相互嵌套的"中心－外围"格局。在实现我国东部地区向全球价值链体系更高端环节攀升的同时，西部地区充分利用产业梯度与自身比较优势形成与东部地区的价值链分工，强化我国国内生产的迂回程度与区域产业间的关联程度，形成我国东中西部地位错位发展、功能互补的协同发展格局。特别对于西部地区而言，应充分把握社会分工形式由劳动分工向知识分工转变的发展趋势，依靠本地技能与知识型人力资本的竞争优势，实现知识密集型服务业的集聚发展，从而开辟出一条全新的价值链升级路径，持续缩小与东中部地区的发展差距。二是依据要素与产业的空间集聚与扩散机制，以本地市场的需求力量为基础，实现价值链体系在区域不同空间的整合，形成我国产业布局合理、功能优化、合力倍增的东中西部各区域空间价值链体系与网络竞争优势。一方面，通过市场需求规模效应与集聚效应促进经济活动向城市尤其是我国区域中心城市的集中，形成符合价值创造空间分布规律的城市内部空间价值链体系；另一方面，基于更高层级价值链体系的构建，通过我国区域核心城市的强大带动作用，实现以要素与产业向外围扩散为主要内容的区域价值创造空间的整合，形成我国各区域的城市等级体系。最终，重构我国各区域价值创造空间，形成价值创造链条体系完整、具有自我发展能力的区域空间价值链体系。

第二，通过国家价值链的构建，降低对外需市场的严重依赖，以本土规模化市场需求优势促进我国制造业尤其是高端制造业的发展，并催生对高端生产性服务的需求，进而形成以制造业与生产性服务业互动发展为内核的我国现代价值链体系。一是基于庞大本土市场需求规模所支撑的获利空间，构建具有前瞻性的技术标准引进体系，实施深度"市场引致技术"战略，通过吸引更多更易于本地化的先进技术以及相关高级人才、高质量资本等高端要素的流入，促进我国技术吸收能力与自主创新能力的提升。二是利用我国市场需求多样化、多层次化的独特条件，通过差异化市场培育我国制造产业的核心技术优势，延长我国的价值链条，并以此填补"漏出"的生产性服务业，促进我国制造业与生产性服务业"点、链、网"的互动发展。其中，特别是应借助本土企业对本地市场发展趋势感知的敏锐性，在主导产业选择、主导产品规模化生产方面优先考虑在我国具有内需优势支撑的主导产业，形成分工持续深化、市场规模持续扩张、产出效率持续提升、价值链体系持续完善的发展格局，渐进实现我国内需主导产业与外贸主导产业以及出口贸易结构与国内产业结构的趋同化发展，最终实现我国出口导向模式向内需驱动模式的转变。三是通过主导产业规模的不断壮大，促进我国价值链治理者的形成，进而通过发挥"母国市场效应"所带来的"中国标准"竞争优势，反向参与全球价值链竞争，实现参与全球价值链的竞争范式向"链条对链条、网络对网络"的转变。

第三，通过国家价值链的构建，以内需的规模化与多样化优势不断催生新兴技术，提升技术创新的层次，促进我国开放新阶段下产业协同创新网络的形成，进而引领技术创新的趋势，将我国发展成为全球性的技术创新中心。一是充分利用我国市场需求规模特征与差异化特征对企业赢利能力与技术创新活动的支持，持续积累创新主体的技术能力，诱导创新主体加入创新网络，从而不断拓展创新体系的边界，实现创新知识的流动与共享。二是引导我国企业技术创新活动从配套环节创新、集成创新等外围创新向核心环节关键技术的创新转变，形成由我国企业掌握自主知识产权的核心技术。特别是应推进前后向关联链条较长、辐射带动效应较大的国民经济主导产业核心技术的突破与创新，强化技术创新对关联产业的扩散，从而带动更大规模技术创新活动的开展。三是结合本土市场规模化需求优势与我国标杆企业对行业核心技术的掌握，构建既体现行业发展趋势又兼顾我国市场特色、具有最大受众群体的技术标准体系，有效引导技术创新的方向，推动技术创新层次的整体升级，加速创新生态圈的形成，为我国以规模优势与技术优势参与全球价值链竞争、确立由我国跨国企业主导的国际技术标准奠定坚实的技术基础。

因此，我国国家价值链的发展可以进一步拓展为我国各区域比较优势均能充分发挥、以制造业与生产性服务业整合为核心内容的价值链体系，并由此催生高效的技术创新网络与掌握核心底层技术的价值链治理者，进而以"中国标准"与完整国家价值链网络实现在全球价值链竞争中竞争方式向"链条对链条，网络对网络"的转变，以及实现我国对外贸易结构与内部消费结构的趋同化发展，并最终通过占据全球价值链高端环节建立由我国跨国企业主导的全球价值链分工体系。

二 推进国家价值链构建的政策建议

（一）实现从"出口导向"向"内需驱动"发展理念的转变

一系列证据表明，我国经济增长仍然在"稳外需"与"扩内需"的平衡中苦苦挣扎，我国国内的巨大市场潜力仍未能得到有效发挥，与全方位开放新阶段相适应的"我国全球化理念以及为其服务的战略与政策仍未能有效形成"（刘志彪，2011）。而与此同时，出口导向模式下的不平衡发展却在"以越来越快的速度增加着中国的发展成本（资源、环境、人力、社会、安全），使中国国民生活福利水平越来越难以实现本来应有的更大提高，并给中国的未来发展留下了严重隐患"（余永定，2010）。因此，必须适应我国的大国特征以及发展与开放阶段的转变，摒弃"出口是驱动经济增长的发动机"等旧有理念，转而依靠我国本土市场规模效应的发挥，实现从出口导向模式向内需驱动模式的转变，打破"发达国家－我国东部地区－中西部地区"两个相互嵌套的"中心－外围"格局，真正建立起有利于"内源式"增长的自主开放的长效机制。

（二）加速内需市场的培育与完善

1. 培育基于内需市场的主导优势产业

产业政策的制定与主导产业的选择，应打破传统思维的束缚，充分考虑本地市场效应，实现产业结构从外需主导向内需主导的转型升级。一是加快发展我国基于内需规模优势的主导产业，不断深化供给侧结构性改革，完善产品供给结构、提升产品供给质量，以满足本土市场庞大且高速增长的市场需求。同时，延长主导产业的价值链条，发挥主导产业对上下游产业以及主导产业价值链核心环节对配套环节的带动作用，形成分工深化与市场扩张相得益彰的规模经济发展态势。二是鼓励通过数字赋能、技术改造、创新支持、组织机构重构等多种渠道、多种手段，引导仍然具有比较优势且对就业与经济增长仍具显著促进作用的传统外贸产业实施技术结构与产品结构的升级，以要素投入质量优势替代要素投入数量优势，继续巩固我国在全球产业竞争中的"世界工厂"地位。三是促进对外贸易与投资的互动，利用"一路一带"倡议等国家战略推进国际产能合作，将我国逐渐失去竞争优势的传统低端劳动密集型产业向更具资源禀赋优势国家转移，并更多采取进口贸易的方式满足国民的需求，进而促使我国生产要素向更高效率、更高收益产业的转移，支持我国产业结构的调整与新兴主导产业的形成。

2. 以收入分配制度的完善激发国内消费热情

持续提高居民可支配收入以提升居民购买力、扩张本土市场需求规模；通过技术创新与高端需求的相互促进，延缓高消费阶层边际消费倾向的下降，避免高收入者消费的外流。一是持续完善以按劳分配为主体的收入分配机制，使居民收入真实反映其劳动贡献，而非让收入的增长建立在征地拆迁、"炒房"与炒股等投机行为的基础上，让居民收入水平与消费能力实现与经济增长的同步提高。二是针对我国长期实行的建设型财政对于公共服务品投资支出的挤占，并造成公共服务品稀缺以及价格长期居高不下的状况，调整现有的财政支出结构，提高公共支出在财政总支出中的比重，从而节约社会公众在医疗、教育、卫生等方面的成本，以适度降低居民储蓄率、增加居民当期消费。三是合理引导本土消费者对于国货的支持，特别是引导本土企业对于我国资本品的支持，避免我国创新型企业陷入"能实现技术创新突破却无法实现市场应用突破"的窘境。四是全面提升"中国制造"的质量与档次以及国民的质量意识，制定与国际全面接轨的产品质量标准，建立消费者、生产者与市场管理者之间多层次、多维度、多类型的反馈渠道与投诉渠道，最大限度维护消费者权益，营造良好的市场环境。

3. 构建流动顺畅的要素市场

打破市场壁垒，发挥价格机制在资源配置中的基础性作用，既通过回报差异引导资源流动，促进产业的更新迭代，又通过资源禀赋差异选择最具竞争力的区域，形成合理的空间分工体系，从而实现要素市场的资源共享与优势互补。一是制定相关法律法规与政策，为要素自由流动提供保障，禁止区域要素市场的分割行为，实现产业政策实施方式由"政府主导市场"向"政府服务市场"的转变，推动我国统一、开放要素市场的建立。二是完善基础设施支撑系统，推动高等级公路网、城际铁路网、航空网络以及信息化服务平台的建设，通过提高空间的可达性促进要素流与信息流的畅通，以此扩张市场容量并激发市场活力。三是充分利用5G、云计算、大数据、物联网等新一代信息通信技术，加快形成以高铁为代表的现代网络化轨道交通体系，促进生产要素在全国各区域更加高效、自由流动，并实现传统"以点带面""以线带面"模式向"以网带面"新型发展模式的转变。

（三）构建区域价值链网络体系

1. 推进东中西部地区新型知识分工协作

整合东中西部地区的知识、技术等高端要素，构建我国以知识分工为主导的区域价值链分工体系，形成我国区域协调发展的新思路。一是充分利用东部地区在承接全球服务外包中积累的丰富经验，建立与国际规则兼容的国内知识代工质量标准，并通过大数据、云计算等新兴通信技术的运用，促进知识服务的跨区域流动，形成跨区域的国内知识型价值链网络。二是鼓励东部地区"链主"企业通过对知识型价值链网络规则的设计与维护，强化系统集成能力，对外形成我国在全球价值链分工中的竞争新优势，对内将标准化、模块化知识型环节外包至中西部地区，带动广大中西部地区对知识要素的需求，深化我国知识型价值链分工。三是以我国各区域高等院校、科研院所为基地，培养充足的工程、工业制造、设计、经管等专业知识型劳动力，为知识代工不断积累人力资本比较优势，进而吸引知识密集型服务业向我国中西部地区的集聚，诱导其形成产业集群发展态势，提升中西部地区产业结构与价值创造网络的升级能力。四是着力培育、扶持中西部地区知识服务代工企业的发展，形成高度诚信守诺的代工关系，打造有利于知识生产与传播的便利环境并为知识型人力资源提供良好的居住环境。

2. 构建完备的区域协调发展政策体系

建立完备、合理的区域协调发展政策体系，破解行政层级管理体系对于区域经济发展的"制度性约束"，促进行政区划格局下的市场分割、地区保护、重复建设以及产业同构等问题的解决。一是设立"国家区域协调发展委员会"或类似机构，并赋予其区域发展战略与规划编制、区域发展战略与规划实施效果评估、区域协调发展基金管理与使用、跨区域政策协调等职能。二是确保"一张蓝图干到底"以及相关具体政策实施的连续性，借鉴美、英、日等发达国家的经验，推进我国"国家区域协调发展法案"的制定，为我国区域协调发展以及相关规划的实施提供法律依据与保障。三是从制度上推进区域城市间的合作，组建由城市共同构成的区域协同发展委员会，集中决策、定期协商，共同发布区域经济发展规划信息以及相关产业发展动态信息，避免因非市场力量引发资源错配而对区域整体经济效率造成的损害。四是大力推广以"税收分成"为重要内容的产业转移与承接模式，实现产业转出区与转入区的利益共享，避免产业转出区因财政和就业减少而缺乏疏解产业的动力与积极性。五是修正以 GDP 增速作为地方政绩考核主要参考指标的方式。对地方政绩的考核不仅应考虑地方经济的增长速度，还应衡量地方对于区域整体发展的贡献。

3. 形成梯度发展的区域分工与创新体系

构建以不同层次城市共同发展为依据的区域分工格局，促进区域内部产业融合、优势互补、错位竞争格局的形成，避免由区域发展规划重复造成的资源浪费。一是通过打造具有重要影响力的城市群或都市圈，构建大、中、小城市分工明确、优势鲜明的区域空间价值链体系，形成以城市圈为主导的发展格局以及基于区域要素整合的"内源式"发展方式。二是建立区域发展的核心城市调控模式，促进区域"首位"城市成为区域价值链整合中心、要素配置中心、信息流转中心与技术创新中心，并通过"首位"城市对"次级"城市的"指导"，形成区域空间上生产与服务的优势互补，增强其辐射与带动作用。三是充分利用区域中小城市在资源、文化传承等方面的特色，形成中小城市在区域空间价值链网络中的竞争优势，并以此吸引相关要素、价值链环节的集聚，实现其价值创造效率的不断提升，保持其在区域空间价值链体系中的发展活力。四是强化不同层级城市产业集群建设，通过推动企业向产业集群的"入链"，提升其学习能力、创新能力以及抗风险能力，不断完善产业集群内部链条，使产业集群成为城市生产分工与产业结构优化升级的助推器。五是促进区域城市产业空间的合理布局，既要避免人为限制城市发展规模，从而阻碍要素集聚效应的发挥，又要防止盲目扩张，如通过建设新城或设立城市副中心以刻意对抗极化效应。六是构建各具特色的区域创新发展新格局，东部地区通过更加注重原始创新能力的提升，全面实施创新驱动发展战略，中西部地区则着重于跨越式与差异化发展道路，加快创新产品的本地化改造，提升技术整合与集成能力，培育新兴产业业态、发展区域特色经济。

（四）促进制造业与生产性服务业的协调发展与价值链治理主体的培育

1. 构建制造业与生产性服务业协调发展的联动机制

通过制造业与生产性服务业的良性互动，促进社会分工协作与市场规模扩张相适应，从而持续强化产业体系规模报酬递增效应，不断提高企业生产经营效率。一是以《中国制造2025》为导向，推进我国制造业的重组与整合，同时牢牢把握制造业数字化、智能化发展方向，积极落实国家关于"互联网+""大数据""云计算"等的规划，通过对制造业的赋能升级产业与产品结构，并进一步提高生产性服务业的专业化程度。二是通过提高信息化水平创新生产性服务业的组织管理与运作方式，促进我国生产性服务业同制造业的分化与整合，形成更具专业化的生产性服务类型及标准体系，实现我国制造业与生产性服务业更高水平的协同发展。三是搭建制造业与生产性服务业之间的信息交流平台，促进制造业与生产性服务业协同合作价值链网络体系的形成，并完善两者之间互促互进的学习机制，通过高度互动形成两个产业高水平的融合发展态势。

2. 促进高端制造的发展

以高端制造业或者制造业高端环节的发展重塑中国制造的核心竞争力，并催生对本土高端生产性服务业更大需求，实现更加迂回的生产体系运作方式。一是优化制造产业的结构层次，强化高端制造发展的力度，推动实现核心模块与核心技术的突破，促进我国高端制造自主技术创新体系的形成，同时鼓励我国制造企业实施高附加值发展战略，不断细化前端研发设计与后端售后服务。二是通过"需求侧"改革，灵活运用财政、金融等手段促进国内市场对于我国具有自主知识产权产品尤其是装备制造产品的采购，有效支撑制造企业的规模化经营，并由此激发生产性服务业的活力。三是为制造业升级营造良好的政策环境，特别是针对"过剩经济"形势下制造业相对较低的劳动力要素回报率，通过相关"人才工程"支持专业拔尖人才与紧缺人才的培养与引进，同时合理规划我国制造人才的培养体系，

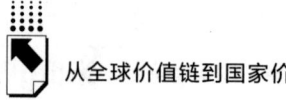

建设多层次、梯度式的后备制造人才队伍。

3.培育全球价值链的治理主体

通过资产重组、并购等多种方式，组建、培育我国占据全球价值链高端环节且具有价值链整合能力的大型跨国企业尤其是大型民营跨国企业，促进我国跨国企业的优势互补，形成我国企业在国际市场的错位竞争与网络竞争体系。一是鼓励本土企业在国内市场开展并购活动，通过资产重组等方式推进知识与技术密集型产业大规模向模块化组织形式转变，形成具有一定规模、拥有核心技术以及对价值链具有治理能力的大型企业。二是促进公平竞争市场环境的形成，逐步实现民营企业、国有企业与外资企业的无差别待遇，大力扶持优势民营企业的发展，以民营资本的进入提高行业的整体效率。三是鼓励民营企业实施"走出去"战略，特别是利用具有广阔国际市场需求等优势与国外企业合作经营，甚至是利用西方发达国家的发展困境，直接收购在技术、品牌等方面具有深厚底蕴的企业，借助民营企业实现对国际资源的整合。

（五）完善技术创新环境

1.发挥政府对技术创新活动的引导作用

发挥政府的积极引导作用，形成良好技术创新环境的有力保障。一是通过设立专项资金以及广泛的宣传，营造企业技术创新的良好环境，形成尊重知识、崇尚创新的良好氛围，引领"万众创新"意识的形成。二是多形式、多渠道增加教育与科技研发投入，特别是增加对基础科学研究领域与产业关键共性技术研究领域的投入，促进我国高等院校、科研院所与企业创新人才联合培养机制以及科研人员终身学习机制的形成。三是强化技术创新的前瞻性布局，不断加大对空间、海洋、网络、信息、能源、核、材料、生命等关键领域的重大基础性研究与战略性技术攻关力度，实现对核心底层技术的自主掌控。四是充分发挥补贴、税收等相关财税优惠政策对技术创新活动的激励作用，推动技术创新主体加大对科技研发活动的投入。五是推进国际协作研发战略，鼓励跨国公司在我国建立研发设计中心等具有较高知识技术水平与技术创新能力的创新主体，推动我国研发机构积极融入全球科技创新体系，持续提升我国技术创新的知识存量水平。

2. 构建服务于技术创新的全球高端要素引进体系

促进全球高端要素尤其是各领域领军人才向我国的集聚，将我国打造成为全球的科技创新中心、前沿技术的引导者、国际标准的确立者。一是结合内部培养与外部引进实现对全球高端人力资本的最大化利用，特别是利用发达国家经济周期波动甚至是经济危机产生的机遇，直接引进各领域优秀人才特别是技术短板领域领军人才。二是鼓励海外留学人员归国，让既具国际沟通能力又与国际市场存在广泛联系、既熟悉国际国内市场又掌握各领域核心知识与技能的海外学子，成为我国高端人力资本要素的重要来源与我国技术创新能力全面提升的重要推动力量。三是加快制定对各类高端人才及团队的支持与激励措施，从制度上保证各类高端创业团队与研发团队扎根于我国，并形成一大批全球顶尖水平的科研中心，使之成为我国参与国际科技竞争的关键"支撑点"。四是实施严格的知识产权保护制度，持续推进知识产权保护的制度建设与法律体系建设，强化企业开展技术创新活动的制度保证，形成国际经济技术交流中内外平等的知识产权保护格局。

3. 实施技术标准化战略

以技术标准化促进我国企业竞争与合作行为的规范化，提升技术标准制定能力以形成并巩固我国企业在全球价值链竞争中的主导地位。一是深入挖掘本土市场的消费潜力，通过专注于核心模块与关键技术的适应性开发以及产品的本地化改进，构建覆盖范围广且内容明确的本土市场技术标准体系，并围绕技术标准形成路径化的产业发展生态。二是提升我国本土企业形象，通过形成本土产品品牌管理的长效机制以及不断完善产品销售网络渠道，构建本土技术标准的推广平台，确保本土产品在国内外市场中流通的顺畅性。三是促进本土市场消费观念的转变，增进消费者对本土企业与产品的认同，提升本土产品所代表的消费层次，提高本土标准产品对于内需市场的适应度，实现技术标准覆盖市场的不断扩大。

4. 发展价值链技术创新联盟

鼓励组建技术创新联盟，形成有利于各成员优势发挥、创新资源共享、创新要素配置效率提升的利益关系协调的技术创新组织。一是推动建立以企业为主体、科研院所和高等院校共同参与、利益共享与风险共担的产学研创新机制，鼓励科研院所与高等院校通过市场机制向企业提供关键技术，促进形成科研机构、高等院校与企业共同研发、深入合作与优势互补的网络化协同创新格局。二是促进技术创新联盟协同创新市场化运作机制的形成，打破成员间协同创新的组织障碍，构建高水平产业技术协同创新平台，深度挖掘协同创新的相关需求，保障成员之间创新资源交流、对接的顺畅，持续推进协同创新服务边界的拓展。三是鼓励技术创新中介服务机构通过重组与兼并扩大经营规模、提升运营效率，推进中介服务机构与企业共建更易于技术信息共享的服务网络，提高创新知识扩散速度、扩大创新知识辐射范围。

参考文献

[1] Aaronson D, Agarwal S, French E. The Con-Sumption Response to Minimum Wage Increases [J]. Etudes Litteraires, 2008, 10 (1-2): 223-297.

[2] Adams W, Jaffe A J, Day L H. Disabled Workers in the Labor Markets [J]. Rehabilitation Literature, 1964.

[3] Altenburg T, Schmitz H, Stamm A. Breakthrough? China's and India's Transition from Production to Innovation [J]. World Development, 2008, 36 (2).

[4] Amiti M. Inter-Industry Trade in Manufactures: Does Country Size Matter? [J]. Journal of International Economics, 1998, 44 (2): 231-255.

[5] Arndt H. Social Limits to Growth [J]. Economic Analysis & Policy, 1977, 7 (1): 61-67.

[6] Asheim B T, Coenen L. Knowledge Bases and Regional Innovation Systems-Comparing Nordic Clusters [J]. Research Policy, 2005, 34 (8): 1173-1190.

[7] Asheim B T, Isaksen A. Regional Innovation Systems: The Integration of Local "Sticky" and Global "Ubiquitous" Knowledge [J]. The Journal of Technology Transfer, 2002, 27 (1): 77-86.

[8] Aw B Y, Chung S, Roberts M J. Productivity and Turnover in the Export Market: Micro Level Evidence from the Republic of Korea and Taiwan (China) [J]. The World Bank Economic Review, 2000: 65-90.

[9] Bai Chong-En, Du Yingjuan, Tao Zhigang and Tong Sarah. Local Protec-

tionism and Regional Specialization: Evidence from China's Industries [J]. Journal of International Economics, 2004, 63 (2): 397 –417.

[10] Bair J, Gereffi G. Local Clusters in Global Chains: The Causes and Consequences of Export Dynamism in Torreon's Blue Jeans Industry [J]. World Development, 2001, 29 (11): 1885 –1903.

[11] Baldwin R, Venables A. Spiders and Snakes: Offshoring and Agglomeration in the Global Economy [J]. Journal of International Economics, 2013, 90 (2): 245 –254.

[12] Baldwin R E. Agglomeration and Endogenous Capital [J]. European Economic Review, 1999, 43 (2): 253 –280.

[13] Bamey J B. Firm Resources and Sustained Competitive Advantage [J]. Journal of Management, 2005, 17 (1): 99 –110.

[14] Bernard A B, Eaton J, Jensen J B, Kortum S. Plants and Productivity in International Trade [J]. The American Economic Review, 2003: 1268 –1290.

[15] Boldrin M, Levine D K. Rent-Seeking and Innovation [J]. Journal of Monetary Economics, 2004 (1): 127 –160.

[16] Brander J A, Krugman P R. A Reciprocal Dumping Model of International Trade [J]. Journal of International Economics, 1983, 15 (3 –4): 313 –321.

[17] Brun J. Francois, Combes Jean-Louis and Renard Mary-Francoise. Are There Spillover Effects between Coastal and Non-Coastal Regions in China [J]. China Economic Review, 2002, 13 (2 –3): 161 –169.

[18] Caves R E, Porter M E, Spence A M. Competition in an Open Economy: A Model Applied to Canada [J]. Harvard Economic Studies, 1980.

[19] Chiesa V, Coughlan P, Voss C A. Development of a Technical Innovation Audit [J]. Journal of Products Innovation Management. 1996, (13): 106 –132.

[20] Cooke P, Boekholt P, Todtling F. The Governance of Innovation in Europe: Regional Perspective on Global Competitiveness [M]. New York Pinter,

2000: 21.

[21] Dicken P. Global Shift. Transforming the World Economy [J]. The National Academics of Science, Engineering, Medicine, 1998.

[22] Dicken P, Kelly P F, Olds K, et al. Chains and Networks, Territories and Scales: Towards a Relational Framework for Analysing the Global Economy [J]. Global networks, 2001.

[23] Dixit A K, Grossman G M. Trade and Protection with Multistage Production [J]. The Review of Economic Studies, 1982.

[24] Dixit A K, Stiglitz J E. Monopolistic Competition and Optimal Product Diversity [J]. American Economic Review, 1977, 66.

[25] Duranton G, Puga D. Micro-Foundations of Urban Agglomeration Economies [J]. CEPR Discussion Paper, No. 4062, 2003.

[26] Eatwell J, Milgate M, Newman P. The New Palgrave: A Dictionary of Economics [M]. Macmillan Press, Ltd., 1988, 141-143.

[27] Ernst D, Kim L. Global Production Networks, Knowledge Diffusion, and Local Capability Formation: A Conceptual Framework [M]. East-West Center, 2001.

[28] Evenson R E, Westphal L E, Technological Change and Technology Strategy [J]. Handbook of Development Economics, 1995, 3, part 1.

[29] Feenstra R C. Integration of Trade and Disintegration of Production in the Global Economy [J]. Journal of Economic Perspectives, 1998, 12 (4): 31-50.

[30] Foellmi Reto & Zweimüller Josef. Income Distribution and Demand-Induced Innovations [D]. CEPR Discussion Papers, 2005.

[31] Freeman C. Network of Innovators: A Synthesis of Research Issues [J]. Research Policy, 1991.

[32] Fujita M, Krugman P, Mori T. On the Evolution of Hierarchical Urban Systems [J]. European Economic Review, 1999, 43 (2): 209-251.

[33] Fu Xiaolan. Limited Linkages from Growth Engines and Regional Disparities in China [J]. Journal of Comparative Economics, 2004, 32(1): 148-164.

[34] Gereffi G. International Trade and Industrial Upgrading in the Apparel Commodity Chain [J]. Journal of International Economics, 1999, 48 (1): 37-70.

[35] Gereffi G. Shifting Governance Structures in Global Commodity Chains, with Special Reference to the Internet [J]. American Behavioral Scientist, 2001, 44 (10): 1616-1637.

[36] Gereffi G, Humphrey J, Kaplinsky R, et al. Introduction: Globalization, Value Chains and Development [J]. IDS Bulletin, 2001, 32 (3): 1-8.

[37] Gereffi G, Humphrey J, Sturgeon T. The Governance of Global Value Chains: An Analytic Framework [J]. Review of International Political, 2011.

[38] Gereffi G, Lynn H. Latin America in the Global Economy: Running Faster to Stay in Place [J]. NACLA Report on the Americas, 1996.

[39] Gereffi G, Miguel K. Commodity Chains and Global Capitalism [J]. ABC-CLIO, 1994.

[40] Grossman G M, Helpman E. Growthand Welfare in a Small Open Economy [J]. Papers, 1989.

[41] Grubel H G, Lloyd P J. Intra-Industry Trade: The Theory and Measurement of International Trade in Differentiated Products [J]. Journal of International Economics, 1975, 6 (339): 312-314.

[42] Helpman E, Razin A. The Role of Saving and Investment in Exchange Rate Determination under Alternative Monetary Mechanisms [J]. Journal of Monetary Economics, 1984, 13 (3): 307-325.

[43] Henderson J. Vernon. The Sizes and Types of Cities [J]. American Economic Review, 1974, 64 (4): 640-656.

[44] Hobday M. Innovation in East Asia: Diversity and development [J]. Tec novation, 1995, 15 (2): 55 – 63.

[45] Hottenrott H, Peters B. Innovative Capability and Financing Constraints for Innovation More Money, More Innovation? [J]. ZEW Discussion Paper, 2009.

[46] Hummels David, Ishii Jun and Yi Kei-Mu. The Nature and Growth of Vertical Specialization in World Trade [J]. Journal of International Economics, 2001, 54 (1): 75 – 96.

[47] Humphrey J, Schmitz H. Governance and Upgrading: Linking Industrial Cluster and Global Value Chain Research [D]. IDS WORKING PAPER, 2000.

[48] Humphrey J, Schmitz H. How does Insertion in Global Value Chains Affect Upgrading in Industrial Clusters? [J]. Regional Studies, 2002, 36 (9): 1017 – 1027.

[49] Isaksen A. Building Regional Innovation Systems: A Possibility of Endogenous Industrial Development in the Global Economy [J]. Canadian Journal of Regional Science, 2001, (1): 101 – 120.

[50] Jelinek M, Porter M E. The Competitive Advantage of Nations [J]. Administrative Science Quarterly, 1992 (3): 507.

[51] Jones R W, Kierzkowski H. The Role of Services in Production and International Trade: A Theoretical Framework [J]. The Political Economy of International Trade, 1990.

[52] Kaplinsky R, Morris M. Globalization and Unequlization: What can be Learned from Value Analysis [J]. Journal of Development Studies, 2003 (2): 76 – 80.

[53] Kaplinsky R, Readman J. Integrating SMEs in Global Value Chains: Towards Partnership for Development [J]. Vienna Unido, 2001.

[54] Klaus Desmet, Stephen L. Parente. Bigger Is Better: Market Size, Demand

Elasticity and Innovation [J]. International Economic Review, 2010.

[55] Kogut B. Designing Global Strategies: Comparative and Competitive Value-Added Chains [J]. Sloan Management Review, 1985: 201 – 225.

[56] Krugman P R. Scale Economies, Product Differentiation, and the Pattern of Trade [J]. American Economic Review, 1980, 70 (5): 950 – 959.

[57] Krugman P R. Increasing Returns and Economic Geography [J]. Journal of Political Economy, 1991 (03): 483 – 499.

[58] Krugman P R. Development, Geography, and Economic Theory [M]. MIT Press, 1995.

[59] Krugman P R, Venables T. Globalization and the Inequality of Nations [J]. Research Institute of Industrial Economics, 1995.

[60] Mahoney J T. The Choice of Organizational Form: Vertical Financial Ownership Versus Other Methods of Vertical Integration [J]. Strategic Management Journal, 1992, 13 (8).

[61] Mansfield E. Market Structure, International Technology Transfer, and the Effects on Productivity of the Composition of R and D Expenditures: Executive Summary [J]. Harvard Business Review, 1981 (11): 98 – 106.

[62] Marshall R, Leaney P G, Botterell P. Enhanced Product Realisation Through Modular Design: An Example of Product/Process Integration [J]. Journal of Integrated Design and Process Technology, 1998 (3).

[63] Martin P and Rogers C A. Industrial Location and Public Infrastructure [J]. Journal of International Economics, 1995 (39): 335.

[64] Melitz M J, Ottaviano G P. Market Size, Trade, and Productivity [R]. NBER Working Papers, 2005, NO. 11393.

[65] Mullainathan S, Scharfstein D. Do Firm Boundaries Matter [J]. The American Economic Review, 2001, 91 (2).

[66] North D C. Structure and Change in Economic History [M]. W. W. NORTON & COMPANY, 1983.

[67] Ossa R. Trade Wars and Trade Talks with Data [J]. University of Chicago and NBER, 2011, (2): 31-47.

[68] Ottaviano G, Tabuchi T, Thisse J-F. Agglomeration and Trade Revisited [J]. International Economic Review, 2002, 43 (2): 409-435.

[69] Peter Gibbon. Global Commodity Chains and Eeonomic Upgrading in Less Developed Countries [R]. IDRC Report, 2000.

[70] Poncet Sandra. Measuring Chinese Domestic and International Integration [J]. China Economic Review, 2003, (14).

[71] Popadiuk S, Choo C W. Innovation and Knowledge Creation: How Are These Concepts Related? [J]. International Journal of Information Management, 2006 (4): 302-312.

[72] Porter M E. Competitive Advantage: Creating and Sustaining Superior Performance [M]. The Free Press, 1985: 761-766.

[73] Porter M E. The Competitive Advantage of Notions [J]. Harvard Business Review, 1990.

[74] Porter M E. The Competitive Advantage of Nations [M]. The Free Press, 1998.

[75] Rhee Yung, Bruce Ross-Larson, Garry Pursell. Korea's Competitive Edge: Managing the Entry into World Markets [M]. Johns Hopkins University Press, 1984.

[76] Roodman D. How to do xtabond2: An Introduction to "Difference" and "System" GMM in Stata [J]. Stata Journal, 2009 (1): 86.

[77] Rosenberg N, Nathan R. Inside the Black Box: Technology and Economics [M]. Cambridge University Press, 1982.

[78] Rosenberg N. Studies On Science and the Innovation Process [M]. World Scientific Publishing Co. Pte. Ltd., 1986: 173-203.

[79] Rosenstein-Rodan P N. Problems of Industrialisation of Eastern and South-Eastern Europe [J]. The Economic Journal, 1943.

[80] Rothwell R. The Role of Communications in Technological Innovation [J]. Research Policy, 1973: 204 - 225.

[81] Samuelson Paul. Theoretical Note on Trade Problem [J]. The Review of Economics and Statistics, 1964, 46 (2): 145 - 154.

[82] Sanchez R, Collins R P. Competing—and Learning—in Modular Markets [J]. Long Range Planning, 2001 (6): 645 - 667.

[83] Sanyal K K. Vertical Specialization in a Ricardian Model with a Continuum of Stages of Production [J]. Economica, 1983.

[84] Schilling M A, Steensma H K. The Use of Modular Organizational Forms: An Industry-Level Analysis [J]. Academy of Management Journal, 2001 (6): 1149 - 1168.

[85] Schmitz H. Local Upgrading in Global Chains: Recent Findings [R]. Paper Presented at The DRUID Summer Conference, 2004.

[86] Schmookler J. Invention and Economic Growth [M]. Harvard University Press, 1966.

[87] Sharon A. Entrepreneurialrents and the Theory of the Firm [J]. Journal of Business Venturing, 2007 (5): 427 - 442.

[88] Stefano Ponte, Peter Gibbon. Quality Standards, Conventions and the Governance of Global Value Chains [J]. Economy and Society, 2005 (1): 1 - 31.

[89] Steinle C and Schiel H. When do Industries Clusters? A Proposal on How to Assess an Industry's Propensity to Concentration at a Single Region or Nation [J]. Research Policy, 2002, (31): 849 - 858.

[90] Sturgeon T, Lester R K. The New Global Supply-Base: New Challenges for Local Suppliers in East Asia [J]. Global Production Networking and Technological Change in East Asia, 2004: 35 - 87.

[91] Sun Ximing, Zhang. Study on Enterprise' Technological Innovation Ability Index Based on Complexity Analysis [J]. USA-China Business Review,

2002, (3): 63-66.

[92] Tomlinson M, Walsh V, Green K, McMeekin A. Innovation by Demand: An Interdisciplinary Approach to the Study of Demand and Its Role in Innovation [M]. Manchester University Press, 2002.

[93] Witt. Changing Cognitive Frames-Changing Organizational Forms: An Entrepreneurial Theory of Organizational Development [J]. Industrial & Corporate Change, 2000.

[94] World Bank. Global Economic Prospects and the Developing Countries 1993 [J]. World Bank Publications, 1993.

[95] Yin R K. Case Study Research: Design and Methods [M]. Sage Publications, 1994.

[96] Young Alwyn. The Razor's Edge: Distortions and Incremental Reform in the People's Republic of China [J]. Quarterly Journal of Economics, 2000, (115).

[97] Ze Ieny M. High Technology and Barriers to Innovation: From Globalization to Relocalization [J]. International Journal of Information Technology & Decision Making, 2012 (2): 441-456.

[98] 白小虎. 基于区域城市化推进的新产业空间构筑问题研究——以浙江中小城市为主的城镇体系为例 [J]. 中共浙江省委党校学报, 2009 (6): 5.

[99] 卜庆军, 古赞歌, 孙春晓. 基于企业核心竞争力的产业链整合模式研究 [J]. 企业经济, 2006 (02): 59-61.

[100] 蔡昉. 中国发展的挑战与路径: 大国经济的刘易斯转折 [J]. 广东商学院学报, 2010, 25 (01): 4-12.

[101] 蔡烁纯, 孙吉. 生态省环境竞争力动态评价及其与经济发展的耦合研究——基于最佳无量纲化方法的福建省实证 [J]. 福建商学院学报, 2019 (02): 74-82.

[102] 蔡渊渊. 全球价值链下我国装备制造业与生产性服务业融合路径研

究［D］．哈尔滨理工大学，2018．

[103] 曹玮．全球价值链下的产业集群竞争力及其升级研究［J］．中国集体经济，2008（19）：20-21．

[104] 查日升．中国参与全球经济治理模式研究——基于全球价值链治理视角［J］．宏观经济研究，2015（05）：9-17．

[105] 陈爱贞，刘志彪，吴福象．下游动态技术引进对装备制造业升级的市场约束——基于我国纺织缝制装备制造业的实证研究［J］．管理世界，2008．

[106] 陈渤．异质性全球创新链治理及其"鱼/渔"效应［D］．浙江工商大学，2019．

[107] 陈赤平，李青松．湖南省生产性服务业与制造业互动发展研究［J］．湘潭大学学报（哲学社会科学版），2015，39（01）：44-49．

[108] 陈丰龙，徐康宁．本土市场规模与中国制造业全要素生产率［J］．中国工业经济，2012（05）：44-56．

[109] 陈凤英．世界经济基础嬗变与国际经济秩序变迁［J］．领导文萃，2011（08）：6-21．

[110] 陈鸿宇．区域国际竞争力与广东产业整合［J］．南方经济，2002（04）：28-31．

[111] 陈维忠．国内价值链构建下地方产业集群升级机理研究［J］．地域研究与开发，2012，31（03）：13-17．

[112] 陈晓洁．浙江省装备制造业与生产性服务业协调发展研究［D］．浙江财经大学，2015．

[113] 程敬贤，窦万顺，禹晓华．加紧选择和培育河北新的经济增长点［J］．经济论坛，2004（05）：31-32．

[114] 程新章．第六代创新模型的启示［J］．科技管理研究，2006（01）：109-113．

[115] 崔焕金，刘传庚．全球价值链驱动型产业结构演进机理研究［J］．经济学家，2012（10）：88-96．

[116] 《大国经济》课题组,欧阳峣,刘智勇,罗会华.大国的经济特征及其评价指标体系[J].求索,2009(09):1-4.

[117] 代宇涵,赵雯,李静芝.湖南省城市化与生态环境耦合协调关系研究[J].云南地理环境研究,2018,30(05):36-42.

[118] 丁建军.产业转移的新经济地理学解释[J].财经科学,2011(01):35-42.

[119] 杜昔月.中国对印度农产品出口波动研究[D].广东外语外贸大学,2018.

[120] 杜宇玮,熊宇.市场需求与中国制造业代工超越——基于GVC与NVC的比较分析[J].产业经济研究,2011(02):36-42.

[121] 范红忠.有效需求规模假说、研发投入与国家自主创新能力[J].经济研究,2007(03):33-44.

[122] 范琳琳.财务共享实施与企业业绩关系的实证研究[D].浙江财经大学,2018.

[123] 范硕,李俊江.西方创新集群研究最新进展评述[J].科技进步与对策,2012,29(02):154-160.

[124] 方勇,戴翔,张二震.要素分工论[J].江海学刊,2012(04):88-96+238.

[125] 冯浩城.黑龙江垦区城镇化发展特征及调控路径研究[D].东北师范大学,2018.

[126] 冯彦明.中国经济发展的经验与引擎研究[J].区域经济评论,2019(01):57-68.

[127] 葛慧娟.山西省制造业竞争力影响因素及提升策略研究[D].山西师范大学,2018.

[128] 郭丽芳.我国制造业升级中劳动生产率与工资实现协调增长的策略[J].内蒙古财经大学学报,2018,16(05):54-57.

[129] 国资委研究中心课题组,李保民,卢永真,胡迟,憨宁怡.经济全球化与深化改革开放[J].经济研究参考,2012(31):3-14.

[130] 国资委研究中心课题组.经济全球化与深化改革开放（下）[J].中国经贸，2012（06）：64-69.

[131] 韩风.十八大以来中国创新国际经济规则研究[D].华中科技大学，2018.

[132] 郝敬鑫，万智.全球价值链背景下中国企业的升级路径探析[J].现代管理科学，2010（08）：41-43.

[133] 贺吟雪.产业扩散与集聚视角下我国区域产业转移研究[D].兰州大学，2014.

[134] 黄晶.产业内垂直分工研究[D].暨南大学，2009.

[135] 霍利斯·钱纳里，莫伊思·赛尔昆.发展的型式1950-1970[M].李新华等译，经济科学出版社，1988：107.

[136] 贾根良，刘书瀚.生产性服务业：构建中国制造业国家价值链的关键[J].学术月刊，2012，44（12）：60-67.

[137] 蒋亮.本土市场规模与地区工业增长[D].华中师范大学，2017.

[138] 姜鑫，罗佳.从增长极理论到产业集群理论的发展述评[J].山东工商学院学报，2008，22（06）：1-5.

[139] 金京，戴翔.国际分工演进与我国开放型经济战略选择[J].经济管理，2013，35（02）：1-10.

[140] 金京，戴翔，张二震.全球要素分工背景下的中国产业转型升级[J].中国工业经济，2013（11）：57-69.

[141] 金满涛.美国服务贸易发展经验对我国的启示[J].银行家，2018（11）：106-107.

[142] 金泽龙.增长极理论视阈下的粤东西北产业园区建设与提质增效能力探究[J].经济论坛，2019（02）：121-125.

[143] 卡丽斯·鲍德温.设计规则·模块化的力量[M].张传良等译，中信出版社，2006.

[144] 康虹，赵永杰.产业集群创新网络特征与知识创新绩效关系研究[J].价值工程，2012，31（09）：1-2.

[145] 孔思源. 异质性企业研发外包的动因、机理与模式选择 [D]. 兰州商学院, 2012.

[146] 黎峰. 增加值视角下的中国国家价值链分工——基于改进的区域投入产出模型 [J]. 中国工业经济, 2016 (3): 16.

[147] 李恒光. TBI 绩效评价相关理论及基于 3C 评价之理论基础 [J]. 中共青岛市委党校. 青岛行政学院学报, 2006 (05): 23 – 26 + 73.

[148] 李怀政. 我国制造业中小企业在跨国公司全球产业链中的价值定位 [J]. 国际贸易问题, 2005 (06): 120 – 123 + 128.

[149] 李继云, 孙良涛. 西部欠发达地区城市发展研究 [J]. 改革与战略, 2006 (05): 60 – 63.

[150] 李明洁. 基于全球价值链理论的中国纺织服装业国际分工地位研究 [D]. 北京服装学院, 2018.

[151] 李松龄. 新时代社会主要矛盾的理论认识与制度安排 [J]. 湖南大学学报 (社会科学版), 2019, 33 (01): 1 – 9.

[152] 李想, 芮明杰. 模块化分工条件下的网络状产业链研究综述 [J]. 外国经济与管理, 2008 (08): 1 – 7.

[153] 李燕云, 林发勤, 纪珽. 合作与争端: 中国与"一带一路"国家间贸易政策协调 [J]. 国际贸易, 2019 (04): 18 – 27.

[154] 李颖. 中国经济增长与进口贸易的实证分析 [J]. 北方经贸, 2011 (01): 22 – 23.

[155] 梁君, 顾江. 基于产业价值链理论的江苏龙潭金箔产业发展策略 [J]. 特区经济, 2009 (02): 44 – 45.

[156] 梁颖, 卢潇潇. 发展中国家如何实现产业升级?——基于价值链转变视角的文献述评 [J]. 广西大学学报 (哲学社会科学版), 2019, 41 (01): 87 – 96.

[157] 廖重斌. 环境与经济协调发展的定量评判及其分类体系: 以珠江三角洲城市群为例 [J]. 热带地理, 1999, 19 (2): 171—177.

[158] 林子华. 企业虚拟化运营与企业总体劳动创造价值的网络化实现

[J]. 当代经济研究, 2006 (04): 33-35.

[159] 刘慧波. 产业链纵向整合研究 [D]. 浙江大学, 2009.

[160] 刘建华. 试析产业地理政治对美国对华贸易政策的影响 [J]. 社会主义研究, 2010 (04): 107-111.

[161] 刘沛生. 浅析扩大内需 [J]. 中小企业管理与科技（下旬刊）, 2011 (01): 98-99.

[162] 刘清迎. 增长极理论与徐州县域经济发展 [J]. 徐州教育学院学报, 2006 (01): 62-65.

[163] 刘溶沧, 夏杰长. 论促进地区经济协调发展的财政政策 [J]. 财贸经济, 1998 (04): 23-31.

[164] 刘向舒. GVC到NVC：西部产业集群升级路径新探 [J]. 生产力研究, 2011 (09): 151-153+219.

[165] 刘晓庆, 龙腾. "一带一路"背景下江苏省制造业转型升级影响因素研究——基于VAR模型 [J]. 价值工程, 2019, 38 (16): 48-50.

[166] 刘友金, 胡黎明, 赵瑞霞. 基于产品内分工的国际产业转移新趋势研究动态 [J]. 经济学动态, 2011 (03): 101-105.

[167] 刘志彪, 张杰. 全球代工体系下发展中国家俘获型网络的形成、突破与对策——基于GVC与NVC的比较视角 [J]. 中国工业经济, 2007 (05): 39-47.

[168] 刘志彪, 张杰. 从融入全球价值链到构建国家价值链：中国产业升级的战略思考 [J]. 学术月刊, 2009, 41 (09): 59-68.

[169] 刘志彪. 服务业驱动长三角 [M]. 中国人民大学出版社, 2008.

[170] 刘志彪. 我国东部沿海地区外向型经济转型升级与对策思考 [J]. 中国经济问题, 2010.

[171] 刘志彪. 重构国家价值链：转变中国制造业发展方式的思考 [J]. 世界经济与政治论坛, 2011 (04): 1-14.

[172] 刘志彪. 基于内需的经济全球化：中国分享第二波全球化红利的战

略选择 [J]. 南京大学学报（哲学. 人文科学. 社会科学版），2012a，49（02）：51-59+159.

[173] 刘志彪. 新形势下全面提升我国开放型经济发展水平的战略及政策 [J]. 审计与经济研究，2012b，27（04）：3-9.

[174] 刘志彪. 双重追赶战略下的均衡中国与经济变革——十八大后中国经济的战略取向 [J]. 江海学刊，2013（02）：5-12.

[175] 刘志彪. 均衡协调发展：新时代赶超战略的关键问题与政策取向 [J]. 经济研究参考，2018（60）：3-13+36.

[176] 刘志坚，杨洋. 基于国民福利的我国进口贸易战略研究 [J]. 中国市场，2016（29）：182-184.

[177] 卢锋. 产品内分工 [J]. 经济学（季刊），2004.

[178] 陆立军，杨海军. 市场拓展、报酬递增与区域分工——以"义乌商圈"为例的分析 [J]. 经济研究，2007（04）：67-78.

[179] 路江涌，陶志刚. 中国制造业区域聚集及国际比较 [J]. 经济研究，2006（3）：103-114.

[180] 吕福新. 产业的市场整合和政府推进 [J]. 中州学刊，2000.

[181] 吕光明，李莹. 我国工资超劳动生产率增长背后的故事——基于省份面板模型的经验分析 [J]. 北京师范大学学报（社会科学版），2017（03）：83-98.

[182] 骆品亮，殷华祥. 模块化创新的知识链模型及其集成管理架构 [J]. 研究与发展管理，2007（03）：9-16+31.

[183] 马军. 经济新常态下河南省经济转型路径研究 [J]. 中外企业家，2018（27）：65-66.

[184] 马克西姆. 中国与俄罗斯跨境电商合作研究 [D]. 辽宁大学，2018.

[185] 梅士伟，丁洪浩. 协同创新视角下的创新型人才培养 [J]. 现代教育科学，2013（09）：131-133+158.

[186] 门洪华. 推动中国对外开放进入新时代——党的十八大以来中国对外开放战略的总结与前瞻 [J]. 社会科学，2019（01）：3-13.

[187] 欧阳峣,生延超,易先忠.大国经济发展的典型化特征[J].大国经济研究,2012:33-43.

[188] 欧阳峣.大国经济发展理论的研究范式[J].大国经济研究,2013(00):3-13.

[189] 欧阳峣.大国经济特征及其层次性[J].大国经济研究,2014(00):8-12.

[190] 齐术平.惠阳联想电子工业有限公司企业文化战略研究[D].兰州大学,2014.

[191] 青木昌彦,安藤晴彦.模块时代:新产业结构的本质[M].上海远东出版社,2003.

[192] 邱灵.服务业与制造业互动发展的国际比较与启示[J].经济纵横,2014(02):97-103.

[193] 曲卉.装备制造业价值链、产业链与核心竞争力研究[D].西北大学,2018.

[194] 任军.增长极理论的演进及其对我国区域经济协调发展的启示[J].内蒙古民族大学学报(社会科学版),2005(02):51-55.

[195] 沈骏.区域发展理论在徐汇区的探索和实践[J].上海综合经济,2003(Z1):15-18.

[196] 师双双.河北省生产性服务业与制造业协调发展研究[D].内蒙古师范大学,2018.

[197] 施振荣.品牌这条路[J].企业研究,2005(10):42-45.

[198] 施振荣.微笑曲线:缔造永续企业的王道[M].复旦大学出版社,2014.

[199] 宋玉琼.山东省德州市新型城镇化发展模式研究[D].山东财经大学,2017.

[200] 孙军,高彦彦.经济结构调整与人民币升值困境的出路[J].世界经济研究,2011(05):3-8+14+87.

[201] 孙晓华,李传杰.有效需求规模、双重需求结构与产业创新能

力——来自中国装备制造业的证据［J］. 科研管理, 2010.

［202］田丰. 国有企业相关国际规则：调整、影响与应对［J］. 国际经济合作, 2016（05）：4-11.

［203］汪斌, 侯茂章. 经济全球化条件下的全球价值链理论研究［J］. 国际贸易问题, 2007.

［204］王冰, 胡列曲. 论发展中大国与小国经济发展模式差异——对中国经济可持续发展的启示［J］. 云南财经大学学报（社会科学版）, 2011, 26（04）：23-25.

［205］王成东. 我国装备制造业与生产性服务业融合机理及保障策略研究［D］. 哈尔滨理工大学, 2014.

［206］王崇锋, 徐强, 陈楠. 全球价值链组织与治理中的经济租研究［J］. 中国海洋大学学报（社会科学版）, 2012（05）：55-60.

［207］汪建, 周勤, 赵驰. 产业链整合、结构洞与企业成长——以比亚迪和腾讯公司为例［J］. 科学学与科学技术管理, 2013, 34（11）：103-115.

［208］王建军. 产业链整合与企业提升竞争优势研究——以钢铁企业为例［J］. 经济经纬, 2007（05）：37-39.

［209］王俊. 平阳县水头镇特色农业小镇规划研究［D］. 江西农业大学, 2017.

［210］王俊, 刘东. 中国居民收入差距与需求推动下的技术创新［J］. 中国人口科学, 2009（5）：10.

［211］王昆. 主导产业集团的城市区位增长极研究［J］. 现代管理科学, 2006（04）：52-53.

［212］王岚. 融入全球价值链对中国制造业国际分工地位的影响［J］. 统计研究, 2014（5）：7.

［213］王丽程. 产业竞争优势的演进逻辑及其当代启示——基于分工演进的视角［J］. 鸡西大学学报, 2015, 15（07）：61-64.

［214］王盼盼. 基于产业链角度分析双良集团在化工领域的弱赢利能力［J］. 商业经济, 2010（09）：62-64.

[215] 王卫中.产业整合与我国种业发展的路径选择[J].麦类文摘.种业导报,2005(05):5-6.

[216] 王退见.用民生为本思维推进新时代社会共建共治共享[J].廉政文化研究,2018,9(06):34-40.

[217] 王欣,张志.中美贸易摩擦的特征与应对策略[J].对外经贸,2019(05):6-9.

[218] 王玉海,孙燕娜,田建国,索成.资源型地区衰败与转型的机理分析——基于"资源共享"视角的检视[J].北京师范大学学报(社会科学版),2013(05):133-141.

[219] 魏军兰.培育普惠金融文化力促普惠金融战略"落地生根"[J].文化学刊,2019(01):26-32.

[220] 武建龙,王宏起,李力.模块化动态背景下我国新兴产业技术创新机会、困境与突破——基于我国手机产业技术创新演变史的考察[J].科学学与科学技术管理,2014,35(06):45-57.

[221] 巫强,刘志彪.中国沿海地区出口奇迹的发生机制分析[J].经济研究,2009.

[222] 伍义林."强起来"的新征程上改革大有可为[J].观察与思考,2018(12):16-21.

[223] 吴永忠.企业创新网络的形成及其演化[J].自然辩证法研究,2005(09):69-72.

[224] 吴芸,谢新水.主要矛盾转变背景下民生领域政策供给主体的界定——基于政府信任数据的分析[J].党政研究,2019(01):94-104.

[225] 西蒙·库兹涅茨.现代经济增长[M].戴睿,易诚译,北京经济学院出版社,1989:265.

[226] 夏杰长.服务业高质量发展助力中国经济行稳致远[J].新理财(政府理财),2019(06):17-19.

[227] 夏杰长.论当前扩张性财政政策的回旋空间、制约因素及解决对策

[J]. 管理世界, 1999 (02): 58-66+85.

[228] 肖旭. 进口贸易促进我国经济增长的实证分析 [J]. 商业时代, 2009 (18): 37-38.

[229] 徐承凤. 外商直接投资、垂直专业化对就业技能结构的影响 [D]. 广东外语外贸大学, 2018.

[230] 徐康宁, 王剑. 外商直接投资地理性聚集的国（地区）别效应：江苏例证 [J]. 经济学（季刊），2006 (02): 761-776.

[231] 徐奇渊. 以新时代对外开放应对人口老龄化和逆全球化 [J]. 南海学刊, 2018, 4 (04): 47-55.

[232] 徐毅. 大国优势与清前中期经济发展模式的再思考 [J]. 中国史研究, 2019 (02): 10-13.

[233] 杨丹辉. 国际产业转移的动因与趋势 [J]. 河北经贸大学学报, 2006 (03): 40-46.

[234] 杨德宏. 我国汽车产业发展模式分析——基于全球价值链的视角 [J]. 国际经济合作, 2010 (02): 20-24.

[235] 杨蕙铭, 李辉, 亢霞等. "一带一路"背景下云南粮食产业走出去的现状、制约与对策研究 [J]. 粮油食品科技, 2019, 27 (03): 97-100.

[236] 杨玲. 美国生产者服务业的变迁及启示——基于1997、2002、2007年投入产出表的实证研究 [J]. 经济与管理研究, 2009 (9): 8.

[237] 杨盛标. 城市群产业圈层形成机制研究 [D]. 湖南大学, 2010.

[238] 衣尚锦. 东北地区人口集聚及其对经济发展影响的研究 [D]. 吉林大学, 2018.

[239] 余东华, 芮明杰. 模块化、企业价值网络与企业边界变动 [J]. 中国工业经济, 2005.

[240] 余永定. 走向再平衡：终结出口导向型创汇政策 [J]. 中国市场, 2010 (29): 4.

[241] 余宗敏. 中国奥地利加深经贸合作可行性研究 [D]. 对外经济贸易

大学，2018.

[242] 袁博. 互联网时代众筹促进先进制造业发展研究 [J]. 管理工程师，2017（4）.

[243] 袁二护. 大国经济发展战略与中国扩大内需研究 [D]. 西北大学，2010.

[244] 翟阳. 印度的"孟不印尼次区域合作倡议"研究 [D]. 上海外国语大学，2019.

[245] 詹浩勇，冯金丽. 知识密集型服务业集群、国家价值链与西部地区产业升级 [J]. 企业经济，2015（05）：136-142.

[246] 张二震. 全球化、要素分工与中国的战略 [J]. 经济界，2005（05）：18-19.

[247] 张二震. 中国如何攀升全球价值链——兼评《中国攀升全球价值链：实现机制与战略调整》[J]. 江海学刊，2017（01）：230-233.

[248] 张二震，戴翔. 构建开放型世界经济：理论内涵、引领理念与实现路径 [J]. 江苏师范大学学报（哲学社会科学版），2019，45（02）：83-94+123-124.

[249] 张桂梅. 价值链分工下发展中国家贸易利益研究 [D]. 辽宁大学，2011.

[250] 张红波. 不确定环境下我国物流企业技术创新的动因分析 [J]. 决策咨询，2012（06）：31-35.

[251] 张辉. 全球价值链动力机制与产业发展策略 [J]. 中国工业经济，2006.

[252] 张杰，刘志彪. 全球化背景下国家价值链的构建与中国企业升级 [J]. 经济管理，2009，31（02）：21-25.

[253] 张杰，刘志彪. 需求因素与全球价值链形成——兼论发展中国家的"结构封锁型"障碍与突破 [J]. 财贸研究，2007（06）：1-10.

[254] 张杰，刘志彪，季新野. 转型背景下中国本土企业的出口与创新——基于江苏地区制造业企业的实证研究 [J]. 财贸经济，2008（06）：

73-78.

[255] 张曼茵, 陈亮辉. 产业创新的国际比较及其启示 [J]. 重庆社会科学, 2013 (10): 78-86.

[256] 张少军, 李东方. 全球价值链模式的产业转移: 商务成本与学习曲线的视角 [J]. 经济评论, 2009 (02): 65-72.

[257] 张琰. 模块化分工条件下网络状产业链中知识创新研究 [D]. 复旦大学, 2008.

[258] 张琰. 模块化网络状产业链中知识创新理论模型研究 [J]. 华东师范大学学报 (哲学社会科学版), 2012, 44 (03): 62-68+153.

[259] 赵龙跃. 中国参与国际规则制定的问题与对策 [J]. 人民论坛·学术前沿, 2012 (16): 84-94.

[260] 赵蒲, 孙爱英. 由"瘦狗"到"现金牛"——企业产业整合战略的波士顿矩阵分析 [J]. 企业研究, 2002.

[261] 赵淑英. 模块化生产网络对技术创新的影响 [D]. 辽宁大学, 2014.

[262] 郑凯捷. 分工与产业结构发展 [D]. 复旦大学, 2006.

[263] 郑丽丽. "一带一路"背景下重庆对外贸易格局演变及影响因素研究 [D]. 西南大学, 2018.

[264] 中国人民银行益阳市中心支行课题组, 侯崴. 论欠发达地区在全球产业价值链重构中的崛起——以湖南益阳为例 [J]. 金融经济, 2018 (24): 144-146.

[265] 钟明华, 缪燚晶. 真理标准大讨论与新时代解放思想新境界的开拓 [J]. 江海学刊, 2019 (01): 39-46.

[266] 周荣敏. 本地市场效应下中国产业结构升级研究 [D]. 天津财经大学, 2015.

[267] 周锐, 王学真. 企业技术创新决定性变量考察与检验 [J]. 东南学术, 2013 (05): 123-129.

[268] 周韬. 空间生产与空间创新视角下城市"空间—产业"互动发展分析 [J]. 商业经济研究, 2016 (12): 187-189.

[269] 周小华. 漳浦县城镇化与产业集群协同发展研究 [D]. 福建农林大学, 2013.

[270] 朱翔. 基于要素供给视角的浙江省传统产业结构升级问题研究 [D]. 浙江工商大学, 2010.

后 记

科学研究是一项"令人痛并快乐着"的工作，在一部书稿即将公之于众的时候，过往苦苦的求索与殚精竭虑的思考相较如释重负的喜悦以及心中淡淡的成就感，是那么不值一提。本书的出版，能与学术同仁和读者共享，深感欣慰。

本书是在由我主持完成的国家社会科学基金项目"基于自主开放体系的我国国家价值链构建研究"基础上形成的成果。随着时间的推移，课题成果几经重大修改，一些新的内容也注入其中，呈现在读者面前的专著与原来的课题内容相比有较大的修正与拓展。

需要特别提及的是，在书稿的撰写过程中，有幸得到了云南大学经济学院黄宁院长、张国胜副院长以及朱要龙博士、申小亮博士、田震博士、李玲娜硕士、李宛绦硕士、周晓颖硕士、杨迪硕士、赵盈硕士的诸多帮助，他们或给予指导意见，或参与课题调研，或进行资料收集与整理，对本书做出了重要贡献；同时，也正是由于云南大学经济学院的资助，本书才有机会出版发行。在此，一并表示衷心的感谢！

最后，囿于本人的学识，本书的错误与不妥之处在所难免，敬请各位学术同仁和广大读者谅解并批评指正。

刘志坚
2021 年 7 月于昆明

图书在版编目(CIP)数据

从全球价值链到国家价值链：中国自主开放与创新之路 / 刘志坚著. -- 北京：社会科学文献出版社，2022.3（2022.10 重印）
 ISBN 978 - 7 - 5201 - 9914 - 8

Ⅰ.①从… Ⅱ.①刘… Ⅲ.①中国经济 - 经济发展 - 研究 Ⅳ.①F124

中国版本图书馆 CIP 数据核字（2022）第 047145 号

从全球价值链到国家价值链：中国自主开放与创新之路

著　　者 / 刘志坚

出 版 人 / 王利民
组稿编辑 / 陈凤玲
责任编辑 / 宋淑洁　李真巧
责任印制 / 王京美

出　　版 / 社会科学文献出版社·经济与管理分社（010）59367226
　　　　　 地址：北京市北三环中路甲29号院华龙大厦　邮编：100029
　　　　　 网址：www.ssap.com.cn

发　　行 / 社会科学文献出版社（010）59367028

印　　装 / 唐山玺诚印务有限公司

规　　格 / 开　本：787mm × 1092mm　1/16
　　　　　 印　张：14.75　字　数：219千字

版　　次 / 2022年3月第1版　2022年10月第2次印刷

书　　号 / ISBN 978 - 7 - 5201 - 9914 - 8

定　　价 / 89.00元

读者服务电话：4008918866

▲ 版权所有 翻印必究